Эвенкийские сказки

예벤키인 이야기

<지식을만드는지식 소설선집>은
인류의 유산으로 남을 만한 작품만을 선정합니다.
오랜 시간 그 작품을 연구한 전문가가
정확한 번역, 전문적인 해설, 풍부한 작가 소개, 친절한 주석을
제공하는 고급 소설 선집입니다.

지식을만드는지식 소설선집

시베리아 설화집

Эвенкийские сказки

예벤키인 이야기

작자 미상

엄순천 옮김

대한민국, 서울, 지식을만드는지식, 2017

편집자 일러두기

- 이 책은 아래 책을 원전으로 삼아 옮긴이가 가려 뽑아 번역했습니다.

  ≪예벤키인 설화 모음집(Материалов по эвенкийскому (тунгусскому) фольклору)≫(Василевич Г. М.) 편역, Института Народов Севера им. П. Смидовича, 1936)

  ≪예벤키족 설화(Эвенский фольклор)≫(Новикова К. А., Книжное здательство, 1958)

  ≪예벤키족 이야기(Эвенкийские сказки)≫(Суворов И. И., Красноярское книжное издательство, 1960)

  ≪예벤키족 설화(Эвенкийский фольклор)≫(Востобойников М. Г., Наука, 1960)

  ≪예벤키족 역사 설화. 민담과 전설(Исторический фольклор эвенков. Сказания и предания)≫(Василевич Г. М., Наука, 1966)

  ≪시베리아 제 민족 설화집(Сказы народов Сибири)≫(Новосибирское Книжное Издательство, 2005)

  ≪삼천년의 뿌리를 가진 예벤키 민속학(Эвенкийский этнос в начале третьего тысячлетия)≫(Благовещенский Государственный Педагогический Университет, 2008)
- 주석은 모두 옮긴이가 단 것입니다.
- 외래어 표기는 현행 한글어문규정의 외래어표기법을 따랐습니다.

차 례

동물 이야기

지하세계, 천상세계 이야기

평범한 듯 평범하지 않은 사람들 이야기

무사 이야기

식인 이야기

동물 이야기

뻐꾸기

태곳적 하늘에는 태양이 두 개였다. 그래서 지구는 항상 백주대낮처럼 밝았다. 당시 노래를 부를 줄 아는 새는 뻐꾸기뿐이었다. 뻐꾸기는 날마다 나뭇가지에 앉아 머리를 자신만만하게 치켜들고 꼬리를 가지런히 한 채 노래를 불렀다. 새들과 짐승들은 뻐꾸기 노랫소리를 들을 때마다 뻐꾸기를 칭송했다. 새들에게 알을 낳고 새끼를 길러야 할 시기가 돌아왔다. 새들은 서둘렀다. 이끼, 풀, 나뭇가지를 가지고 와서 새로운 둥지를 만들고 새끼들을 위해 따뜻한 잠자리를 준비했다.

뻐꾸기는 여전히 우쭐대면서 새들을 비웃었다. 타이가[1]에 뻐꾸기 노랫소리가 울려 퍼졌다. 새들이 모여서 수군거렸다.

"뻐꾸기는 머리가 나빠. 파리보다 머리가 더 나빠."

새들은 자신들의 둥지로 날아갔다. 그런데도 뻐꾸기는 여전히 태연하게 웃으면서 놀고 있었다. 뻐꾸기가 알을 낳을 때가 되었다. 그런데 둥지가 없었다. 뻐꾸기는 호숫가로

---

1) 북반구의 냉대 기후 지역에 나타나는 침엽수림.

날아갔다. 작은 언덕 사이의 갈대숲에 오리가 알을 품고 앉아 있었다. 뻐꾸기가 오리에게 말했다.

"오리야! 그렇게 앉아 있으니 배가 많이 고프지? 가서 뭐 좀 먹고 와. 내가 대신 알을 품어 줄게."

오리는 그 말을 곧이곧대로 듣고 먹이를 찾으러 갔다. 뻐꾸기는 오리 알 한 개를 버리고 그 자리에 자신의 알을 집어넣었다. 오리가 돌아와서 다시 알을 품자 뻐꾸기는 떠났다. 이번에는 들판에 갔더니 자고새가 풀밭에서 알을 품고 앉아 있었다. 뻐꾸기가 자고새에게 말했다.

"자고새야! 그렇게 앉아 있으니 배가 많이 고프지? 가서 뭐 좀 먹고 와. 내가 대신 알을 품어 줄게."

자고새는 그 말을 철석같이 믿고 먹이를 찾으러 갔다. 뻐꾸기는 자고새 알 한 개를 버리고 그 자리에 자신의 알을 집어넣었다. 자고새가 돌아와서 다시 알을 품자 뻐꾸기는 떠났다. 사시나무 숲으로 간 뻐꾸기는 큰 둥지에서 까마귀가 알을 품고 앉아 있는 모습을 보았다. 뻐꾸기가 까마귀에게 말했다.

"까마귀야! 그렇게 앉아 있으니 배가 많이 고프지? 가서 뭐 좀 먹고 와. 내가 대신 알을 품어 줄게."

까마귀는 그 말을 전적으로 믿고 먹이를 찾으러 갔다. 뻐꾸기는 까마귀 알 한 개를 버리고 그 자리에 자신의 알을 집어넣었다. 까마귀가 돌아와 알을 품자 뻐꾸기는 떠났다. 이렇게 하여 뻐꾸기는 새들의 둥지에 자신의 알을 하나씩 나누어 놓았다. 새끼들이 태어나자 숲 속 새들은 모두 기뻐했다. 자신의 새끼들을 입이 닳게 자랑했다. 오리가 꽥꽥거렸다.

"꽥! 꽥! 정말 예쁜 내 새끼들…. 코가 황금색이야…. 호수에 가서 물놀이도 하고 잠수도 하자."

새끼 오리들이 꽥꽥거리면서 엄마 오리의 뒤를 따라갔다. 오리 가족은 호수에 도착하여 물놀이도 하고 잠수도 했다. 그런데 한 마리만 유독 날개를 퍼드덕거리면서 호숫가를 뛰어다니기만 할 뿐 물 근처에는 오려 하지 않았다. 물을 무서워하는 것이 분명했다. 엄마 오리가 화를 내면서 소리를 질렀다.

"너는 이상하구나! 너를 강제로 물에 끌고 가서 물놀이하는 법을 가르치고야 말겠어!"

그때 뻐꾸기가 날아와서 새끼를 데리고 갔다.

자고새가 새끼들을 거느리고 풀밭에서 삑삑거리면서 놀고 있었다.

"삐익! 삐익! 아이고, 발 빠른 내 새끼들… 가서 풀밭을 뛰어 보자!"

새끼들은 삑삑거리며 엄마 자고새의 뒤를 따라갔다. 그

런데 한 마리만 유독 가만히 앉아 날개를 퍼드덕거리면서 나뭇가지 위로 올라가려 했다. 엄마 자고새가 버럭 화를 내면서 소리를 질렀다.

"너는 참 이상하구나! 정말이지 죽도록 괴롭혀 주고 싶구나!"

자고새가 새끼를 물어뜯으려고 달려갔다. 그때 뻐꾸기가 날아와서 새끼를 데리고 갔다.

엄마 까마귀가 새끼들을 칭찬하면서 까악까악 소리를 치고 있었다.

"까악! 까악! 까악! 아이고, 내 사랑스러운 것들…. 어쩌면 이렇게 새까말 수가 있니! 정말 예쁘구나!"

가만히 보니 한 마리만 색이 알록달록했다. 까마귀가 화를 내면서 와락 소리를 질렀다.

"너는 참 이상하구나! 어떻게 너 같은 새끼가 태어났는지 모르겠구나! 죽을 때까지 너를 쪼아 주고 싶구나!"

까마귀는 부리를 쩍 벌리면서 새끼를 쪼려 했다. 이때 뻐꾸기가 날아와서 새끼를 데려갔다. 마침내 뻐꾸기는 새끼들을 모두 데려왔다. 뻐꾸기는 새끼들 칭찬에 입이 마를 지경이었다.

"아이고, 내 새끼들! 모두 나를 닮아 아름답고 노래도 잘하는구나! 새들 중에서 가장 뛰어나고말고! 그럼! 감히 어떤 새와 비교를 해!"

빼꾸기는 새끼들에게 노래하는 법을 가르쳤다. 새들이 빼꾸기 새끼들의 노래를 들으려고 우르르 몰려왔다.

"내 새끼들, 노래를 어떻게 부르는 건지 잘 들어 보렴!"

오리가 품었던 새끼는 날개를 퍼드덕거리고 부리를 벌린 채 노래를 불렀다.

"꽥! 꽥!"

새들이 비웃었다. 빼꾸기는 슬퍼졌다. 자고새가 품었던 새끼는 날개를 퍼드덕거리면서 노래를 했다.

"삐익! 삐익!"

새들은 또다시 비웃었고 빼꾸기는 더 슬퍼졌다. 빼꾸기는 슬픔을 못 이겨 눈물을 흘리면서 새끼들에게 말했다.

"에이, 내 새끼들, 도저히 이해할 수가 없구나…. 나를 잘 보렴. 엄마가 얼마나 아름답게 노래하는지 말이다…."

노래를 부르는데 눈물이 풀밭 위로 뚝뚝 떨어졌다. 잠시 후 새끼들이 모두 엄마 빼꾸기를 떠났다. 한 마리는 오리에게, 한 마리는 자고새에게, 한 마리는 까마귀에게로 가 버렸다. 큰 불행이 빼꾸기의 목을 조여 왔다. 빼꾸기는 숲 속으로 날아가서 부리를 열고는 슬픔의 눈물을 쏟아 냈다.

"빼꾹! 빼꾹! 빼꾹! 빼꾹!"

이때부터 빼꾸기는 영원히 말더듬이의 슬픈 새가 되었다.

빼꾸기는 새끼들 때문에 너무 슬프다. 그래서 날마다 빼꾹 빼꾹하고 운다.

백조와 까마귀

아주 옛날에 늙은 까마귀 부부가 있었다. 부부에게는 과년한 딸이 있었다. 나이는 들었지만 단정하지 못했고 지저분했으며 더러웠다. 그러나 아름다웠다. 어느 날 까마귀 아가씨를 본 백조 청년이 사랑에 빠졌다. 백조 청년은 까마귀 아가씨에게 청혼을 하기로 결심했다. 이미 노년에 접어든 백조 청년의 부모님은 이 결혼을 허락하지 않았다.

부모님의 반대를 무릅쓰고 백조 청년은 까마귀 아가씨에게 청혼을 했다. 물론 까마귀 아가씨는 멋있고 고귀한 약혼자의 청혼을 받아들였다. 결혼식만 남았다. 먼저 까마귀 집에서 결혼식이 열렸다. 까마귀 부모는 예비 사위 앞에 식탁을 차렸다. 그 자리에 백조의 친척들이 참석했는지는 알 수가 없다. 예비부부는 나란히 앉았다.

나무 그릇에 음식처럼 보이는 것을 담아 가지고 와서 식탁에 올려놓았다. 마침 백조 청년은 배가 무척 고팠기 때문에 무언가 먹고 싶었다. 부리를 음식에 갖다 대는 순간 그는 그 자리에서 토하고 말았다. 음식에서 역하고 불쾌한 냄새가 났기 때문이다. 백조 청년은 그 음식을 보는 것조차 역겨웠다. 그는 식탁 위의 음식을 던진 후 자리에서 일어나 집으로 달아났다. 그 후 백조는 백조와 까마귀의 결혼을 아주 엄격하게 금지시켰다. 이유는 까마귀들이 너무 불결하게 음식을 먹기 때문에 그들이 먹는 음식에 다리와 부리를 잠깐 갖다 대기만 해도 검게 변해서 아무리 씻어도 지워지지 않는다는 것이었다.

멧닭과 백조

그해 겨울은 몹시 추웠다. 추위를 못 이겨 대부분의 새들이 얼어 죽었다. 용케 살아남은 멧닭 한 마리가 남쪽으로 날아가는 백조를 발견했다. 멧닭은 백조에게 따뜻한 남쪽 나라에서 겨울을 나게 해 달라고 울면서 애원했다.

"백조들아, 하얀 백조들아, 나도 따뜻한 곳으로 데려가 줘!"

"그냥 여기에 있어!"

"싫어, 싫어! 난 여기가 싫어! 가족들도 친구들도 다 얼어 죽고 나만 살아남았어!"

"그럼 좋아! 너를 줄에 매어서 데리고 갈게. 그래도 괜찮겠어?"

"그럼! 고마워!"

백조는 멧닭의 목에 줄을 맨 뒤 부리로 줄을 잡고 먼 길을 떠났다.

처음에 멧닭은 백조의 뒤를 잘 붙잡고 있었다. 조금 지나면서 멧닭은 지쳐 갔다. 어느 순간 힘이 완전히 빠진 멧닭은 더 이상 날 수가 없었다. 백조는 힘들게 멧닭을 땅으로 데리고 갔다.

"뭐야, 멧닭! 이곳에 남아서 겨울을 나도록 해! 우리 모두 이곳을 떠나면 사람들은 이 추운 겨울에 뭘 먹고 살겠니?"

"싫어! 난 여기가 싫어! 여기에 있으면 우울해!"

"너는 이곳이 추워서 싫어하지만 남쪽 지방은 너무 더워. 너는 더워서 곧 죽게 될 거야. 네가 여기에 있겠다면 우리의 흰 깃털과 날개를 줄게."

멧닭은 오랫동안 슬피 울었다. 하지만 백조의 말대로 그곳에서 겨울을 나기로 했다. 멧닭의 눈과 눈썹이 빨개진 것은 이때 너무 울었기 때문이다. 이때부터 멧닭의 깃털과 날개는 흰색이 되었다.

곰과 붕어

곰이 호수에서 예벤키 사람이 설치해 놓은 그물을 끌어당겼는데 붕어가 걸려 있었다. 곰이 붕어를 먹으려 하자 붕어가 말했다.

"그냥 손으로 잡아먹는 것은 동물들의 관습에 어긋나잖아. 그러니 이렇게 하자."

"어떻게?"

"너는 뭍에서 살고 나는 물에서 살잖아. 잠시만 바꿔서 살아 보자. 즉 네가 물에서 살고 내가 뭍에서 사는 거야. 무척 재미있을 것 같지 않니? 둘 중 누가 더 오래 버티는지 보자. 내가 뭍에 있는 시간보다 네가 물속에 있는 시간이 더 길면 물론 나는 죽어야지. 그때 나를 잡아먹는 게 어때?"

곰은 붕어의 제안을 받아들였고 호수 안으로 들어가서 바닥으로 내려갔다. 붕어는 강기슭에 남았다. 곰은 물속에서 오래 버텨 보려고 했지만 숨을 쉴 수가 없어 금방 뛰쳐나왔다. 잠시 숨을 몰아쉰 뒤 붕어가 살아 있는지 보려고 붕어에게 갔다. 그런데 붕어는 꽤 상태가 좋은 것 같았다. 평온하게 잠을 자고 있었다. 곰은 광분했다. 곰은 붕어에게 심하게 화를 내면서 손바닥으로 붕어를 내리친 뒤 다른 곳으로

가 버렸다. 붕어는 전병처럼 납작해졌다. 예벤키 사람들은 이때부터 붕어가 공처럼 둥글고 납작해졌다고 말한다.

여우와 모캐[2)]

원래 여우는 까만색이었으며 늑대만큼 컸다. 여우가 강기슭을 걷다 모캐를 만났다.

"모캐야, 강을 누가 빨리 도는지 내기하자!"

"좋아! 그런데 잠깐만 기다려! 금방 올 테니 꼭 기다려야 돼!"

모캐가 친척들에게 갔다.

"여우가 소리를 치면 앞쪽에서 대답하세요."

그렇게 모캐는 친척들에게 단단히 일러두었다.

잠시 후 모캐가 여우에게 돌아왔다.

"자, 시작하자!"

"그래, 좋아!"

모캐는 물속으로 내려가서 그냥 그곳에 있었다.

여우만 달리기 시작했다. 강 모퉁이에 이르러 여우가 소리쳤다.

"모캐야!"

---

2) 대구과의 민물고기. 몸 길이는 1미터 정도이고 길고 굵으며, 머리만 약간 앞으로 납작하다.

"여기야! 여기!"

앞에서 모캐의 소리가 들렸다. 조금 지나면 모캐가 자신의 실력에 놀라 줄행랑칠 거라는 생각에 여우는 기분이 한껏 들떴다. 한참을 달린 뒤 강 모퉁이가 나타나자 여우는 다시 소리쳤다.

"모캐야!"

그러자 앞에서 모캐가 대답했다.

"여기야!"

여우는 있는 힘을 다해 달렸다. 모퉁이를 지나고 또 지나 출발했던 장소에 와서 모캐에게 소리쳤다.

이번에도 앞쪽에서 모캐가 대답했다. 모캐는 달리지 않고 그 자리에 그대로 있었다. 여우만 죽을힘을 다해 달리고 또 달렸다. 암갈색이 될 때까지 달렸다. 그래서 아직까지 여우는 암갈색이며 민첩하고 교활하다.

여우 훌란

훌란과 콥시찬[3]이라는 친구 여우들이 있었다. 각자 가정을 꾸리고 있었으며 아이들도 있었다. 강기슭에 나란히 유르타[4]를 짓고 살았다. 어느 날 두 친구는 집에만 박혀 있는 것이 너무 무료하고 적적해서 강 상류에 가 보기로 했다. 통나무배 두 척을 준비하고 먹을 것을 넉넉히 마련했다. 어느 날 아침 길을 떠났다. 조용히 물 위를 떠갔다. 물 흐르는 소리가 청아하게 들릴 만큼 강은 고요했다. 잠을 잘 때는 강기슭에 통나무배를 세워 놓았다. 뱃머리는 자신들이 가야 할 방향을 향하게 했다. 혹시 실수로 오던 길로 되돌아가는 것이 염려되었기 때문이다. 친구들은 오랫동안 강물 위를 떠갔다. 집을 떠나온 지 1주일, 아니 2주일쯤 지났을 것이다. 그동안 두 친구는 관심을 끌 만한 특별한 어떤 것도 보지 못했다. 세상은 생각했던 것보다 단조롭고 적막했다. 그래서 훌란은 이상하고 기괴한 생각을 하기 시작했다. 어느 날 밤,

---

3) 예벤키어로 '훌란'은 암여우, '콥시찬'은 '작은 숲 속의 새'라는 뜻이다.

4) 가죽이나 펠트(felt)로 만든, 가볍고 쉽게 옮길 수 있게 된 둥근 천막. 키르기스 족이나 시베리아의 유목민들이 사용한다.

콥시찬이 자고 있을 때 훌란은 뱃머리를 오던 방향으로 즉 강의 하류 쪽으로 되돌려 놓았다. 아침이 되었다. 콥시찬이 훌란을 깨웠다.

"이봐, 일어나, 빨리 준비해서 가자!"

"뭐야, 벌써 날이 밝았어?"

"그럼! 해가 중천에 떴어. 조금 있으면 한낮이야."

친구들은 자리에서 일어나 각자 통나무배에 앉아 길을 떠났다. 강물의 흐름이 예전과 달랐다. 하지만 콥시찬은 이를 알아차리지 못했다. 눈부시게 맑은 강물을 따라 흘러갔다. 앞쪽에 순록이 나타났다. 몇 마리 정도로 많지는 않았다. 주변에 돌아다니는 순록까지 다 합쳐야 열 마리, 아니 열다섯 마리를 넘지 않을 것 같았다. 당시에는 순록이 그리 많지 않았다. 한 가족이 열 마리, 많으면 스무 마리 정도 길렀다. 가까이 다가간 콥시찬은 깜짝 놀랐다.

"이게 무슨 일이야! 순록 한 마리가 내 순록이랑 너무 많이 닮았어!"

"콥시찬! 너 바보 아니야! 네게 순록이 한 마리가 아니잖아! 그리고 닮은 순록이 한둘이겠어! 완전히 똑같이 생긴 사람도 있는데 그까짓 순록 가지고 뭘 그렇게 놀라는 거야! 호들갑 그만 떨어!"

잠시 후 훌란이 말했다.

"내 말이 무슨 뜻인지 알아들었지? 우리 이 순록을 잡아먹자!"

"좋아, 잡아먹자!"

둘은 콥시찬의 순록을 죽인 뒤 먹어 치웠다. 조금 더 내려간 친구들은 유르타 두 채를 발견했다. 유르타를 본 훌랸이 친구를 멈추게 한 뒤 말했다.

"콥시찬! 저기 좀 봐! 앞에 유르타 두 채가 있어! 전에 이곳에 와 봤기 때문에 이곳에 대해 조금은 알아. 유르타에는 여인들과 아이들이 살고 있어. 그곳으로 가서 여인들과 아이들을 죽인 뒤 집에 가지고 가서 순록에게 주자. 그렇게 할래?"

"좋아!"

"너는 앞에 있는 유르타를 맡아. 나는 뒤에 있는 유르타를 맡을게. 잘 알아 둬. 이 여인들이 무척 영리하다는 사실을. 네가 맡은 유르타의 여인이 이렇게 말할 거야. '여보, 여보! 뭐 하는 거예요! 왜 자식들을 죽이려고 해요!' 또는 '미쳤군요!'라고 말이야. 엄마를 따라서 아이들도 '아버지! 아버지! 왜 우리를 죽이려고 해요!'라고 절규할 거야. 하지만 절대 그들의 말에 귀를 기울이면 안 돼. 이것은 그들의 간교일 뿐이야. 그들의 말에 흔들리지 말고 그냥 죽이도록 해."

"그래, 알았어. 너도 그렇게 할 거지?"

"그럼, 물론이지."

두 친구는 각자 자신이 맡은 유르타로 들어갔다. 유르타에 들어간 훌란은 아내에게 "여보, 뭐 하는 거예요? 미쳤어요! 뭐 하는 거예요! 왜 자식들을 죽이려 하는 거예요?"라고 소리치라며 미리 귀뜸을 해 주었다. 아이들에게는 "아버지, 아버지, 왜 우리를 죽이려 하는 거예요! 미쳤어요? 그런 거예요?"라고 소리치라고 일러두었다. 훌란이 집 기둥에 활을 쏘자 아내와 아이들은 훌란이 시킨 대로 비명을 지르기 시작했다. 옆집에서 소란스러운 비명 소리가 들려오자 콥시찬은 자신의 아이들에게 활을 쏘기 시작했다. 아내와 아이들이 울고불고 애원했다. 하지만 콥시찬은 훌란에게 단단히 교육을 받은 터라 가차 없이 죽였다. 가족을 다 죽인 뒤 콥시찬은 옆 유르타로 갔다. 훌란이 비웃었다.

"하하하! 하하하! 내가 거짓말을 했는데 콥시찬은 그것도 모르고 자기 아이들을 죽였대요. 내가 속였는데 자기 부인을 죽였대요. 하하하! 콥시찬은 바보래요!"

콥시찬은 너무 슬프고 화가 났다. 어떻게 하면 자기를 배신한 친구에게 벌을 줄 수 있을까…. 늘 그 생각에 빠져 있었다. 시간이 흘러갔고 가을이 찾아오면서 첫눈이 내렸다. 호수가 얼음으로 뒤덮였다. 어느 날 콥시찬이 훌란에게 말했다.

"호수에 가서 사냥하자!"

"좋아! 가자!"

홀란은 마음이 너그러운 콥시찬이 이미 지난 일을 잊었다고 생각했다. 호수를 지나가야만 했다. 가벼운 콥시찬이 앞에 서서 얼음을 발로 살짝 건드리면서 걸어갔다. 콥시찬은 잘 걸을 수 있게 조금씩 날갯짓을 했다. 참고로 당시에는 사람들에게도 날개가 있었다. 홀란이 말했다.

"콥시찬! 콥시찬! 발밑의 얼음이 갈라지고 있어."

"괜찮아, 얼음이 단단하게 언 게 언젠데! 쓸데없는 걱정은 하지도 마! 내 아이들 때문에 흘린 내 눈물이 얼음을 두드리는 것뿐이야."

콥시찬은 이렇게 말한 뒤 앞으로 달려갔다. 그 순간 홀란이 밟고 있는 얼음이 갈라지면서 홀란은 그대로 물속으로 빠졌다.

"콥시찬! 콥시찬! 도와줘! 물에 빠졌어. 나무 막대기를 가지고 와서 꺼내 줘!"

"도와줄게."

콥시찬은 호숫가로 달려가서 나무 막대기를 가지고 왔다. 하지만 홀란이 나오도록 도와주는 게 아니라 물속으로 더 밀어 넣었다. 홀란은 한참을 허우적거렸다. 결국 지친 홀란은 힘없이 그대로 바닥으로 떨어졌다. 그러나 그렇게 죽을 훌랸이 아니었다. 훌랸이 우연찮게 떨어진 곳은 황어의 집이었다. 황어가 그를 알아봤다.

"너 훌랸이지? 맞지? 혹시 샤먼이니? 우리 엄마가 심하게 아픈데 샤먼 의식을 하면 괜찮아질 것 같아."

"그래, 나는 샤먼이야. 원한다면 샤먼 의식을 해서 네 엄마가 낫도록 도와줄게."

"고마워, 훌랸. 샤먼 의식을 해 줘. 엄마를 낫게 해 준다면 평생 그 은혜는 잊지 않을게!"

"좋아. 이럴 때는 샤먼 지팡이가 필요해. 지팡이가 호수 위로 올라가도록 설치해 놔. 그런 뒤 천을 가지고 와서 나를 가리도록 해. 혹시 부정을 타면 안 되잖아! 그럼 네 엄마의 병을 낫게 해 줄게. 혹시 네 엄마가 이렇게 소리칠지도 몰라. '훌랸이 나를 죽인다! 훌랸이 내 알을 다 먹는다! 훌랸을 잡아 죽여라!' 하지만 그 말에 전혀 신경 쓰지 마. 이것은 네 엄마의 병에 붙은 악귀가 자신을 쫓아내지 못하게 하려고 지르는 소리니까."

"알았어. 시키는 대로 할게."

큰 지팡이를 물 위에 닿도록 설치했고 천을 가지고 와서 휘장을 쳤다. 훌랸이 샤먼 의식을 거행하기 시작했다. 잠시 뒤 훌랸은 휘장 밑으로 몰래 들어가서 엄마 황어의 배를 가른 뒤 알을 먹기 시작했다.

"아악! 도와줘! 훌란이 내 알을 먹고 있어. 훌란을 당장 잡아 죽여!"

엄마가 자지러지게 소리를 질렀다. 하지만 훌란에게 단단히 교육을 받은 새끼 황어들은 미동도 하지 않았다. 알을 다 먹어 치운 훌란은 휘장에서 기어 나와 이제는 위로 올라가야 한다고 했다. 지팡이를 타고 호수 위로 올라온 뒤 어수룩한 새끼 황어들을 놀리면서 배를 잡고 발을 구르면서 웃어 댔다.

잠시 뒤 훌란은 또 다른 장난을 찾아 순록 두 마리를 기르는 노인에게 갔다.

"안녕하세요!"

"안녕, 훌란!"

"할아버지, 어째서 순록이 그렇게 말랐나요? 순록들이 너무 불쌍해요!"

"글쎄다…. 그러면 안 되는데! 나한테 순록이라고는 이 두 마리밖에 없는데 말이야."

"에이, 걱정 마세요! 방법이 있어요! 3일만 제게 맡기세요. 살이 통통하게 오르게 해 줄게요!"

"정말이냐?"

"정말이고말고요! 제가 데리고 가서 잘 키워 볼게요."

"그럼 내 순록들을 부탁해! 고마워서 어떡하면 좋지! 어떻게든 보답을 해야 할 텐데….”

“괜찮아요! 그런데 할아버지, 망치 좀 빌려주세요. 지루할 때 편자 박는 법을 배우게요.”

할아버지는 순록과 망치를 훌란에게 넘겨주고 집으로 갔다. 혼자 남은 훌란은 이것저것 따지고 생각할 겨를도 없이 순록들을 잡아먹기 시작했다. 골수를 먹으려고[5] 망치로 뇌를 깨뜨렸다. 이틀 뒤에 노인이 훌란을 찾아왔다.

“훌란! 순록들은 어디에 있니?”

“숲에 있습니다. 그 녀석들은 어떻게 말로 표현할 수 없을 정도로 살이 올랐어요.”

할아버지는 숲 속으로 갔다. 순록들의 앙상한 뼈와 음식물 쓰레기가 나뒹구는 것을 보고 넋이 나간 할아버지가 할머니에게 소리를 쳤다.

“이봐! 할멈! 훌란을 잡아! 훌란이 우리의 마지막 순록을 남김없이 잡아먹었어!”

할머니는 귀가 어두워 잘 듣지를 못했다. 훌란에게 물어보았다.

“훌란, 말해 봐, 영감이 뭐라고 하니?”

“할아버지가 이렇게 말하고 있어요. ‘할멈! 할멈! 훌란에

---

5) 예벤키인에게 골수는 별미다.

게 우리의 마지막 비계를 줘. 훌랸이 우리 순록에게 그걸 주면 순록들이 살이 통통하게 오를 거야!'"

할머니는 마지막 남은 비계를 유리병에 넣어 훌랸에게 주었다. 훌랸은 배를 잡고 웃으면서 황급히 숲 속으로 달아났다. 멀리 달아난 훌랸은 늑대 몇 마리와 마주쳤다.

"늑대들아, 안녕!"

"안녕, 훌랸!"

훌랸은 늑대 곁에 앉아 유리병 속의 비계를 꺼내 먹기 시작했다. 늑대들이 물었다.

"훌랸, 네가 먹는 게 뭐니?"

"비계야."

"줘 봐. 우리도 맛 좀 보게."

훌랸은 늑대들에게 비계를 주었다. 비계를 먹은 늑대들은 눈이 확 뜨이는 것 같았다.

"으흠, 정말 맛있는데! 이걸 어디서 구했어?"

"저기 강에서."

"강에서 어떻게 이걸 구했어?"

"얼음 구멍에 꼬리를 집어넣고 밤새 앉아 있다가 아침에 병을 꺼내면 돼. 그러면 병에 비계가 가득 들어 있을 거야. 정말 쉽지?"

"그래? 그렇게 간단해? 훌랸이 우리에게 비계 구하는 법을 가르쳐 주다니…. 해가 서쪽에서 뜨겠는걸!"

"뭐 그런 걸 가지고. 강으로 가 봐."

강에 도착한 늑대들은 얼음 구멍을 만들어 꼬리를 집어 넣고 앉아 있었다. 훌란도 늑대들의 곁에 앉아 있었다. 한참을 앉아 있었다. 무척 추웠다. 구멍 속의 물이 얼어 갔다. 늑대들의 꼬리도 얼어붙기 시작했다. 늑대들은 그 자리에서 꼼짝달싹 못하게 되었다. 아! 비계 얻기가 이렇게 힘들 줄이야! 그래도 참아야지! 그 순간 훌란이 배꼽이 빠지게 웃다가 손뼉을 치면서 늑대들을 비웃었다.

"하하하! 늑대들은 바보래요! 나한테 속은 거야! 어떻게 강에서 비계가 나오냐? 하하하!"

멍청한 늑대들은 훌란이 놀리는 소리를 들었다. 한참을 달린 훌란은 배가 고프다고 느꼈지만 비계는 더 이상 남아 있지 않았다. 숲 속에서 순록의 뿔을 발견한 훌란은 뿔을 갉아 보았지만 아무것도 나오지 않았다. 쓸데없이 이빨만 하나 부러뜨리고 말았다. 훌란은 계속 달려 여우들이 많이 모여 있는 유르타로 갔다. 훌란은 그곳에서 마치 손님처럼 굴었다. 훌란은 여우들의 옆에 앉아 먹고 마시면서 수다를 떨었다. 얼마의 시간이 흘렀을까?

훌란에게 속은 늑대들이 황급하게 달려왔다. 늑대들이 얼음 속에서 꼬리를 어떻게 빼냈는지는 신만이 알 것이다!

어찌 되었든 꼬리를 빼내자마자 뒤도 돌아보지 않고 훌란을 잡으러 내달렸다. 길에서 앙상한 순록 뿔과 부러진 훌란의 이빨을 발견했다. 여우들이 모여 있는 유르타로 간 늑대들은 서로 의논을 했다.

"어떻게 훌란을 찾지? 지금 여우들 사이에 있을 텐데."

"이빨을 보면 알 수 있어. 훌란에게는 이빨이 하나 없잖아."

"그렇구나. 저 여우들을 모두 웃게 만들어야 돼. 한 명씩 차례대로 모닥불을 뛰어넘자. 우리의 털에 불이 붙으면 여우들이 웃을 거야. 너희들은 누가 어떻게 웃는지 자세히 보도록 해."

늑대들은 여우의 유르타로 들어가서 차례대로 모닥불을 뛰어넘었다. 모닥불이 워낙 많아 뛰어넘기가 힘들었다. 한 마리, 또 한 마리, 또 한 마리. 꼬리나 배에 불이 붙으면서 타기 시작했다.

늑대의 작전을 모르는 여우들은 늑대들을 비웃으면서 모두 배를 잡고 깔깔대고 웃었다. 늑대들은 오로지 불을 뛰어넘어야 한다는 생각에 사로잡혀 여우의 비웃음 따위는 안중에도 없었다. 다른 여우들과 함께 훌란도 웃었지만 늑대들에게 들키지 않으려고 입을 가리고 웃었다. 하지만 이런 꾀도 훌란을 더 이상 도와주지 못했다. 늑대들은 훌란이 입을 가리고 있다는 사실을 알아차리고 훌란에게 달려들어 마구 때리고 물어뜯었다. 늑대들은 오랫동안 초주검이 될 때까지 훌란을 때렸지만 목숨만은 살려 두었다. 살아나긴 했지만 훌란은 너무 아파서 몇 시간 동안 눈물을 펑펑 쏟으면서 바닥을 데굴데굴 굴렀다.

그렇지만 훌랸은 못된 장난질을 멈출 수가 없었다. 아예 태어날 때 그 버릇을 가지고 태어난 것이 분명하다! 훌랸은 묵혀 두었던 장난질을 다시 시작했다.

훌랸은 숲으로 달려가서 곰을 만났다.

"안녕하세요, 할아버지!"

"안녕, 훌랸!"

"할아버지, 어디서 주무세요?"

"아무 데나."

"부르르! 너무 춥지 않아요? 저는 항상 따뜻한 곳을 찾아가서 자요."

"거기가 어딘데?"

"낮에 햇빛을 받은 곳은 밤에도 따뜻해요. 산의 비탈진 곳이나 절벽의 튀어나온 곳이 바로 그런 곳이에요. 원한다면 제가 좋은 곳을 가르쳐 드릴게요."

"좋지! 같이 가자!"

훌란은 곰을 절벽에서 조금 튀어나온 곳으로 데리고 갔

다. 거기에는 잘해야 두셋 정도 누울 수 있었다. 훌란이 말했다.

“바로 여기예요. 오늘은 여기서 자도록 하죠. 할아버지는 나이가 들어서 잠결에 낭떠러지로 굴러 떨어질지 몰라요. 그러니 벽에 붙어서 주무세요. 제가 바깥쪽에서 잘게요. 잠결에 할아버지가 저를 밀어서 제가 할아버지에게 ‘조금만 옆으로 가세요. 제가 떨어질 것 같아요’라는 말을 할 일이 생길지도 몰라요. 그러면 할아버지는 그냥 벽 쪽으로 조금 들어가세요.”

“좋아, 그렇게 할게.”

훌란과 곰은 잠을 자기 위해 누웠다. 곰은 눕자마자 이내 코를 골면서 잠이 들었다. 그 순간 교활한 훌란은 곰과 자리를 바꾼 뒤 마치 너무 놀랐다는 듯이 호들갑스럽게 곰에게 말했다.

“할아버지! 할아버지! 옆으로 조금만 더 가세요. 저를 너무 밀어서 낭떠러지로 떨어질 것 같아요.”

곰은 옆으로 가려고 몸을 움직였다. 그 순간 곰은 낭떠러지 밑으로 굴러 떨어지면서 바위에 부딪혀 죽고 말았다. 훌란은 한달음에 밑으로 달려가서 곰의 가죽을 벗기고 내장을 꺼낸 뒤 배불리 먹었다. 소시지도 만들었다. 살면서 횡재도 이런 횡재가 있을까! 곰 고기를 조금 남겨 두고 소시지 하나를 바지에 넣고 다시 이리저리 돌아다녔다. 숲 속을 한참 동안 달리다가 얇은 널빤지를 모으는 남자를 발견했다. 훌란이 말했다.

"안녕, 친구!"

"안녕."

"에이, 너는 뭐야. 아내가 둘이나 돼?"

"그래. 그게 왜?"

"그런데 궁금한 게 있어. 너는 둘 중 누구와 자니?"

"젊은 아내와 자지."

훌란이 옆에 가서 앉은 뒤 바지에서 곰 소시지를 꺼내 조금씩 잘라서 먹기 시작했다.

남자가 물었다.

"뭐 먹어?"

"내 고추."

"뭐라고? 훌란! 거짓말하지 마!"

"내가 뭐하러 거짓말을 해!"

"그런데 맛있어?"

"너무 맛있어!"

"아 그래? 이리 줘 봐, 맛 좀 보게!"

훌란은 소시지를 꺼내 조금 잘라서 남자에게 주었다. 나머지는 다시 바지에 감췄다. 남자는 소시지가 무척 마음에 들었다. 처음 느끼는 색다른 맛 같았다.

“정말 맛있군!”

“이걸 어떻게 만들었어? 거짓말하면 가만히 안 둬! 어떻게 만들지? 굉장히 아플 텐데?”

“조금 아프지. 고추의 끝을 조금 잘라. 조금 지나면 고추는 금방 다시 자라니까 걱정하지 마! 네 고추를 한번 잘라 봐!”

남자는 두려웠지만 소시지가 너무 맛있었다. 소시지의 유혹이 두려움을 이겼다! 훌란은 그 자리에서 소시지를 다시 꺼내 맛있게 씹어 먹었다. 남자는 도저히 유혹을 참을 수가 없었다. 자신의 고추를 꺼내 칼로 끝을 잘랐다. 남자는 한 마디 말도 못 한 채 그 자리에서 쓰러졌고 피를 너무 흘린 나머지 죽고 말았다. 훌란은 남자가 만든 얇은 널빤지를 가지고 남자의 집으로 갔다. 그곳에서 훌란은 죽은 남자의 아이들을 만났다.

“이상한데…. 오늘은 아버지가 완전히 딴사람 같아…. 무슨 일 있었어요?”

“으음…. 다른 사람처럼 보이는 게 당연하지! 하루 종일 일을 너무 많이 해서 완전히 지쳤어. 빨리 꺾쇠와 밧줄을 옮겨 놓으렴.”

훌란은 꺾쇠와 송곳이라고 말해야 할 것을 꺾쇠와 밧줄

이라고 했다. 하지만 아이들은 상관없이 꺾쇠와 송곳을 가지고 갔다. 훌랸은 한참 대패질을 했다. 대패질을 한들 훌랸이 무얼 만들겠는가! 아무것도 만들지 못했고 결국 대패와 나무 판을 내던지면서 말했다.

"피곤해. 내일 해야겠어."

훌랸은 집 밖으로 나갔다. 꽤 시간이 지나 벌써 어둠이 내려앉았다. 훌랸은 저녁을 먹고 죽은 남자의 젊은 아내와 나란히 누웠다. 밤에 갑자기 젊은 아내가 비명을 질렀다.

"아악, 이 사람은 남편이 아니야! 훌랸이야! 이 사람을 당장 도끼로 쳐서 죽여! 세상에! 너무 아파! 빨리 죽여!"

죽은 남자의 나이 든 아내가 도끼를 들어 내리쳤지만 훌랸은 순식간에 뛰어 일어나 무사히 도망을 갔다. 도끼가 누워 있는 젊은 아내를 내리치면서 애꿎은 젊은 아내만 그 자리에서 죽고 말았다. 훌랸은 아무 일 없다는 듯이 숲으로 달려가면서 숨이 넘어갈 듯이 웃어 댔다. 얼마나 오랫동안 달려갔을까? 앞에 순록 썰매가 보였다. 더 가까이 가서 보니 아가씨들이 순록 비계와 먹을거리가 담긴 자루를 썰매에 싣고 있었다. 훌랸이 다가갔다.

"안녕, 아가씨들!"

"안녕하세요!"

"뭐 하고 있어?"

"순록 비계와 먹을거리를 집에 가져가려고요. 그런데 문제가 생겼어요. 집으로 가는 지름길을 모르겠어요. 이미 한참을 달려왔는데도…. 혹시 길을 알면 알려 주세요."

"아하! 아주 잘 알지. 원한다면 가르쳐 줄게. 나를 썰매에 앉게 해 줘. 순록의 비계를 넣은 자루 옆에 말이야. 그리고 내 눈을 가리고 강이 나타나면 강 이름을 물어봐. 그럼 내가 너희에게 강 이름을 가르쳐 줄게. 그 정도로 나는 이 지역을 훤하게 알고 있어."

"좋아요!"

아가씨들은 순록의 비계가 담긴 자루 옆에 훌란을 앉히고 훌란이 가리키는 곳으로 달려갔다. 가고 또 가고 그렇게 한참을 가니 강이 나타났다. 아가씨들이 물었다.

"이게 무슨 강이에요?"

"훌랄리기[6] 강이란다."

몇 시간 뒤 강이 나타나자 아가씨들은 또 훌란에게 물었고 이런 상황은 이후로도 오랫동안 계속됐다.

"그러면 이 강의 아름은 뭐예요?"

"우무룰리가[7] 강이란다."

---

6) 예벤키어로 '짐을 풀기 시작하다'라는 뜻이다.

7) 예벤키어로 '짐짝의 위'라는 뜻이다.

"훌랸, 이 강의 이름은 뭐죠?"

"둘리리가[8] 강이란다."

"훌랸, 그런데 이 강의 이름은 뭐죠?"

"쿰갈리가[9] 강이야. 자, 이제는 나를 내려 주렴. 여기서 너희 집은 지척이야. 게다가 더 이상 나는 길을 모른단다."

아가씨들은 훌란을 내려 주었다. 훌랸은 숲 속으로 달아나면서 아가씨들을 놀리기 시작했다.

"하하하! 너희들은 나한테 속았어! 하하하! 내가 너희의 비계를 모두 먹어 치웠는데! 약 오르지!"

"뭐야! 훌란이 우리를 속였구나. 쫓아가서 잡아야겠어. 가만두지 않겠어!"

아가씨들은 썰매에서 내려 훌랸을 쫓아갔다. 훌랸은 눈이 두껍게 쌓인 숲 속으로 달아났다. 훌랸은 달리고 또 달렸다. 드디어 지치기 시작했다. 아가씨들과 훌랸의 거리가 점점 좁혀졌다. 어떻게 하지? 훌랸은 나무 밑으로 기어 들어갔다. 나무 근처에 와서 아가씨들은 훌랸을 잡을 수 있는 방법을 의논하기 시작했다.

"나무를 베어 버리는 게 낫겠어."

---

8) 예벤키어로 '절반'이라는 뜻이다.

9) 예벤키어로 '깨끗하다, 끝났다'는 뜻이다.

"아니야, 안 돼. 그리 좋은 방법이 아니야. 나무가 쓰러지면 훌란이 뛰쳐나와서 도망갈 게 분명해."

"그럼 나무에 불을 붙이자."

"좋아, 그렇게 하자!"

모두 한목소리로 찬성했다. 나뭇가지를 민첩하게 날라와서 나무 아래에 쌓은 뒤 불을 붙였다. 나뭇가지들이 갈라지는 소리를 냈고 연기가 피어올랐다. 불길이 치솟기 시작했다. 훌란은 연기 때문에 숨이 막혀 왔고 열기 때문에 온몸이 달아올랐다. 훌란은 불에게 간절히 빌기 시작했다.

"불아, 불아! 다 태우지는 말아 줘. 나를 살려 줘. 벙어리장갑만 한 크기라도 좋아!"

불은 훌란의 바람을 들어주었다. 훌란은 살아났지만 그의 몸집은 벙어리장갑보다 더 작아졌다. 장난질을 일삼던 훌란은 드디어 벌을 받았고 작은 들짐승이 되었다. 불처럼 빨간색을 띤 지금의 암여우는 그때 생겨난 것이다.

은혜 갚은 곰

엄마와 아들이 있었는데 순록도 말도 없었다. 먹을 것이 떨어지자 아들이 먹을 것을 찾으러 나섰다.

"엄마! 내일 돌아올게요."

엄마는 하룻밤을 혼자 보냈다. 다음 날 하루 종일 아들이 돌아오기만 기다렸다. 목이 빠지게 애타게 기다렸지만 아들은 결국 돌아오지 않았다. 엄마는 도끼를 들고 아들을 찾으러 나섰다. 한참을 걷다가 아들의 발자국을 발견하여 그 뒤를 따라갔다. 발자국은 산으로 이어져 있었다. 산 위에서 아래를 내려다보니 산등성이에 머리가 셋인 뱀이 보였다. 엄마는 이 뱀이 아들을 잡아먹었을 것이라고 확신했다.

엄마는 집으로 돌아와 화약을 잘게 부순 뒤 자루에 집어넣고 자루를 부싯깃으로 묶었다. 다시 아들의 발자국을 따라 산으로 올라간 뒤 부싯깃에 불을 붙여 뱀에게 던졌다. 그걸 본 뱀은 먹을 게 하늘에서 떨어지는 줄 알고 기쁜 마음에 자루를 냉큼 받아 꿀꺽 삼켰다. 엄마는 자루가 터지기만을 기다렸다. 잠시 후 자루가 뱀의 배 속에서 터졌다. 엄마는 뱀에게로 한달음에 달려갔다. 뱀의 배 속을 열어 보니 아들의 시체가 있었다. 엄마는 아들의 뼈를 끌어내어 땅에 묻어 주었다.

엄마는 장례식을 치른 뒤 집으로 갔지만 먹을 것이라고는 밀알 하나도 없었다. 어스름이 내리더니 이내 밤이 찾아왔다. 엄마는 집 밖에 불을 지핀 뒤 그 옆에서 살포시 잠이 들었다. 한밤중에 별안간 이상한 느낌이 들어 엄마는 잠에서 깨어나 주위를 둘러보았다. 세상에! 모닥불 뒤에서 곰이 손을 치켜든 채 엄마에게 다가오고 있었다. 엄마는 곰이 다가오는 것이 무서웠지만 자세히 들여다보니 곰의 손에 가시가 박혀 있었다. 엄마는 곰에게 가서 손에 박힌 가시를 빼내주었다. 곰은 엄마가 두려움에 잠을 자지 못할까 봐 그길로 돌아갔다. 얼마나 앉아 있었을까? 엄마는 다시 살포시 잠이 들었다. 아침에 잠에서 깬 엄마는 모닥불 주위에 죽은 짐승들이 놓여 있는 것을 보았다. 곰이 선물로 가져다준 것들이었다. 엄마는 그 짐승들을 먹으면서 목숨을 이어 갔다.

토끼 자매

오소리가 엄마 토끼를 잡아먹은 뒤 토끼의 집으로 갔다. 어린 토끼 자매는 늙은 나무 밑에 이불을 덮고 누워 있었다. 오소리는 기둥을 따라 살금살금 유르타 안으로 기어 들어갔다. 오소리가 발을 구르면서 말을 했다.

"새끼 토끼들을 잡아먹어야겠다!"

"할아버지, 뭐 하세요?"

토끼 자매는 위에서 자신들을 내려다보는 오소리의 눈에 흙을 뿌린 뒤 할머니 집으로 달아났다. 마침 할머니는 집에 없었다. 먹을 걸 찾아 나간 뒤였다. 배가 고팠던 토끼 자매는 할머니의 소시지를 다 먹어 치운 뒤 큰 솥 안에 숨었다. 저녁에 할머니가 돌아와서 불을 지피기 시작했다. 신기하게도 할머니 집의 모든 물건들은 스스로 일을 할 줄 알았다.

"장작아, 이리 오너라! 어서 불을 피우도록 해라!"

장작이 걸어와서 직접 불을 피우기 시작했다.

"양동이야, 이리 오너라, 물을 가득 채워 넣어라!"

"솥아, 이리 오너라!"

솥은 낑낑대기만 할 뿐 한 발짝도 내딛지 못했다. 할머니가 심하게 화를 내면서 문 닫을 때 쓰는 몽둥이를 들어 솥을 후려쳤다. 그 순간 토끼 자매가 깔깔대면서 솥에서 뛰어나왔다.

"이 녀석들! 왜 숨어 있는 거냐? 혼자 있어 심심했는데 마침 잘됐구나! 꼬맹이들아, 이제부터는 나랑 같이 살자!"

엄마 잃은 토끼 자매는 할머니와 함께 살게 되었다. 할머니는 가끔 곰을 잡아서는 허리에 차고 끌고 올 만큼 사냥의 명수였다. 덕분에 토끼 자매는 무럭무럭 자랐다.

할머니가 곰 사냥하는 것을 본 토끼 자매가 할머니에게 애원했다.

"정말 너무 심심해요! 우리도 사냥을 하게 해 주세요. 우리에게도 창을 주세요!"

토끼 자매는 오솔길을 걸어갔다. 길에 앉아서 곰에게 소리치자 곰이 불쑥 나타났다. 토끼 자매는 곰을 보자 너무 놀라 창을 그대로 두고 할머니에게 달려갔다.

"너무 무서워요, 창을 놓고 왔어요!"

"곰은 무시무시한 짐승이라고 이미 말하지 않았느냐!"

할머니가 토끼 자매가 창을 놓고 온 곳에 가서 창을 가지고 왔다.

얼마 뒤 토끼 자매는 이번에는 산책을 가게 해 달라고 졸랐다.

"정말 심심해 죽겠어요."

할머니는 길을 가리켜 주었다.

"이 길로 가거라. 가다 보면 두 갈래 길이 나올 것이다. 한쪽은 똑바른 길이고, 한쪽은 말발굽 모양의 길이다. 꼭 말발굽 모양의 길을 따라가야만 한다. 잊지 말거라."

길을 나선 토끼 자매는 두 갈래 길에 이르렀다. 언니 토끼는 할머니가 일러 준 것을 잊어버리고 말았다.

"할머니가 똑바른 길을 따라가라고 했지!"

"아니야, 할머니는 말발굽 모양의 길을 따라가라고 했어!"

"그럼 좋아, 내기를 하자. 네가 이기면 말발굽 모양의 길로 가고 내가 이기면 똑바른 길로 가자."

힘겨루기를 시작했다. 언니 토끼가 이겼다. 똑바른 길을 따라가다 오두막집들이 있는 곳에 이르렀다. 오두막집은 어둠에 싸인 채 다닥다닥 붙어 있었다.

"주문을 외워 보자!"

동생 토끼가 말했다.

"소나무나 전나무로 변신해서 오두막집 사이를 빠져나가는 게 좋겠어."

"싫어! 나는 소나무로 변신할래."

동생은 전나무로 변신해서 오두막집 사이를 지나갔다. 소나무로 변신한 언니는 머리는 통과했지만 어깨가 오두막

집 사이에 끼이고 말았다. 동생이 언니를 잡아당겼는데 그만 머리만 빠지는 바람에 머리만 끌고 왔다. 피곤에 지친 동생은 머리를 우물가에 놓아둔 채 길을 재촉했다. 뒤를 돌아보니 언니가 울고 있었다. 번개가 번쩍거리면서 나무를 치고 있었다. 다시 뒤를 돌아보니 언니가 키득키득 웃으면서 말했다.

"동생아! 신발 끈이 풀어지면 투덜대지 말고 끈을 잘 묶도록 해!"

동생은 길을 가다 신발 끈이 풀어지자 언니 말은 잊어버린 채 한참을 투덜댔다.

"우리 언니는 정말 울보야! 그래서 신발 끈이 풀어진 거야! 에이 귀찮아! 다 언니 때문이야!"

그렇게 정처 없이 한참을 가던 동생 토끼는 개구리를 만나 함께 살기 시작했다. 어느 날 개구리가 친척 집에 놀러 가자고 했다.

"토끼야! 친척 집에 놀러 가자."

"나는 친척이 없어."

친척 집에 갔던 개구리가 순록을 끌고 왔다. 울적해진 토끼 동생은 언니를 찾아갔다. 언니는 우레 신에게 시집을 갔는데 아이들도 엄마처럼 머리만 있었다. 언니가 말했다.

"잠깐만 기다려, 형부가 곧 올 거야."

밤이 되자 형부가 왔다. 형부는 허리 장식으로 순록을 만들어 동생 토끼에게 주었다. 형부는 동생 토끼에게 잠시 후 회오리바람이 몰아칠 거니 조심하라고 일러 주었다. 동생 토끼는 순록을 가지고 개구리에게 왔고 개구리에게 곧 회오리바람이 몰아칠 거라고 했다. 개구리는 콧방귀를 뀌면서 비웃었다. 그런데 정말 곧 회오리바람이 불면서 개구리의 집과 순록들이 흔적도 없이 바람 따라 완전히 날아가 버렸다. 미처 도망가지 못한 개구리는 엉겁결에 물속으로 뛰어들었다. 그 이후 개구리는 계속 물속에 살고 있다.

식테흐 신겔툰

식테흐 신겔툰[10]이 멀리 떨어진 숲과 산을 여행하고 있을 때였다. 어느 날 우연히 높은 절벽 아래 작은 개울에서 아가씨 열 명이 물놀이하는 것을 보았다. 식테흐 신겔툰은 몰래 다가가서 바늘로 변신을 한 뒤 한 아가씨의 옷을 뚫고 그 안으로 들어갔다. 실컷 물놀이를 한 뒤 밖으로 나온 아가씨들은 옷을 입었다. 그러자 그들에게 사향고양이가 다가왔다. 열 명의 아가씨 모두 고양이 위에 올라앉았다. 절벽을 따라 올라가던 사향고양이가 말했다.

"어째서인지 굉장히 무겁네요. 아마 식테흐 신겔툰이 같이 있나 봅니다. 모두들 옷을 털어 보세요!"

아가씨들은 사향고양이에서 내려 찬찬히 옷을 턴 뒤 다시 올라탔다. 사향고양이는 다시 절벽을 따라 올라갔다. 절벽 꼭대기에 이르자 사향고양이가 말했다.

"자, 이 절벽 아래에 부러진 식테흐 신겔툰의 뼈가 있을 겁니다."

---

10) 예벤키인의 설화에 등장하는 상상의 인물이다. 식테흐 신겔툰은 언제든지 자신이 원하는 모습으로 변할 수 있으며 장난을 즐겨 한다.

이 말을 들은 식테흐 신겔툰은 사람으로 변신해 버럭 화를 냈다.

"내 뼈가 부러지기 전에 네 뼈부터 부러뜨려야겠다!"

식테흐 신겔툰의 말에 큰 모욕감을 느낀 사향고양이는 절벽 위에서 뛰어내리다 결국 크게 다쳐서 죽고 말았다. 이때부터 사향고양이는 절벽에 살게 되었다. 지금도 사향고양이는 종종 절벽을 뛰어다니다가 떨어져서 죽음을 맞이하고는 한다.

개가 털옷을 입게 된 사연

땅이 막 생겨났을 때 두 형제가 살고 있었다. 형은 땅에서 살았고 동생은 하늘에서 살았다. 형은 무척 말랐는데 곤충을 만들면서 살았다. 동생은 동물 뼈로 사람을 만들면서 살았는데 자신이 만든 사람들을 창고에 넣은 뒤 열쇠로 채워 두었다. 두 형제는 서로를 좋아하지 않았다.

동생은 개를 키웠는데 늘 벌거벗고 있었다. 어느 날 동생은 다른 곳에 만들어 둔 사람들을 보러 가면서 개에게 단단히 일러두었다.

"형이 와도 절대 창고를 열어 주면 안 된다. 어떤 말을 해도 절대 열어 주지 말거라."

개는 집에서 창고를 지켰다. 그때 형이 개에게 왔다.

"동생은 어디 갔느냐? 언제 돌아오느냐? 그리고 무얼 만들었느냐?"

"저 위에 올라갔어요. 언제 올지, 무얼 만들었는지 저는 전혀 모른답니다."

"창고 문을 열어라."

"열어 줄 수 없어요. 절대 열어 줄 수 없어요."

"창고 문을 열어 주면 네게 옷을 만들어 주마. 비를 맞아도 젖지 않을 것이고 땡볕에도 몸이 타는 일이 없을 것이며 추위에도 벌벌 떨거나 몸이 얼어붙는 일이 없을 게다. 옷을 만들어 주마."

그 말을 들은 개는 창고 문을 열어 주었다. 형은 동생이 만들어 놓은 사람들에게 입김을 불었다. 곧이어 사람들이 시름시름 아프기 시작했다. 하지만 개는 털옷을 입게 되었다. 이렇게 못된 짓을 한 뒤 형은 유유히 떠났다.

열흘 뒤 동생이 돌아왔다. 집에 돌아온 동생은 개가 털옷을 입고 있는 것을 보았다.

"그 털옷은 어디서 났느냐?"

"형이 와서 주고 갔어요."

"어째서 창고 문을 열어 주었느냐?"

"옷을 만들어 준다고 해서 열어 주었어요."

동생이 창고에 들어갔을 때 몇몇 사람은 병들어 있었고 몇몇 사람은 괜찮았다. 아픈 사람들에게 입김을 불자 핏기가 돌기 시작하면서 곧 건강해졌다. 동생이 개에게 말했다.

"이제부터 너는 사람들과 같이 살면서 사람들의 뒤꽁무니나 쫓아다니도록 해라. 사람들이 때리면 사냥으로 연명하도록 해라."

자작나무에서 태어난 소녀

자작나무가 소녀를 낳았다. 소녀는 자작나무 수액을 먹으면서 자랐다. 자작나무 소녀를 발견한 곰이 물었다.

"얘야, 어디에서 태어났니?"

"자작나무에서 태어났어요. 저는 자작나무 수액을 먹으면서 자란답니다."

곰은 소녀가 마음에 들어 자신의 집으로 데려가고 싶었다.

"얘야, 우리 집에 가자. 내 딸이 되렴. 그리고 모든 동물의 딸이 되렴. 네 엄마 자작나무는 늘 이곳에 있을 테니 걱정하지 않아도 돼."

소녀는 동물들의 집으로 갔다. 동물들은 소녀를 무척 사랑했다. 다람쥐는 소녀에게 도토리 열매를 가져다주었고 곰은 나무 열매를 따다 주었다. 소녀는 낮에는 햇빛을 받으면서 큰사슴 뿔에 올라가 그네를 탔다. 겨울에는 곰의 굴에서 살았다. 여우가 곰의 굴을 찾아왔고 토끼도 찾아왔다. 모든 동물들이 소녀를 찾아왔다. 당시 동물들은 같은 언어를 사용했으며 모두 사이가 좋았다.

그러던 어느 날 소녀가 사라졌다. 풍금새가 소녀를 하늘에 있는 자신의 집으로 데려간 것이다. 소녀를 잃어버린 동물들은 이리저리 오랫동안 애타게 찾아다녔지만 결국 찾지 못했다. 동물들은 자신들이 사랑하고 아끼는 소녀를 잘 지켜 주지 못했다며 서로에게 화를 내기 시작했다.

그때부터 동물들은 서로 적이 되었고 같이 사용하던 언어를 잃어버리게 되었다. 하늘에 있는 소녀는 동물들이 그리웠다. 하지만 내려갈 수가 없었다. 소녀는 동물들에게 위험이 닥쳐오면 미리 알려 주려고 하늘 위에서 동물들의 뒤를 쫓아다녔다. 이는 동물에 대한 소녀의 사랑의 표시였다. 그래서 그때는 동물 사냥이 무척 어려웠다.

지하세계, 천상세계 이야기

지하세계에 간 남자 1

한 남자가 아들들과 살고 있었다. 겨울에는 쇠뇌를 설치하고 옆에 먹이를 놓아두어 토끼 사냥을 했다. 여느 날과 다름없이 이날도 저녁 무렵 토끼가 다니는 길목에 쇠뇌를 설치했다. 아침에 가서 볼 작정이었다. 동이 트자 토끼가 잡혔으면 좋겠다는 생각을 하면서 쇠뇌를 설치해 둔 곳으로 바삐 걸음을 움직였다. 도착해 보니 쇠뇌가 발사되었다. 남자는 무척 기뻤다. 그런데 막상 보니 쇠뇌는 텅 비어 있었고 옆에는 토끼가 피를 흘린 채 도망을 친 흔적이 있었다. 핏자국을 따라 조심조심 걸어갔다. 토끼가 버드나무 아래로 기어 들어가 누워 있었다. 남자는 토끼의 뒤를 좇아 버드나무 아래로 내려갔다. 구멍을 따라 아래쪽으로 내려갔더니 땅이 나왔다. 땅을 따라 정처 없이 걸어가니 오솔길이 나오는 것이 아닌가!

"저기에 무엇이 있는지 한번 가서 보자!"

이렇게 혼잣말을 하면서 걸어가다가 유르타가 있어 안으로 들어갔더니 사람들이 모여 있었다. 남자가 물었다.

"뭐 하세요?"

사람들이 자기들끼리 수군거렸다.

"누가 자꾸 손으로 불을 건드리는 거야? 불이 깜박거리잖아!"

사람들에게는 남자가 보이지 않는 것이 분명했다. 남자가 연거푸 물어도 사람들은 같은 말만 되풀이할 뿐이었다.

"누가 자꾸 손으로 불을 건드리는 거야? 불이 깜박거리잖아!"

남자가 식탁에 놓인 고기를 먹어 치우자 사람들이 웅성거렸다.

"어! 고기가 없어졌네! 대체 누가 고기를 먹었을까?"

이런 식의 이야기가 계속되었고 밤이 찾아왔다. 남자는 잠을 자려고 어떤 사람 옆에 누웠다. 그런데 별안간 이 사람이 자지러지게 비명을 질렀다.

사람들이 화들짝 놀라 일어났다.

"뭔가에 옆구리를 찔렸나 보네. 샤먼을 불러와야겠어."

모두 한숨도 못 잤다. 아침에 샤먼을 데리고 왔다. 샤먼이 주술을 걸었지만 차도가 없었다. 더 영험한 샤먼을 불러왔지만 여전히 차도가 없었다. 그 사람은 중병에 걸린 것 같았다. 이번에는 마을에서 가장 영험한 샤먼을 불러왔다. 샤먼은 유르타에 들어오는 순간 남자를 발견했다.

"바로 저기에 낯선 사람이 있군. 저 남자 때문에 생긴 일이군!"

샤먼이 남자에게 물었다.

"어디서 왔소?"

"위쪽에서 토끼를 쫓아왔습니다. 아침에 아무리 찾아봐도 토끼가 없길래 여기저기 살펴보니 토끼가 피를 흘리면서 도망을 갔더군요. 그 뒤를 쫓아갔더니 토끼가 버드나무 아래에 기어 들어가 누워 있더군요. 토끼를 따라오다 보니 오솔길까지 오게 되었고 결국 여기까지 오게 된 겁니다."

샤먼은 남자에게 음식을 대접한 뒤 돌아갔다. 남자도 자기 집으로 되돌아가서 자신이 지하세계에서 겪은 이야기를 들려주었다.

지하세계에 간 남자 2

예벤키 남자가 마른 나뭇가지를 꺾어서 엄마에게 갔다.

"어디 가니? 밤에는 돌아다니면 안 된단다."

남자는 엄마 말을 듣지 않고 밖으로 나갔다. 마른 나뭇가지를 들고 아무 생각 없이 한참을 걷다 보니 아주 먼 곳까지 가게 되었다. 어둠이 내려앉았다. 늪이 보이길래 아무 생각 없이 그 안으로 들어갔더니 잠시 후 물이 나왔다. 물 밑으로 하염없이 내려가다 아주 먼 낯선 곳에 가게 되었다.

드디어 물 밑 오솔길에 내려앉았다. 오솔길을 걸어가는데 순록의 발자국, 사람들의 발자국이 보였다. 어디선가 대장장이가 쇠 두드리는 소리도 들렸다.

"탁! 톡! 탁! 톡!"

마을로 갔다. 대장장이 근처에서 순록이 한가로이 노닐고 있었다. 그런데 남자가 그곳에 가자 순록이 아무 이유 없이 갑자기 죽는 것이 아닌가! 대장장이에게 갔더니 남자에게 물었다.

"어디서 왔소?"

"길을 잃었답니다."

곧 그곳을 떠나 사람들이 모여 있는 유르타로 갔다. 남자가 유르타에 들어가니 아까처럼 느닷없이 한 여인이 죽는 것이었다. 사람들이 수군거렸다.

"저기 누가 왔어요. 샤먼에게 누군지 물어봅시다."

샤먼이 그에게 물었다.

"어디서 왔는가?"

"길을 잃었어요."

샤먼은 쉬지 않고 주문을 외우면서 남자에게 물었다.

"자네는 위쪽 나라에서 왔군."

그제야 그는 기억이 났다.

"맞아요. 저는 위에서 떨어졌어요. 집으로 돌려보내 주세요."

사람들이 샤먼에게 간절히 부탁했다.

"어떻게 해서든 이 사람을 돌려보내야 해요. 안 그러면 우리 모두 죽어요!"

샤먼이 남자의 등에 대고 주문을 외웠다. 주문이 끝나자 남자는 집에 갈 채비를 했다.

"집에 가려면 어떻게 해야 하죠? 집은 위쪽인데요."

한참을 망설이는데 샤먼이 손으로 길을 가리키면서 말했다.

"이 길을 따라 계속 가게."

그래도 남자의 머릿속에서는 걱정이 떠나지 않았다.

'어떻게 집에 가지? 누가 도와주지 않으면 힘들 것 같은데….'

샤먼이 말한 길로 한참을 걷다가 위로 올라가는 계단을 발견하여 계단을 타고 올라갔다. 얼마나 오랫동안 올라갔을까? 가늠할 수가 없다. 드디어 밑으로 떨어지기 직전에 남자가 머물렀던 곳이 나타났다.

차르치칸

차르치칸이라는 예벤키 사람이 있었다. 어떤 멍청한 사람에게서 킨기트[11]란 새의 새끼 세 마리를 훔쳐 집으로 가지고 왔다. 아이들한테 잘 키우라고 단단히 일러두었다. 아이들은 새끼 새들의 깃털을 만지면서 놀았다. 그렇게 2~3년이 지나갔다. 킨기트가 지나가다 남자의 집 앞에 멈추더니 흐느껴 울기 시작했다.

남자가 물었다.

"왜 우니?"

"어떻게 나한테 왜 우냐고 물을 수 있는 거죠? 당신은 개만도 못한 사람이에요."

그렇게 오랫동안 울다가 지치자 새끼 새들에 대해 물은 뒤 이런 말을 했다.

"내일 한낮에 벼락이 치면 집이 번쩍거릴 거예요. 제 새

---

11) 예벤키인이 조물주의 조력자의 하나로 조물주가 까마귀에게 자신이 만든 사람들의 삶을 지키는 역할을 맡겼다고 믿는 까마귀를 형상화한 것으로 보인다. 예벤키인의 이러한 사고는 까마귀가 영웅시되는 이웃 토착 민족의 영향에 의한 것으로 보인다.

끼들이 위험해요."

"새끼들이 죽을 수도 있겠군. 내가 새끼들을 깊숙한 곳에 숨겨서 구해 줄 테니 걱정하지 마."

아침이 되자 차르치칸은 새끼들을 깊은 땅속으로 데리고 갔다. 땅속에 도착하자 벼락이 심하게 내리쳤다. 벼락이 온 산에 내려치는 순간 새끼들은 너무 놀라 기절했다. 그런데 벼락이 끝나자 용하게도 다시 깨어났는데 그 순간 킨기트가 울면서 새끼들을 찾아왔다. 새끼들이 살아 있는 모습을 확인한 킨기트는 너무 기뻐 어쩔 줄을 몰라 했다. 킨기트가 차르치칸에게 물었다.

"새끼들을 구해 준 데 대한 보답을 하고 싶습니다. 어디 가고 싶은 곳이 있나요?"

"하늘나라로 데려다 줘. 하늘 문 안으로."

"이 길은 무척 험난합니다."

킨기트는 구멍이 숭숭 뚫린 뿔이 달린 동물 두 마리를 데리고 와서 말했다.

"내가 말을 하면 내 입안으로 들어오세요."

그 말과 함께 차르치칸을 데리고 하늘로 날아갈 준비를 했다. 처음에는 걷다가 다음에는 살짝 나는 시늉을 하더니 마지막에는 하늘을 향해 훨훨 날아 올라갔다. 나흘 밤낮을 쉬지 않고 날아가니 하늘 문이 보였다. 킨기트가 말했다.

"누가 물어도 제가 데려다줬다는 말은 절대 해서는 안 됩니다."

차르치칸은 내리자마자 바삐 길을 재촉했다. 땅은 무척 넓고 기름졌으며 풀로 가득했는데 사람의 흔적은 어디에도 찾을 수가 없었다. 아무것도 없었다. 홀로 계속 길을 걸어가던 중 유르타를 발견했다. 가까이 가서 보니 한 여인이 살고 있는데 참으로 고귀하고 아름다웠다. 여인은 바느질을 하고 있었다.

차르치칸이 여인에게 말을 걸었지만 여인은 듣지 못했다.

"왜 자꾸 불이 깜박거리지?"

여인에게는 차르치칸이 보이지 않았다. 차르치칸은 여인의 집에서 사나흘 지내면서 음식을 먹었다. 여인이 중얼거렸다.

"왜 자꾸 음식이 없어지지? 이상한데?"

그렇게 지내다 보니 차르치칸은 여인과 함께 살고 싶어졌다. 밤이 되자 여인의 옆에 가서 누웠다. 차르치칸은 여인과 즐거운 시간을 가진 뒤 부부가 되었다. 그제야 여인의 눈에 차르치칸이 보였다. 여인이 물었다.

"누가 데려다주었나요? 킨기트가 데려다주었나요?"

"아니오! 혼자서 왔소."

“당신과 결혼을 한 이상 이제부터 저는 아무 곳에도 가지 못합니다. 그런데 이곳에는 땅이 없어서 당신은 더 이상 여기에서 살 수가 없어요. 해결 방법은 밑에 내려가서 흙을 조금 가지고 오는 거예요. 그 흙으로 땅을 만들면 당신도 이곳에서 살 수가 있답니다.”

“내가 어찌 흙을 가지고 오겠소?”

여인은 날개 달린 말을 주면서 차르치칸에게 신신당부했다.

“누구를 만나더라도 말을 해서도, 말을 들어 줘서도 안 됩니다. 그냥 흙만 가지고 곧장 돌아오셔야 합니다. 말이 데려다줄 거예요.”

남자를 말 위에 앉혔다. 말은 곧장 하늘 문 사이를 빠져 땅으로 내려가서 오솔길로 달려갔다. 할머니 한 분이 썰매가 망가져서 고치고 있었는데 굉장히 애를 먹는 것 같았다. 차르치칸이 썰매 근처에 가자 할머니가 말했다.

“도와주게. 고쳐 줘. 썰매를 원래대로 고쳐 줘.”

남자는 말에서 내려 자신이 해야 할 일을 한 뒤 할머니를 도와 썰매를 고치기 시작했다. 할머니가 차르치칸의 팔을 잡았다.

“남편이 죽고 나서 3년 동안 슬프게 지냈네. 3년이 되니 신발, 썰매가 다 낡아서 해지고 말았어…. 사는 게 사는 게 아니야!"

차르치칸이 할머니를 물끄러미 바라보는 동안 말은 하늘로 날아갔다. 말이 하늘나라에 이르자 여인의 애통한 목소리가 들려왔다.

"당신은 저를 고통 속으로 몰아넣었습니다. 제가 말하지 않았습니까. 누구의 말도 듣지 말라고. 그런데 당신은 제 말을 듣지 않았습니다."

천상세계에 갔다 온 남자

기달로라는 예벤키 남자가 있었는데 무척 부자였다. 자신의 나라에서 제일 부자일 것이다. 기달로는 중간세계에서 사는 것이 지루해졌다. 천상세계에서 살아 보고 싶었다. 아침 일찍 일어나 천상세계로 가는 길을 알고 있다는 새를 찾으러 나갔다. 밤이 되자 기달로는 새를 찾아 가지고 집으로 돌아왔다. 새가 말했다.

"3년 동안 먹고 입을 음식, 옷, 장작, 물을 준비하세요."

기달로는 집안의 남자들을 모두 모았다.

"여러분, 새 등에 천막을 지으세요."

남자들은 새 등에 천막을 지은 뒤 필요한 물품을 모두 실었다. 기달로가 천막 안으로 들어가자 새가 하늘로 날아올랐다.

기달로를 태운 새는 가없고 푸른 하늘을 쉬지 않고 날아갔다. 기달로가 무료하다고 느끼던 어느 날 새가 멈추었다.

"다 왔습니다."

기달로는 뛸 듯이 기뻤다. 서둘러 밖으로 뛰어나와서 주위를 둘러보았는데 기대했던 것과는 영 딴판이었다. 천상세계로 향하는 계단 이외에는 아무것도 보이지 않았다. 새가 말했다.

"이 계단을 타고 계속 위로 올라가세요."

기달로는 계단을 타고 올라가기 시작했다. 아주 오랫동안 올라가니 작은 문이 보였다.

그곳은 어두웠다. 그런데 갑자기 위쪽에서 한 줄기 빛이 우러 나왔다. 기달로는 드디어 도착했다는 생각에 날아갈 것만 같았다. 한껏 꿈에 부풀었다. 빛이 나오는 곳으로 들어가서 주위를 둘러보니 연기가 피어나는 유르타가 있었다. 유르타에는 한 여인, 한 남자, 한 소녀가 살고 있었다. 기달로가 질문을 하자 그들이 수군거렸다.

"이상하게 불이 깜박거리네."

아침부터 아무것도 먹지 못한 기달로는 허기를 느꼈다. 마침 선반 위에 고기가 있어 기달로는 먹어도 되겠냐고 물었다. 하지만 그들의 말은 한결같았다.

"이상하게 불이 깜박거리네."

고기를 엄청 배불리 먹은 기달로는 생각했다.

'그들에게는 내가 보이지 않는구나.'

장난기가 발동한 기달로는 소녀의 가슴 밑을 쿡쿡 찔렀다. 소녀는 혼비백산했고 아버지가 샤먼을 데리러 갔다. 샤먼이 와서 주문을 외우기 시작했지만 샤먼도 기달로의 존재를 알아내지는 못했다. 소녀는 몹시 앓기 시작했고 아버지는 더 영험한 샤먼을 데리러 갔다. 샤먼을 순록에 태워 데리고 왔다. 유르타에 들어온 샤먼은 단번에 기달로를 발견했다.

"병의 원인이 무엇인지 알겠군."

어스름이 내려 주문을 외우라고 재촉하자 샤먼이 말했다.

"왜 병에 걸렸는지 아는데 무엇 때문에 주문을 외우겠는가."

샤먼이 기달로에게 물었다.

"어디서 왔는가?"

"중간세계에서 왔습니다."

"자네가 살던 곳으로 돌아가게."

"어떻게 왔는지 기억이 나지 않습니다."

"내가 데려다주겠네."

함께 나갔다. 하늘 문에 이르자 샤먼이 말했다.

"바로 이 조그만 틈이 문이네."

기달로는 그곳을 나와 새가 있는 곳으로 가서 천막 안으로 들어갔다.

"새야, 이제 집으로 가자."

새가 날기 시작했다. 아주 오랫동안 하늘을 날아갔다. 새가 집에 도착했다고 말하자 기달로는 천막에서 나와 집으로 들어갔다. 집에 가서 가족들에게 자신이 천상세계에서 겪은 일들을 들려주었다.

평범한 듯 평범하지 않은 사람들 이야기

토끼를 속인 할아버지

아주 오래전에 할아버지 할머니가 살고 있었다. 그들은 봄이 되어 배고픔에 몹시 시달렸다. 할아버지가 할머니에게 말했다.

"개울에 나가 보겠소. 토끼가 다니는 길에 가서 누워 있겠소."

"왜요?"

"이렇게 굶주리면서 사느니 차라리 길에서 얼어 죽는 편이 낫겠소."

할아버지는 토끼가 다니는 길에 누웠다. 할아버지를 본 토끼가 말했다.

"이 할아버지가 우리의 길을 막는데!"

토끼가 친구들을 불렀다.

"개울에 있는 친구들! 모두 이리 와 봐. 할아버지가 길을 막고 있어."

토끼의 친구들이 우르르 몰려왔는데 모두 서른 마리였다. 토끼들은 할아버지를 집으로 끌고 가서 할머니에게 말했다.

"당신 남편이 우리가 다니는 길에 누워 있어요! 잘못하다가는 얼어 죽어요! 집 안으로 데리고 들어가세요!"

"아이고, 귀여운 녀석들, 고마워! 얼어 죽을 뻔한 내 남편을 살려주다니! 집 안으로 데려다주면 더 고맙겠는데!"

토끼가 집 안으로 들어가자 할머니가 밖에서 문을 잠갔다. 그러자 안에 있던 할아버지가 벌떡 일어나 토끼들을 두들겨 팼다. 토끼 한 마리가 도망을 갔다. 할머니가 그 토끼의 귀를 갈고리로 내리치자 귀가 까맣게 변했다. 토끼의 귀가 까맣게 변한 것은 그때부터다.

소년과 까마귀

한 예벤키 여인이 배 속에 아기를 가지고 있었다. 남편은 사냥을 나간 뒤 다시는 돌아오지 않았다. 여인은 남편이 어디에 있는지 몰랐다. 아들도 무사였는데 아들도 사냥을 나갔다가 다시는 돌아오지 않았다. 여인의 배가 처음보다 세 배나 더 커지면서 한밤중에 아들을 낳았다. 아들은 아침이 되니 걷기 시작했고 하루, 이틀 뒤에는 이미 어엿한 소년이 되었다.

"엄마! 젖을 짜서 작은 빵을 세 개 만들어 주세요."

소년은 엄마가 만들어 준 빵을 품 안에 넣은 뒤 길을 가다가 낯모르는 남자와 마주쳤다. 남자의 뒤에는 한 여인이 순록을 타고 오고 있었다. 정말 몸집이 비대했는데 소년을 보자 아무것도 묻지 않고 다짜고짜 때리기 시작했다. 소년은 초주검이 될 때까지 맞았다. 소년은 품 안에 있는 빵을 꺼내 남자의 입으로 던졌다. 남자는 빵을 씹고 또 씹은 뒤 꿀꺽 삼켰다.

"엄마 냄새가 나네!"

빵을 다 먹은 뒤 소년을 다시 때리기 시작했고 소년은 이번에도 초주검이 될 때까지 맞았다. 소년은 품 안에서 빵을 꺼내 또 남자의 입으로 던졌다. 남자는 맛을 음미하면서 빵을 씹은 뒤 꿀꺽 삼켰다.

"정말 엄마 냄새가 나는데!"

빵을 다 먹은 뒤 남자는 또 소년을 때렸고 소년은 품 안에서 빵을 꺼내 남자의 입으로 던져 넣었다. 남자가 맛을 음미하면서 빵을 씹고 또 씹은 뒤 꿀꺽 삼켰다.

"이 빵에서 어째서 우리 엄마 냄새가 나는 거냐? 너는 어디서 오는 거냐? 너는 도대체 누구냐?"

"이곳에서 가까운 곳에 살고 있습니다. 엄마와 둘이만 사는데 아버지는 없습니다."

남자가 소년을 껴안으면서 말했다.

"내 동생이로구나."

아내에게 말했다.

"순록에 실린 천막을 꺼내시오. 오늘은 여기서 밤을 보낼 것이오."

잠을 자다 소년은 꿈속에서 괴물을 보았다. 괴물은 매처럼 공중을 날아다녔는데 나무껍질로 만든 광주리를 손에 들고 있었다.

"이보게들! 내게 먹을 것을 조금만 다오. 늙어 죽을 때까지 너희를 위해 기도할게. 너희가 잘 살게 해 달라고 기도할게."

아침에 일어나서 동생이 형에게 말했다.

"괴물이 오고 있어요. 우리에게 먹을 걸 달라고 할 거예요. 아무것도 주지 마세요. 절대 주면 안 돼요."

차를 마시면서 쉬고 있는데 정말로 노인의 모습을 한 괴물이 날아와 애원했다.

"이 사람들아, 내게 조금만이라도, 아주 조금만이라도 좋으니 먹을 것 좀 다오. 그러면 착한 너희에게 은혜를 베풀어 달라고 기도할게. 늙어서도 아주 잘 걸어 다니게 해 달라고 기도할게."

그러고는 옆에 와서 앉았다. 형은 조금 전에 동생이 한 말을 잊어버린 채 탄성을 질렀다.

"훌륭한 노인이군, 정말 대단히 훌륭해! 먹을 것을 주겠어. 태어난 지 1년 된 순록을 주겠어."

형이 살진 순록을 노인의 가슴에 던지자 동생이 시름시름하더니 죽어 버렸다. 괴물이 손뼉을 치면서 탄복을 했다.

"아하! 이렇게 하면 되는구나! 힘을 쓸 필요 없이 거짓말만으로도 사람을 죽일 수가 있구나! 좋은 방법이야! 오늘 정말 좋은 걸 알게 되었어!"

동생이 죽자 형은 벌떡 일어나 활을 들고 밖으로 나갔다. 형이 활을 쏘아 괴물의 몸 뒤에 달린 손을 자르자 손에 들고 있던 순록이 땅에 떨어지면서 동생이 되살아났다.

형제는 배불리 먹은 뒤 단단히 무장을 하고 괴물의 뒤를 쫓아갔다. 드디어 괴물이 사는 유르타를 찾아 괴물을 죽인 뒤 집으로 갔다. 집에 가니 엄마는 너무 기뻐 눈물을 흘렸고 모두 함께 살기 시작했다.

형을 만났어도 아버지에 대한 그리움을 떨쳐 버릴 수 없었던 청년은 아버지를 찾아 떠났다. 아버지를 죽인 거인들을 찾아내 죽인 뒤 아버지의 뼈를 한군데 모아 두었다. 청년은 짐승을 죽여 가죽을 벗겨 내고 죽은 짐승 옆에 누워 이마에 고기를 얹었다. 아침이 되니 까마귀가 날아왔다. 새끼 까마귀들이 고기를 발견했다.

"엄마! 여기에 고기가 있어요! 빨리 먹어요!"

"이 고기는 먹으면 안 된단다! 절대 먹지 말거라!"

새끼 까마귀들은 엄마 까마귀의 말을 들은 둥 만 둥 허겁지겁 고기에 달려들었다. 그 순간 청년이 새끼 까마귀들을 붙잡자 엄마 까마귀가 간절히 애원했다.

"제발, 내 새끼들을 풀어 주게. 제발 부탁이니 새끼들은 놓아주게."

"감로수를 가지고 오면 놓아주겠다."

엄마 까마귀는 감로수를 두 병 가득 담아 왔다. 한 병을 엄마 까마귀에게 붓자 그 자리에서 죽었다. 그런데 다른 병의 물을 부으니 살아나서 차츰 건강을 회복했다. 이 병에 담긴 물을 아버지에게 조심스럽게 붓자 아버지 몸에 살이 붙고 피부가 살아나더니 혈기가 돌았다. 입에 붓자 아버지가 일어나 앉더니 잠시 후에는 아주 건강해졌다. 청년은 아버지와 함께 집으로 돌아왔고 이때부터 온 가족이 함께 살기 시작했다.

백조에게 아들을 빼앗긴 아버지

어느 날 한 남자가 아주 먼 산에서 들짐승 사냥을 한 뒤 어린 아들을 옆에 앉혀 두고 짐승 가죽을 벗기고 있었다. 그때 백조가 날아와 눈 깜짝할 사이 아들을 잡아갔다.

"아버지, 아버지! 제가 아무리 멀리 가더라도 꼭 찾으러 오셔야 돼요. 제가 어디에 가 있든지 꼭 찾으러 오세요."

들짐승을 그대로 둔 채 아들을 쫓아갔다. 한참을 걸어가다 유르타가 있어서 안으로 들어갔다. 할머니가 살고 있었는데 정말 많이 늙었다. 할머니가 머리카락 한 올을 뽑아 불면서 말했다.

"아이쿠! 누가 왔구나!"

얼마나 늙었는지 콧구멍에서 이끼가 자라고 귀에서 도토리나무가 자라고 있었다. 할머니에게 물었다.

"할머니, 할머니! 어린 사내아이를 물고 날아가는 백조를 못 보았소?"

"이보게, 오래전에 정말 오래전에 백조가 지나갔는데 사내아이를 물고 있더군. 내가 젊었을 때 일이야. 저기 봐. 저기로 날아갔어. 이보게, 이 길을 따라서 가 봐."

그 길을 따라 걸었다. 얼마나 오랫동안 걸어갔을까? 유르타가 있어 안으로 들어가니 엄청나게 늙은 할아버지 혼자 살고 있었다. 할아버지가 머리카락 한 올을 뽑아 불었다. 얼마나 늙었는지 콧구멍에서 이끼가 자라고 귀에서 자작나무가 자라고 있었다. 할아버지에게 물었다.

"할아버지, 할아버지! 어린 사내아이를 물고 날아가는 백조를 못 보았소?"

"이보게, 오래전에 정말 오래전에 백조가 지나갔는데 어떤 사내아이를 데리고 가더군. 내가 젊었을 때 일이야. 여기에 앉아 있었는데 아이가 굴뚝으로 눈물을 떨어뜨리면서 말하더군. 할아버지, 할아버지, 아버지가 혹시 여기에 오면 이 길을 따라 쫓아오라고 말해 주세요. 이보게, 저기로 쫓아가 보게."

아들을 찾아 달리고 또 달려가다 바다까지 가게 되었다. 하지만 끝내 아들은 찾지 못했다.

똥에 빠져 죽은 할아버지 할머니

할머니 할아버지가 있었는데 아이는 없었다. 정말 찢어지게 가난했다. 암소 한 마리가 전 재산이었다. 할아버지가 말했다.

"할멈! 이러다간 굶어 죽겠소! 암소를 잡아먹는 게 좋겠소!"

"안 돼요! 암소는 우리의 마지막 남은 재산이에요! 절대 안 돼요!"

할머니가 아무리 말려도 소용이 없었다. 할아버지는 밖으로 나가 암소를 죽인 뒤 할머니에게 말했다.

"강에 가서 내장을 깨끗이 씻어 오시오."

할머니가 내장을 씻어 돌아왔는데 할아버지가 문을 열어주지 않았다. 할머니는 어디로 가야 할지 막막했다. 한참을 터덜거리면서 걷다가 유르타가 있어 안으로 들어갔다. 식탁에는 산해진미가 차려져 있었다. 할머니는 눈이 휘둥그레졌다. 앞뒤 가리지 않고 음식에 달려들었다. 허겁지겁 정신없이 실컷 먹고 나니 더 이상 먹고 싶지가 않아 자려고 누웠다.

그런데 한밤중이 되니 빗자루를 타고 마귀할멈이 들어왔다. 화들짝 놀란 할머니는 마귀할멈을 피해 음식을 가지고 집으로 갔다. 집에 도착해 보니 할아버지 혼자 암소를 다 먹어 치운 뒤였다. 유르타 굴뚝 옆으로 살금살금 올라가서 안을 들여다보니 할아버지가 할머니의 바지를 삶고 있었다. 할머니가 할아버지에게 뭐 하느냐고 물었다.

"배가 너무 고파서 바지에 있는 기름을 녹이는 중이오. 이거라도 먹으려고 말이오."

막상 대답은 했지만 갑작스러운 할머니 목소리에 놀란 할아버지가 두리번거리다 굴뚝에 있는 할머니를 발견했다.

"할멈! 이리 오시오."

할머니가 음식을 가지고 유르타 안으로 들어갔다.

"영감, 배가 터질 때까지 실컷 먹어 봅시다!"

아닌 게 아니라 참말로 배가 터질 때까지 먹다가 할아버지가 불쑥 말했다.

"먹은 것이 빠져나가면 너무 아깝고 또 배가 고파지면 힘이 드니까 그냥 항문을 꿰맵시다!"

항문을 꿰맸더니 너무 답답했다. 잠시 뒤 할아버지가 말했다.

"할멈! 너무 답답해서 안 되겠소! 꿰맨 것을 찢읍시다."

항문을 찢자마자 할아버지 할머니는 똥에 빠져 죽고 말았다.

예벤키 남자와 뱀

예벤키 남자가 사냥을 하다 왁자지껄 소란스러운 소리를 들었다. 소리가 나는 곳으로 달려가 보니 머리 셋 달린 뱀이 곰과 싸우고 있었다. 예벤키 남자를 발견한 곰이 소리를 질렀다.

"도와줘! 도와주면 이놈을 잡아 줄게!"

뱀이 소리쳤다.

"도와줘! 도와주면 물속으로 너를 데려가서 신기한 것들을 보여 줄게."

예벤키 남자는 생각에 생각을 거듭했다.

'뱀을 도와줘야겠어. 신기한 것을 보여 준다고 하잖아!'

이렇게 결심한 예벤키 남자는 활을 들어 곰을 향해 쏘았다. 뱀이 말했다.

"내 등에 앉아. 물속에 데려가서 신기한 것들을 보여 줄게."

예벤키 남자가 뱀의 등에 앉자 뱀은 물속으로 들어갔다. 물속에는 뱀의 집이 있었다. 집에 도착한 뱀은 도와줘서 고맙다며 예벤키 남자에게 담뱃갑 크기의 상자를 주었다. 예벤키 남자는 상자를 가지고 집에 와서 요리조리 들여다본 뒤 열어 보려 했다. 그런데 이게 무슨 일인가! 열어 보려고 애썼지만 뜻대로 되지 않았다.

몹시 화가 난 예벤키 남자는 상자를 나무에다 냅다 던졌다. 상자가 나무에 부딪히는 순간 상자가 탈칵 열렸다. 상자에서 식탁이 나오더니 이윽고 갖가지 음식과 술이 식탁에 한 상 가득 차려졌다. 술과 음식을 실컷 먹고 마신 예벤키 남자는 상자를 닫았다. 얼마 지나 또 허기를 느낀 예벤키 남자는 나무에 상자를 던졌다. 상자에서 오색찬란한 음식과 술이 쏟아져 나오더니 식탁에 가득 차려졌다. 예벤키 남자는 상자를 닫아 호주머니에 집어넣었다.

어느 날 예벤키 남자는 러시아 남자의 집에 초대를 받았다. 그 집에 가서 러시아 남자에게 상자를 보여 주었다. 러시아 남자는 상자를 부러운 듯 물끄러미 쳐다보더니 강제로 상자를 빼앗은 뒤 예벤키 남자를 쫓아냈다. 예벤키 남자는 비탄에 젖어 집으로 돌아갔다. 앞으로 먹고살 일에 가슴이 먹먹했다. 그런데 숲을 지나가던 중 그리 오래 숲을 지나다녔어도 이제껏 한 번도 본 적이 없는 이상하게 생긴 나무 두 그루를 발견했다. 한 나무에는 빨간색 열매가, 다른 나무에는 검은색 열매가 달려 있었다. 거참! 신기하군! 예벤키 남자가 빨간 색 열매를 따 먹자 머리에 뿔이 자라기 시작했다. 뿔이 얼마나 빨리 자라던지 조금 뒤에는 도저히 머리를 들

수가 없었다. 일어서려다 넘어지고, 일어서려다 넘어지길 몇 번이고 반복했다. 검은색 열매가 있는 곳으로 엉금엉금 기어가 열매를 따 먹었더니 뿔이 일순 없어졌다. 열매의 진실을 알게 된 예벤키 남자는 빨간색과 검은색 열매를 모두 땄다. 하지만 빨간색 열매만 가지고 러시아 남자의 집에 가서 소리를 질렀다.

"열매 사세요! 마법의 열매예요!"

이 소리를 들은 러시아 남자는 귀가 솔깃해져 일꾼을 내보냈다.

"열매 한 송이만 주세요."

예벤키 남자는 빨간색 열매 한 줌을 일꾼에게 주고 남은 열매는 모두 바닥에 버린 뒤 집으로 돌아갔다.

한참의 시간이 흘렀다. 예벤키 남자는 다시 러시아 남자를 찾아갔다. 러시아 남자 머리에 뿔이 자라고 있었다. 러시아 남자가 예벤키 남자에게 물었다.

"고칠 수 있겠는가?"

"물론, 고칠 수 있지요. 우리 집으로 갑시다. 거기에 가야 고칠 수 있답니다."

예벤키 남자는 러시아 남자를 말에 태워 자신의 집으로 데리고 갔다.

집에 도착한 예벤키 남자가 말했다.

"내 상자를 돌려주면 고쳐 주지요."

"돌려줄게! 고쳐만 줘."

러시아 남자의 일꾼이 부랴부랴 상자를 가져왔다. 예벤키 남자는 상자에 주문을 외우는 척 했다. 그사이 살짝 검은색 열매를 꺼내 러시아 남자에게 주면서 다 먹어야 뿔이 없어진다며 다 먹으라고 했다. 러시아 남자는 허겁지겁 열매를 먹어 치웠고 뿔은 거짓말처럼 금방 사라졌다. 러시아 남자는 떠났고 상자를 돌려받은 예벤키 남자는 행복에 겨워했다. 그 이후로도 상자는 예벤키 남자에게 먹을거리를 마련해 주었고 유복하게 살도록 도와주었다.

치나나이

1. 흐르는 여울에 유르타를 설치한 치나나이

세 아들과 어머니가 타이가에서 순록을 기르며 살고 있었다. 막내아들 치나나이는 좀 모자란 데다 아둔하기까지 했다. 치나나이는 누군가의 명령에 따라서 움직이고 행동한다. 치나나이는 누가 시키는 일만 했지만 아주 잘했다. 하지만 혼자서 무언가를 생각하는 것도, 스스로 알아서 어떤 일을 하는 것도 불가능했다. 그만큼 치나나이의 지능은 떨어졌다. 치나나이의 모자람과 아둔함에 대해 많은 이야기들이 오갔다. 어느 날 치나나이 가족은 새로운 유목지를 찾아 떠나게 되었다. 형들은 치나나이에게 유르타의 기둥을 주면서 텝케옐레흐 샘 옆에 있는 초원 근처 여울가에 유르타를 설치하라고 했다. 형들은 사냥을 떠났다.

"착한 치나나이야! 텝케옐레흐 샘 옆에 있는 여울가에 유르타를 설치해라."

치나나이는 텝케옐레흐 샘이 있는 곳으로 순록들을 끌고 와서 곧장 여울로 향했다. 그러고는 여울에 유르타를 설치하기 시작했다. 형들이 시킨 대로 했다. 기둥을 설치하라고 형들이 준 나무를 자른 뒤 여울에 꽂았다. 그런데 기둥들이 물에 휩쓸려 떠내려가는 것이 아닌가! 그렇게 치나나이가 유르타를 설치하려고 아등바등 애쓰는 사이 어머니가 왔다. 어머니는 아들 치나나이가 물 위에다 유르타를 설치하려고 애쓰는 모습을 보았다. 치나나이는 무척 지쳐 있었다. 당연한 일 아닌가! 아무리 애를 써도 흐르는 물속에 유르타를 설치하는 것은 불가능했다.

"얘야, 왜 물속에 유르타를 설치하려고 하니?"

"형들이 제게 여울에 유르타를 설치하라고 했어요."

"흐르는 물속에 유르타를 설치하는 것은 불가능하단다. 보거라! 네가 꽂아 놓은 기둥이 물에 떠내려가고 있잖니! 땅 위에 설치하렴."

치나나이는 어머니의 말을 듣고 너무 기쁜 나머지 순식간에 유르타를 설치했다. 잠시 후 사냥 갔던 형들이 돌아왔다.

2. 순록 다리의 가죽을 벗긴 치나나이

치나나이는 가족들과 유목지를 옮기게 되었다. 형들이 치나나이에게 순록 세 마리를 주었다. 치나나이는 이 세 마리의 순록에 유르타의 지붕을 싣고 가야만 했다. 형들은 어디로 어떻게 가면 되는지 설명을 해 주었다.

"수치야 강이 나오면 순록들을 타고 강을 건너가면 돼."

치나나이 혼자 순록 세 마리를 데리고 유목을 하게 되었다. 치나나이는 수치야란 강을 못 찾았을 뿐만 아니라 그 강까지 가지도 못하는 바람에 다른 곳에서 유목을 하게 되었다. 풀도 없는 거친 산의 여기저기로 순록들을 끌고 돌아다녔다. 치나나이의 순록들은 산에서는 알아서 걸어갔지만 물이 있는 강으로 가자 싫은 기색이 역력했다. 치나나이는 적지 않게 당황했다.

'애들은 왜 물속에 들어가려 하지 않을까?'

그리고 나름대로 곰곰이 생각했다.

'아하, 신발이 젖는 것이 싫어서 그렇구나….'

그는 칼을 들고 순록 다리의 가죽을 벗기기 시작했다. 치나나이의 순록들은 그 자리에서 죽고 말았다. 이제 무엇을 해야 할지 치나나이는 도무지 알 수가 없었다. 자신이 칼로 순록 다리의 가죽을 벗기는 바람에 순록들이 모두 죽게 된 것이 아닌가! 이때 어머니가 치나나이를 발견했다. 치나나이는 형들이 알려 준 곳과는 전혀 다른 곳에서 유목을 하고 있었고 순록들은 모두 죽어 있었다.

"얘야, 왜 순록 다리에서 가죽을 벗겨 냈니?"

"순록들이 신발이 젖는 것이 싫어서 강을 건너려 하지 않았어요. 그래서 순록들의 신발을 벗겨 주었어요."

그때 가까이 온 형들이 말했다.

"치나나이야! 살아 있는 순록은 눈을 빼내서도, 가죽을 벗겨서도 안 된단다!"

이후로 예벤키 사람들 사이에는 '살아 있는 동물의 가죽을 벗겨서는 안 된다'는 격언이 전해지게 되었다.

3. 산 정상에 유르타를 설치한 치나나이

예벤키 사람들은 절대 한곳에서 오랫동안 머무르지 않는다. 치나나이 가족은 다른 유목지를 찾아 떠나게 되었다. 형들이 치나나이에게 말했다.

"치나나이야, 이 오솔길을 따라가다 오솔길이 끝나는 곳에 유르타를 세우면 된단다."

치나나이에게 순록을 네 마리 맡겼다.

"지붕을 가지고 가서 유르타를 설치해라. 장소가 정해지면 불을 피우도록 해라. 그 불을 보고 너를 찾아갈게."

치나나이는 네 마리의 순록과 함께 형들이 말한 길에서 유목을 했다. 어머니에 대해서는 아예 잊어버렸다. 어머니를 기다릴 생각도, 함께 데리고 갈 생각도 하지 못했다. 우리의 치나나이는 엄청 빠른 속도로 걸어갔다. 순록이 다니는 오솔길을 걸어가다가 갑자기 큰사슴이 다니는 오솔길로 접어들어 하염없이 그 길을 따라 걸어갔다. 참고로 치나나이는 순록 발자국과 큰사슴 발자국을 구별하지 못한다.

치나나이는 형들이 알려 준 곳과는 전혀 다른 곳으로 갔다. 치나나이가 완전히 녹초가 되었는데도 오솔길은 끝날 기미가 보이지 않았다. 참고로 타이가에서 큰사슴 오솔길은 끝없이 계속된다. 그렇게 가다가 산 정상에 올라가니 드디어 오솔길이 끝이 났다. 치나나이는 높은 산의 정상에 유르타를 세우면서 불을 피웠다. 불에서 연기가 심하게 피어올랐다. 이렇게 모든 일을 마친 뒤 치나나이는 어머니와 형들을 기다렸다.

어머니와 형들은 치나나이를 완전히 잃어버렸다. 치나나이를 애타게 찾아다니다 어느 초원에 도착하여 무심결에 위쪽을 올려다보았다. 산의 정상에서 연기가 모락모락 퍼지고 있었는데 그 사이로 치나나이의 모습이 어렴풋이 보였다. 형들은 치나나이를 향해 출발했다. 형들이 물었다.

"어째서 산꼭대기에다 유르타를 세웠니?"

"순록 오솔길이 바로 여기에서 끝이 났거든요."

"아이쿠, 치나나이야, 치나나이야!"

형들은 이렇게 말하면서 큰 슬픔에 잠겼다.

바로 그때부터 이곳을 '큰사슴의 땅'이라고 부르기 시작했다. 치나나이는 예벤키 사람들이 이민족이라고 부르는 만기족 출신이다.

아카라모와 이불 형제

형 아카라모와 동생 이불이 부모님을 여의고 함께 살고 있었다. 어느 날 형제는 순록 사냥을 떠났다. 보트를 타고 출발했다. 강을 따라 한참을 가던 중 강을 건너가는 큰사슴을 본 아카라모가 말했다.

"죽은 아버지가 도와주시네! 진짜 오늘은 운이 좋은데! 내가 먼저 달려갈게."

아카라모가 큰사슴 옆으로 보트를 몰아간 뒤 보트에서 내려 큰사슴을 쫓아갔다. 이불은 형의 뒤를 따라 달려갔다. 그런데 어찌 된 영문인지 아카라모의 오른 다리, 왼 다리, 오른손, 왼손이 잘려 나간 채 뒹굴고 있었다. 이불은 이를 모두 끌면서 큰사슴의 뒤를 따라갔다. 그러다 아카라모의 갈비뼈, 몸통, 머리까지 찾게 되었는데 머리가 이불에게 말했다.

"나를 보지 마! 대신 내 몸의 모든 부위를 함께 놓아둬!"

세상에 이런 일이! 이불이 형 아카라모의 몸 부위를 함께 놓았더니 아카라모가 살아났다! 아카라모는 더 이상 미룰 수 없어 큰사슴 사냥을 떠났다. 막 길을 나선 순간 아카라모는 예벤키 사람들과 마주쳤다. 사람들은 아카라모에게 앞뒤 설명도 안 하고 다짜고짜 따지고 들었다.

"너희들이 내 황소를 죽였지?"

"아니야, 우리가 아니야!"

"아니긴 뭐가 아니야! 너희가 죽인 게 맞잖아!"

예벤키 사람들이 아카라모의 멱살을 잡자 아카라모가 소리를 질렀다.

"이불, 빨리 와! 이자들이 나를 죽이려 해! 빨리 와!"

이불이 달려와서 남자들의 낯짝을 갈겼다. 그 순간 아카라모가 줄행랑을 치려는 남자들을 붙잡으면서 이불에게 말했다.

"낯짝을 때려서 될 일이 아니야! 당장 활을 가지고 와서 쏴!"

이불은 활을 가지고 와서 예벤키 사람들을 다 죽였다. 아카라모는 다시 사냥을 나갔고 멧닭을 잡아 왔다. 이불이 물었다.

"어떻게 잡았어?"

"그냥 잡았어. 너도 멧닭 사냥을 한번 해 봐. 소리를 질러서 멧닭을 유인한 뒤 잡으면 돼."

"으응! 멧닭 사냥은 아주 쉽구나!"

사냥을 나갔다가 멧닭을 발견한 이불이 소리쳤다

"멧닭아! 이리 와! 내게 와!"

이놈의 멧닭이 사람의 말을 알아듣는 것처럼 정말로 이불에게 날아오는 것이 아닌가! 그런데 날아오던 멧닭이 이불의 배에 부딪쳐 땅에 떨어졌다. 그 모습을 본 이불은 배를 잡고 웃기 시작했다. 정말 우스웠다. 눈 뜨고는 못 봐 줄 풍경이었다!

"아하! 하! 하! 내가 잡지 않아도 자기네들이 알아서 땅으로 떨어지는구나!"

그사이 멧닭이 푸다닥 모두 날아갔다. 이불은 한 마리도 잡지 못한 채 집으로 돌아왔다. 아카라모는 집에 없었다. 잠시 후 아카라모가 새끼 순록을 가지고 오자 이불이 물었다.

"말해 봐! 어떻게 새끼 순록을 잡았어?"

"어떤 할머니 집에 가서 훔쳐 왔어."

"나도 아침에 가겠어."

아침에 이불은 형이 말한 곳에 가서 아주 큰 황소에게 활을 쏜 뒤 눈 깜짝할 사이 끌고 나왔다. 그때 할머니가 가죽을 무두질하는 도구를 손에 들고 쫓아와서 이불의 얼굴을 때렸다. 이불은 울면서 집으로 돌아왔다.

"이불아! 왜 우니?"

"형! 할머니가 내 얼굴을 무두질 도구로 때렸어."

"왜 황소를 죽였니? 내가 어제 가져온 건 새끼 순록이었잖아! 도대체 왜 말을 못 알아듣니? 응? 답답하구나!"

이불과 아카라모는 다시 사냥을 나섰다. 그런데 아카라모가 큰 바위를 끌고 와서 말했다.

"이불, 받아! 큰사슴이 뭔지 모른다고 했지? 이게 바로 큰사슴이야!"

바위를 받는 순간 이불은 바위에 눌려 그 자리에서 죽고 말았다.

슬기로운 청년

예벤키 사람들이 유르타 짓고 유목 생활을 할 때의 이야기다. 숲을 지나다 큰사슴 발자국을 발견한 남자들이 마을로 돌아왔다.

"내일 큰사슴 사냥을 갑시다."

마을에는 아버지를 잃은 열일곱 살의 청년이 어머니와 함께 작은 유르타에서 순록 한 마리를 기르면서 살고 있었다. 어스름이 걷히자 큰사슴 사냥을 가자며 남자들이 청년의 집을 찾아왔다. 큰사슴 발자국이 있는 곳에 도착한 남자들은 몇 패로 나누어 큰사슴을 에워쌌다. 큰사슴은 옴짝달싹할 수 없을 정도로 완전 포위되었다. 남자들은 큰사슴이 도망가지 못하게 하라며 서로 눈짓을 했다. 남자들이 큰사슴에게 달려들면서 고함을 지르는 순간, 놀란 큰사슴이 어디론가 황급히 달아났다. 그런데 가만히 보니 청년이 있는 곳으로 달려오는 것이었다. 청년은 큰사슴을 향해 멋지게 활시위를 잡아당겼다. 큰사슴은 화살을 맞은 채 어딘가로 도망갔다. 청년에게 온 남자들은 큰사슴을 잡지 못했다고 무자비하게 두들겨 팼다.

"큰사슴을 놓치다니! 그것도 눈앞에서! 잡지 못할 거면 따라오지도 말았어야지! 그러면 다른 사람이 여기에 있다가 잡았을 거 아니야! 안 그래?"

그들은 청년을 흠씬 두들겨 팬 뒤 눈 속에 처박아 놓고 그 위를 스키를 타고 돌아다니다가 마을로 돌아갔다. 그래도 분이 안 풀린 남자들은 청년의 엄마가 사는 유르타를 부수고 하나뿐인 순록을 빼앗아 다른 곳으로 유목을 하러 떠났다. 엄마는 홀로 남겨졌다. 얼마 후 아들이 돌아왔다.

"살아 있었니?"

"저를 죽이려고 했어요. 제가 큰사슴에게 활을 쏘았는데 큰사슴이 도망을 갔어요. 그자들이 저를 마구 때리고 짓밟았어요. 엄마, 가서 봐요. 제 화살이 큰사슴을 빗나갔는지 아니면 명중했는지…. 같이 가서 봐요."

두 사람은 같이 갔다. 활을 쏘았던 곳에 도착하니 큰사슴이 도망간 흔적이 있었다. 흔적을 따라 조금 더 가니 큰사슴이 죽은 채 누워 있었다. 엄마와 청년은 큰사슴의 가죽을 벗긴 뒤 그곳에서 그냥 터를 잡고 살았다. 청년은 건강을 되찾았고 큰사슴 사냥을 다녔다. 사냥을 퍽 잘했다. 어느 날 청년이 엄마에게 말했다.

"엄마, 그자들이 뭐 하고 있는지 가서 보고 올게요."

"너를 죽이려고 할 텐데…. 너무 위험하지 않겠니?"

"유르타에는 가지 않을게요. 그냥 어떻게 사는지 보고만

올게요."

길을 따라 한참을 걸어가니 그자들이 사는 유르타가 있었다. 한 곳의 유르타에만 불이 켜져 있었고 옆에는 천막이 세워져 있었다. 천막 안에는 고기가 지천으로 널려 있었다. 가까이 가서 자세히 들여다보니 천막에 걸려 있는 것은 동물이 아니라 사람들의 손과 머리였다. 기함을 한 청년은 천막을 나와 주위를 휙 둘러본 뒤 뒤도 돌아보지 않고 급히 서둘러 집으로 돌아갔다. 엄마에게 와서 자신이 본 광경을 들려주었다.

"애야, 다른 곳으로 가자! 그자들이 우리를 죽이러 올 것이다."

"다시 보고 올게요."

며칠 뒤 다시 그곳으로 가 보니 창고에 사람 고기가 얼마 남아 있지 않았다. 엄마에게 와서 말했다.

"엄마! 빨리 여기를 떠나요! 곧 우리에게 올 거예요. 그자들이 가진 사람 고기가 다 떨어져 가요!"

모자는 아주 멀리 떨어진 곳에 가서 자리를 잡았다. 어느 날 아들이 말했다.

"엄마! 그자들이 뭐 하는지 보고 올게요."

청년은 그자들의 집으로 갔다. 불이 환하게 밝혀져 있어 가까이 가서 보니 두 남자가 몸을 녹이면서 고기를 구워 먹고 있었다. 구운 고기를 다 먹고도 양에 차지 않았는지 싸우기 시작했다. 서로 엉겨 붙어 두들겨 패면서 싸우더니 결국 한 남자가 죽음에 이르렀다. 청년은 활을 쏘아 살아 있는 남자를 죽인 뒤 엄마에게 왔다.

"제가 그 자들을 죽였어요."

그 이후 평온하게 아무 걱정 없이 살게 되었다.

두 형제

두 형제가 있었다. 형은 결혼을 해서 가정을 꾸리고 있었다. 동생은 아직 결혼을 하지 않은 채 형 집에 얹혀살고 있었는데 해도 해도 너무한 게으름뱅이였다. 어느 날 활로 무장한 세 남자가 자신들의 집으로 다가오는 것을 본 아내가 남편에게 알렸다. 남편이 자세히 보니 정말로 누군가 자신들의 집으로 오고 있었는데 아내의 말대로 매우 의심스러운 자들이었다. 형이 동생에게 말했다.

"동생아, 잘 들어라! 이상한 자들이면 네게 눈짓을 하겠다. 그러면 너는 순록들을 위해 모닥불을 피워야 된다고 말해라. 모닥불을 피워야 된다는 건 밖으로 나가서 조용히 칼과 활을 준비해야 된다는 뜻이다. 알아들었느냐?"

동생은 입 여는 것조차 귀찮았는지 아무 말도 하지 않았다. 잠시 후 그자들이 집에 왔는데 모두 무기를 가지고 있었고 매우 살기등등한 모습이었다. 그자들과 조금 이야기를 나눈 뒤 형은 동생에게 눈짓을 했다. 다시 눈짓을 하고 다시 또 눈짓을 했지만 동생은 형을 쳐다보지도 않았다. 눈을 바닥에 내리깔고 아무 일도 없다는 듯이 그냥 앉아 있었다. 한 남자가 칼을 꺼내 게으름뱅이 동생을 찔렀다. 칼이 심장의 정중앙에 꽂히면서 동생은 그 자리에서 죽었다. 이 광경을 본 형은 밖으로 뛰쳐나갔지만 밖에는 낡은 칼 외에 무기라고 할 만한 것이 전혀 없었다. 활도 화살도 없었다. 형은 빈 손으로 죽을힘을 다해 도망가기 시작했다. 이상한 자들이 뒤를 쫓아왔지만 형이 얼마나 빠르고 민첩한지 도저히 따라잡지를 못했다. 다행히 형은 목숨만은 건졌다. 몇 시간 동안 숨어 있다 집으로 돌아오니 아내도, 집도, 옷가지도 아무것도 남아 있지 않았다. 모조리 훔쳐 간 뒤였다. 심지어 죽은 동생의 옷조차 벗겨 가는 바람에 동생은 벌거벗은 채로 누워 있었다. 불쌍한 남자에게는 먹을 것도, 마실 것도, 입을 것도, 추위를 피할 수 있는 것도 전혀 없었다. 여름옷 한 벌만 달랑 남아 있었다. 불쌍한 남자는 오랫동안 자신을 습격한 자들을 찾아 돌아다녔다.

'아내는 정말로 현명한데…. 우리는 어떻게든 다시 만나야 될 텐데…. 아내가 다른 생각을 하는 건 아니겠지?'

이렇게 생각을 하면서 그자들을 찾아 발이 문드러질 정도로 여기저기 돌아다녔다. 끈질긴 노력 끝에 드디어 아내가 남긴 흔적을 찾아냈다. 어느 집에 갔더니 아내가 남편을 위해 고깃덩어리를 숨겨 놓았다. 눈물이 핑 돌았다! 아내에 대한 그리움이 걷잡을 수 없이 밀려왔다! 또 다른 곳에는 남편이 예전에 신던 신발이 숨겨져 있었다. 이도 분명 아내가 남긴 흔적이었다! 그렇게 아내가 남긴 흔적을 따라 아침부터 밤까지 쉬지 않고 적들의 뒤를 쫓았다. 하지만 어찌 된 영문인지 그자들의 거처는 도무지 드러나지가 않았다. 남자가 비탄에 잠겨 그렇게 돌아다니는 사이 벌써 가을이 찾아왔다. 곧 눈이 내리면서 추위가 밀려왔다. 얼어 죽기 직전이었고 너무나 배가 고팠다. 하지만 남자가 할 수 있는 일은 아무것도 없었다. 남자는 잠시도 쉬지 않고 아내를 빼앗아 간 자들을 찾으러 다녔고 발걸음이 멎는 곳에서 그냥 잠을 잤다. 적들의 은신처를 찾아내지 못하고 정처 없이 헤매던 어느 날, 마침내 적들의 정체를 알아냈다. 적들은 세 명의 형제였다. 큰형이 남자의 모든 재산과 아내를 차지했고 동생들은 늘 보초를 섰다. 그사이 추위는 점점 심해졌다. 드디어 그해 들어 가장 추운 어느 겨울날, 죽음보다 힘든 밤을 보낸 뒤 형이 동생들에게 말했다.

"자, 지금쯤이면 우리의 원수는 이미 얼어 죽었을 것이다. 더 이상 찾아오지 못할 것이다. 우리에게 더 이상 위험한 일은 없을 것 같구나."

그리고 포로가 된 여인에게 물었다.

"네 수컷은 사냥을 했느냐?"

"예, 사냥을 했습니다."

"하여튼 오늘 나는 사냥을 하러 갈 것이다. 원한다면 너희도 사냥을 하러 가도 좋다."

형은 이렇게 말한 뒤 정말 순록 사냥을 나갔다. 동생들도 다른 곳으로 사냥을 하러 나갔다. 여인 홀로 집에 남겨졌다. 그자들의 뒤를 밟고 있는 불쌍한 남자는 집에 아무도 없다는 사실을 알고 아내에 갔다. 아내는 뛸 듯이 기뻐하면서 소리를 질렀다.

"살아 있었어요?"

"그래, 살아 있었어! 내 활은 아직 멀쩡하지?"

"멀쩡해요. 그자들이 매일 당신의 활을 잡아당겨 보지만 아직도 제대로 당기지 못해요."

남편은 활을 잡았지만 오랜 굶주림과 추위로 힘이 없어서 당길 수가 없었다. 아내는 남편에게 음식과 마실 것을 주면서 이렇게 조언을 했다.

"당신은 지금 춥고 굶주려 있어요. 그래서 화살을 멀리까지 힘차게 쏠 수가 없답니다. 분명 빗나갈 거예요. 몸이 회복될 때까지 기다렸다가 그자들이 식사를 하려고 앉아 있을 때 활을 쏘세요. 그러면 정확하게 맞힐 수 있을 거예요."

남편은 그렇게 하기로 마음을 먹은 뒤 숨을 곳을 찾았다. 시간이 흘러 낮이 끝나 가고 있었다. 밤이 되자 동생들이 한 명씩 집에 도착했다. 남자는 복수심에 불타는 손으로 활을 쏘아 차례차례 죽였다. 마침내, 마지막으로 큰형이 집 근처에 다가왔다. 큰형이 타고 있던 순록이 옛 주인이 온 것을 알아차리고 킁킁거리면서 냄새를 맡았다.

"도대체 왜 킁킁거리면서 냄새를 맡는 거냐? 옛 주인이 오기라도 했느냐? 아니다, 이 녀석아, 경거망동하지 말거라. 그놈은 이제는 더 이상 못 온다. 얼어 죽었을 것이다. 저리로 꺼지거라!"

그자는 심하게 화를 내면서 순록의 뿔을 막대기로 내려쳤다. 시간이 지나자 순록도 더 이상 킁킁거리면서 냄새를 맡지 않았다. 그자는 집에 도착하여 의심스러운 눈초리로 사방을 둘러보았다. 하지만 의심스러운 것은 전혀 없다. 모든 것이 정상이라고 생각하면서 집 안으로 들어왔다. 여인이 먹을 것을 주었다. 자리에 앉아서 먹을 것을 집어 드는 순간, 남편이 쏜 화살이 적의 몸을 관통하면서 바닥에 쓰러졌다. 결국 적은 치명상을 입고 그 자리에서 죽었다.

모험을 찾아 떠난 청년

태초에 중간세계가 만들어졌다. 태초의 중간세계는 지금과는 달리 아주 자그마했다. 처음 3년 동안 나무가 전혀 자라지 않았다. 3년 뒤에야 비로소 나무들이 자라기 시작했다. 강도 생겼다. 강에 물이 흐르면서 강기슭이 생겼고 돌도 굴러다녔다. 얼기설기 얽힌 산이 만들어졌고 깎아지른 절벽도 생겼고 길도 생겼다. 산맥이 만들어졌고 기름지고 단단한 땅이 만들어지더니 풀이 자라났다. 그 뒤에는 온갖 종류의 나무와 풀이 서로 앞다투어 자라기 시작했다. 이때 버드나무가 태어났다.

이후에는 형형색색의 나무와 풀이 자라기 시작했고 낙엽송이 태어났다. 낙엽송에서 작은 가지들이 뻗어 나왔고 잎사귀가 돋아났다. 도토리나무가 태어났고 그다음에는 소나무가 태어났으며 그다음에는 아주 거대한 산들이 생겼다. 큰 산에는 암석이 생겼고 삼나무 숲이 만들어졌다. 절벽들은 햇볕을 받으면서 더 단단해졌다. 햇볕이 내리쬐는 곳에는 자작나무가 자랐다. 중간세계의 땅에는 삼라만상 온갖 것이 다 생겨났다. 강어귀는 바다로 이어졌고 바다에는 파도가 치고 있었다.

태초에 가장 먼저 중간세계에 태어난 동물은 곰이다. 태초에 곰은 소리를 지르면서 풀을 먹고 살았다. 이후 중간세계의 땅에는 온갖 들짐승 산짐승이 다 뛰어다녔고 강에는 서로의 색과 모양을 뽐내듯 각양각색의 물고기가 뛰어다녔다. 강어귀에 가면 바다가 보였다.

땅에 두 사람이 살기 시작했는데 한 사람은 여자였다. 그들이 어떻게 태어났는지 도무지 알 길이 없었다. 하늘에서 뚝 떨어진 것만 같았다. 그들이 아는 것이라고는 단지 자신들이 생존하고 있다는 사실뿐이었다. 그들은 강어귀에서 사냥을 하면서 살았다. 그들은 아무것도 가진 것이 없었다. 집도 순록도 없었다. 정말 가난했다. 땅에 나무가 자라면서부터는 나무줄기를 잘라 엉성하고 허름한 집을 지어 그 안에서 살았다. 사냥꾼처럼 들짐승 사냥을 해서 끼니를 해결했다. 중간세계에 들짐승이 나타나자 입이 호사를 누리게 되었다.

열매가 나타난 뒤에는 열매를 먹기 시작했고 물고기가 나타난 뒤에는 물고기를 잡아먹었다. 사실 들짐승을 잡기 시작한 것이 물고기를 잡기 시작한 것보다 더 나중의 일이고 가죽을 벗기기 시작한 것은 그보다 더 나중의 일이다. 들짐승 가죽을 벗겨 옷을 만들었다. 그러던 어느 날 아들을 낳았다. 아들이 열 살이 되자 활을 쏘아 새들을 잡았다. 아들은 활로 사냥을 하면서 집에서 아주 멀리 떨어진 곳까지 돌아다니다가 별안간 부모님께 청했다.

"이 세상이 어떻게 생겼는지 궁금해요. 두루 돌아다니고 오겠어요. 제발, 허락해 주세요!"

아버지는 허락하지 않았다.

"안 된다. 가지 마라."

아들은 부모님이 야속했다. 어느 날은 한잠도 자지 않고 아침에 일어나자마자 식사도 거른 채 집을 나섰다. 강 위쪽으로 가서 해가 질 때까지 돌아다녔다. 밤이 되면 그제야 부모님이 계신 집으로 돌아왔다. 사방을 돌아다니면서 여러 발자국과 흔적들을 보았다. 어느 날 아침 아버지에게 물었다.

"이곳저곳 돌아다니다가 아주 많은 흔적과 발자국을 발견했어요. 발자국이 이어지는 곳으로 가게 해 주세요. 발자국의 주인은 누구인지, 어떻게 사는지, 무엇을 하는지 직접 보고 싶어요. 제 눈으로 직접 보고 오면 안 될까요?"

아버지에게 계속 졸랐다.

"제가 발견한 발자국을 따라가 보고 싶어요."

아버지는 단호했다.

"가지 마라. 안 된다."

아들은 아버지의 말을 듣지 않았고 결국 길을 떠났다. 그렇게 발자국을 따라 걸어 다녔지만 어두워지기 전에는 반드시 집으로 돌아왔다. 그렇게 수도 없이 돌아다녔지만 아무것도 보지 못했고 아무것도 발견하지 못했다. 그러다 몹시 지친 어느 날, 집에 돌아와 부모님께 심하게 짜증을 내면서 식음을 전폐하고 자리에 누웠다. 다음 날 아침 일어나자마자 엄마에게 부탁했다.

"엄마! 먹을 것을 준비해 주세요."

"어디를 가려고 그러느냐?"

"어제 이상한 발자국을 발견했는데 도무지 누구의 발자국인지 모르겠어요. 발자국이 아주 여러 가지였어요. 이 짐승들을 보러 가겠어요. 짐승들에게 들키지 않게 조심할게요. 짐승들을 발견하면 죽이겠어요. 걱정 마세요! 어떤 짐승이라도 거뜬히 죽일 수 있어요!"

"가지 말거라. 죽이지 못할 게다. 너는 그 짐승들을 죽일 수가 없단다. 그 짐승들은 거칠고 사납단다. 괜히 그러다 네가 다친다."

아들은 주의 깊게 듣지 않았고 엄마의 말이 끝나자 곧장 길을 떠났다. 발자국을 쫓아가서 결국 정체를 알아냈다. 엄청나게 기뻤다. 아들은 짐승이 눈치채지 못하게 몰래 다가가 죽일 채비를 했다. 튼튼한 활과 화살이 있었다. 안전한 장소에 자리를 잡고 앉아 활을 귀 옆에 놓고 활시위를 팽팽하게 당겼다. 죽었다! 아들은 믿기지가 않았다. 뛸 듯이 기뻤다. 짐승을 그곳에 남겨 둔 채 집으로 돌아와서 부모님께 이야기했다. 아버지는 정말 좋아했다.

"아들아! 내일 가지고 오자."

"예, 아버지, 내일 같이 가요."

"그래! 같이 가서 보도록 하자! 네가 짐승을 죽였구나! 사나운 짐승을 죽이다니…. 그 짐승을 먹을 수 있는지 같이 가서 보자."

아버지는 다음 날 아침 그곳으로 아들과 함께 갔다. 짐승을 놓아둔 곳에 이르자 아들이 물었다.

"아버지, 이 짐승이 뭔지 아세요?"

"이 짐승은 우리가 먹을 수 있단다. 앞으로 이렇게 생긴 짐승을 잡도록 해라."

아버지와 아들이 짐승을 집으로 끌고 오자 엄마는 몹시 기뻐했다.

"아들이 사냥을 하다니! 정말 장하고 대견하다!"

3일 동안 먹었다. 이틀을 자고 난 뒤 3일째 되던 날 아들은 또 나갔다. 이제부터는 본격적으로 사냥을 할 것이다. 걸어가다 곰을 발견하여 죽였다. 집으로 달려와서 부모님께 길을 가다 으허헝 으허헝 소리를 지르고 있는 짐승을 발견했다고 말했다.

"그 녀석을 잡았어요. 어떻게 그렇게 무서운 짐승이 있을까요? 하지만 그놈을 죽였어요. 아버지! 내일 같이 보러 가요."

아침에 일어나서 아버지와 함께 그곳으로 갔다.

"아버지! 이 짐승이 뭐예요? 아버지는 오래 사셨으니까 아시죠?"

"곰이란다. 앞으로 여기에서는 사냥을 하지 말도록 해라. 곰은 엄청 흉포하단다."

그들은 집으로 출발했다. 곰을 등에 짊어지고 집에 가자 엄마가 날아갈 듯이 기뻐하면서 아버지에게 말했다.

"아들이 벌써 다 커서 사냥으로 우리를 먹여 살리네요. 아들이 사냥을 시작하면서 엄청나게 잘 먹고 있어요. 아들을 낳지 않았다면 늘 배를 곯으면서 굶주림에 허덕였을 거예요. 아들이 사냥을 시작하면서 먹을 걱정은 하지 않게 되었어요. 우리는 죽을 때까지 먹을 걱정은 안 해도 돼요! 아들이 우리를 위해 바삐 돌아다닐 거잖아요. 아들 덕에 호강하게 생겼어요!"

아들이 아버지에게 말했다.

"우리 같은 사람들이 어떻게 사는지 아버지는 아시죠? 우리 같은 사람이 어디에 있는지 직접 가서 보고 싶어요. 아버지는 이에 대해 들어 본 적이 있죠?"

"이미 오래전에, 그러니까 내가 젊었을 때 들은 이야기란다. 중간세계의 아주 먼 곳에, 우리와 비슷한 사람들이 사는데 용기가 없는 사람들은 그곳에 못 간다더라. 그곳은 여기에서 너무 멀어서 걸어서는 못 간다더라. 그곳으로 가다가 길을 잃으면 그들이 사는 곳에 가기도 전에 죽게 될 것이다."

아버지의 말을 들은 아들은 곰곰이 생각했다. 이틀을 생각하고 이틀을 더 생각한 뒤 아버지에게 물었다.

"그곳에 가면 무슨 일이 생길까요? 길을 가르쳐 주시면 한번 찾아가 볼게요."

아버지는 반나절 동안 생각한 뒤 아들에게 말했다.

"아들아! 네가 그곳으로 가면 우리는 굶어 죽게 될 수도 있단다. 어떻게 할 테냐? 갈 테니 안 갈 테니? 안 갔으면 좋겠구나."

"어쨌든 저는 가겠어요."

엄마가 말렸다.

"가지 말거라. 네가 가게 되면 늙은 우리는 먹을 것을 구하지 못해 굶어 죽을 것이다. 그러니 남아서 우리에게 먹을 것을 구해 다오."

아버지 어머니 말을 들은 뒤 아들은 하룻밤을 집에서 잤다. 그리고 아침에 일어나 부모님의 애원에는 아랑곳 않고 나갈 채비를 했다. 길을 떠나기 전에 엄마에게 부탁했다.

"옷과 가면서 먹을 음식을 준비해 주세요."

따뜻한 옷을 입고 털모자를 썼다. 떠날 준비를 모두 마친 뒤 부모님께 부탁했다.

"아버지! 어디로 가서 무엇을 찾아야 하는지 알려 주세요."

"우리의 말을 듣지 않고 기어이 떠나는구나. 중간세계에는 무서운 것이 너무나 많단다. 그런 것들이 너를 따라온다면 네 걸음걸이로는 어림도 없단다."

"알이 어디에 떨어진다고 해도 역시 한 번은 깨지게 되어 있어요. 가르쳐 주지 않으셔도 상관없어요. 가겠어요."

아버지는 곰곰이 생각한 뒤에 어렵게 말을 했다.

"이 강의 맨 위쪽에 가면 큰 산들이 있는데 그 가운데를 따라 계속 올라가면 강의 수원에 가게 된다. 네가 그곳에 간다면 너는 내가 젊어서도 가지 못했던 곳에 가는 것이란다. 그곳은 그만큼 위험한 곳이란다. 나는 예전에 그 밑에까지 올라간 적은 있었지만 수원까지는 엄두도 못 내었단다. 네가 나보다 힘이 세다면 수원까지 올라갈 수 있을 것이다. 그 산 너머에 가면 사람들이 산다는 이야기를 들은 적이 있지만…. 하지만 그곳까지는 절대 가지 못할 것이다. 아주 멀다고 들었다. 혹시 네가 나보다 강하다면 그곳까지도 갈 수 있을지 모르겠구나…."

아들은 나갈 준비를 모두 마친 뒤 길을 떠났다. 아들이 떠난 뒤 집에 남겨진 아버지 어머니는 하염없이 울었다. 아들은 강의 수원을 향해 거침없이 달려갔다. 몇 년을 걸어갔을까…. 알 수도 없다. 무척 오랫동안 걸어갔다. 가끔은 집으로 돌아가려고도 했다. 드디어 강의 수원에 도착한 아들은 하염없이 기쁨의 눈물을 흘렸다. 하지만 여기에서 멈추지 않고 새로운 모험을 향해 힘차게 발걸음을 내디뎠다.

비켈리디운

아주 오래전 이야기다. 예벤키 부르갈[12] 가문은 아주 부유했다. 순록을 이만저만 많이 기르는 것이 아니었다. 부르갈 가문의 사니르라는 젊은 족장은 매우 젊고 아름다운 비켈리디운을 아내로 맞이하기를 원했다. 아가씨의 부모는 가난했고 순록도 몇 마리밖에 없는 데다 아들도 없었다. 비켈리디운이 전 재산이었다.

비켈리디운은 란그로라는 젊은 예벤키 청년과 서로 사랑하는 사이였다. 그런데 비켈리디운의 아버지는 딸을 사니르에게 주겠다고 약속을 해 버렸다. 아버지와 약속한 날 부르갈 가문의 사람들이 비켈리디운을 데리러 왔다. 사니르와 결혼하겠다고 약속한 적이 없었던 비켈리디운은 연인인 란그로와 함께 도망을 갔다. 부르갈 가문 사람들은 걷잡을 수 없이 화가 났다. 사니르가 연인들을 추격해 갔고 아가씨의

---

12) 아무르 주 제야 지역에는 올론그로(Ollongro)라는 작은 강의 좌측 지류에 부르갈이라는 조그만 강이 있는데 크게 보면 우나하(Unaha) 강에 속한다. 부르갈은 예벤키어로 하상을 따라 각양각색의 나무와 관목이 있는 넓은 계곡이 펼쳐져 있다는 뜻이다.

아버지도 연인들을 쫓아갔다.

연인들은 길류이 강을 따라 도망을 쳤다. 제야 강과 이어지는 그 강의 끝에 이르렀다. 그곳까지 쫓아온 사니르는 연인들을 죽였다. 뒤에서 따라오던 아가씨의 아버지는 딸과 연인의 시신을 보게 되었다. 아버지는 사니르에게 저주를 퍼부었다.

"네게 저주를 내리겠다. 어째서 사람을 죽였지? 너는 아직 젊지만 땅과 하늘의 신 부가[13]가 너를 가만히 두지 않을 것이다.

사니르는 아가씨의 아버지도 죽인 뒤 산을 넘고 절벽을 기어 넘으면서 도망치기 시작했다. 그런데 갑자기 절벽들이 갈라지면서 사니르는 돌에 파묻혀 죽고 말았다. 그를 부가 신이 직접 벌하신 것이다. 아가씨의 어머니는 두 연인과 남편을 함께 묻어 주었다. 그들을 돌로 덮어서 돌무덤을 만들어 주었다. 그런데 그 후 사람들이 말하길 돌무덤에서 낙엽송이 세 그루 자라났다고 한다. 사니르는 이 낙엽송들이 자라지 못하게 하려고 악마 하르가의 영혼이 되었다고 한다. 그럼에도 낙엽송은 무럭무럭 자라서 돌을 비집고 나왔고 사

---

13) 예벤키 사람의 신으로 인간의 도덕적 행동을 예의 주시하고 감시하며 관습화된 삶의 전통을 위반하는 사람들에게 벌을 내린다.

니르는 밤마다 찾아와 돌무덤 위에서 춤을 추었다고 한다. 오랫동안 이런 일이 계속되다가 결국 큰 산이 되었고 사람들은 그 산을 비켈리디운이라고 불렀다.

이후 부르갈 가문은 대가 끊어졌고 지금 그들 중 살아 있는 이는 아무도 없다. 부가 신이 그들에게 벌을 내려 멸족하게 된 것이다.

료하

예벤키 히라기르 가문에 료하라는 사람이 있었다. 매우 유명한 사냥꾼이었다. 많은 예벤키 사람들은 료하가 전혀 빈틈없고 매우 민첩한 사람이라고 칭송했다. 료하는 쿤다기르 가문의 아가씨와 결혼을 했다. 료하와 아내는 히라기르 사람들과 함께 살았다. 그들은 하나의 완전한 공동체를 이루면서 살았다. 어느 날 료하의 명성을 시기한 쿤다기르 가문은 히라기르 가문을 멸족하기로 결정했다. 눈이 부시게 화창한 어느 봄날, 쿤다기르 가문이 히라기르 가문을 쳐들어왔다. 쿤다기르 사람들은 전원 전투에 참가하기로 결의를 다지면서 활과 화살로 무장을 했는데 그 수가 무척 많았다. 히라기르 사람도 그 수가 제법 많았다. 하지만 갑자기 당한 공격에 히라기르 가문은 속수무책으로 무너졌다. 쿤다기르 사람들은 히라기르 사람들에게 활을 쏘기 시작했다. 그들의 화살은 새의 날개 깃털로 만든 것이어서 매우 가벼웠고 흡사 새처럼 무척 빨랐다.

쿤다기르 사람들 중에 료하의 장인도 있었다. 그의 화살은 백조의 날개 깃털로 만든 것이어서 아주 날카롭고 예리했으며 다른 화살들보다 두드러져 보였다. 활을 쏘기 전에 자신이 왔다는 사실을 사위에게 알려야 했다. 그래서 자신만이 사용하는 흰색 화살을 하늘로 쏘아 올렸다. 장인이 화살을 쏘아 신호를 보내는 사이 다른 쿤다기르 사람의 화살은 제 할 일을 수행하느라 바빴다. 다름 아니라 쿤다기르 사람이 쏜 화살 한 대가 료하의 목덜미에 가서 꽂혔다. 료하는 몸을 돌려 다른 화살을 피하려다 땅바닥으로 쓰러졌다. 료하가 쓰러지는 걸 확인한 쿤다기르 사람들은 이제부터는 매우 신속하게 다른 히라기르 사람들에게 화살을 쏘았다. 길다고 하면 길고 짧다고 하면 짧은 시간이었다! 얼마의 시간이 흘렀을까? 히라기르 가문을 멸족했다고 확신한 쿤다기르 사람들은 의기양양하게 집으로 돌아갔다. 잠시 쉬려고 길에 앉아 있을 때 료하의 장인이 사람들 앞으로 뛰쳐나갔다.

"내 사위에게 아주 훌륭한 칼이 있답니다. 내가 가서 그것을 찾아오겠소!"

이 말이 끝나기 무섭게 장인은 전투가 벌어졌던 곳으로 갔다. 그곳에 도착한 장인은 료하를 찾기 시작했다. 료하는 목뼈에 박힌 화살에 상처를 입은 채 고통스럽게 신음하고 있었다. 장인은 료하의 목에 박힌 화살을 빼내고 모닥불을 피운 뒤 옆에 앉혔다.

"자, 여기에 앉아 있게. 나는 우리 사람들에게 가야 하네.

너무 늦게 가면 의심을 받게 될 수도 있어. 하지만 걱정 말게! 곧 다시 오겠네."

장인은 자신의 사람들에게로 떠났고 료하는 힘없이 타오르는 모닥불 옆에 처량하게 앉아 상처를 치료했다. 그 옆에는 죽은 가족들의 시체가 뒹굴고 있었다.

집으로 돌아온 쿤다기르 사람들은 관습대로 여름이 되자 유목을 하기 위해 뿔뿔이 흩어졌다. 사람들과 헤어진 료하의 장인은 사위에게 갔다. 장인은 여름 내내 료하의 곁에 머물렀다. 사냥을 해서 아픈 료하에게 먹을 것을 주었고 지극정성으로 상처를 치료해 주었다. 덕분에 료하는 금방 건강을 회복했다. 다시 사냥도 했고 평상시와 다름없이 일을 할 수 있게 되었다. 가을이 왔다. 장인은 다시 자신의 사람들 곁으로 돌아갔다.

몇 년 뒤 쿤다기르 사람들은 료하가 살아 있는데 예전과 다름없이 생활을 하고 있으며 그를 따르는 사람들이 많다는 소문을 들었다. 일부는 전투가 벌어졌을 때 죽지 않고 살아남은 히라기르 사람들이며 일부는 특별한 가문 없이 떠돌아다니는 부랑자들인데 멸족된 히라기르 가문에 합류했다는 소문이었다. 쿤다기르 사람들은 광분했다. 어떻게 이런 일이! 료하가 살아 있다니! 료하를 죽여야만 했다. 쿤다기르 사람들은 여름이 물러갈 즈음 료하를 죽이기로 결정했다.

여름이 막을 내릴 즈음 쿤다기르 사람들은 료하의 집 주변을 정탐했다. 그런데 정말로 사람들의 말소리가 두런두런 들려왔다. 그렇다! 료하는 살아 있었고 그의 주변에는 사람들이 운집해 있었다. 가을이 목전에 다가왔다. 료하는 사람들과 거위 사냥을 해서 먹고 살았다. 추적추적 비가 내리고 있었다. 료하와 사람들은 유르타 안에 앉아서 거위 고기를 먹고 있었다. 이때 쿤다기르 사람들이 큰 칼을 들고 료하의 유르타에 다가와서 유르타 위쪽의 끈을 잘랐다. 이 집은 기둥이 없기 때문에 위쪽의 끈이 끊어지면 집이 그대로 무너지는 구조였다. 유르타가 무너지면서 안에 있던 사람들 대부분 집에 파묻혔다. 적들은 인정사정 보지 않고 칼로 여기저기 마구 찔러 댔다. 사람들이 하나둘 칼에 찔려 죽어 갔다. 이 북새통에 한 남자가 집 밑에서 뛰쳐나와 도망을 갔다. 쿤다기르 사람들은 모두 그를 잡으러 달려갔다. 그 바람에 료하의 장인 혼자 집에 남게 되었다. 그는 사위를 애타게 찾았지만 무너진 집 더미 아래쪽은 이상하리만치 조용했다. 신음 소리도, 말소리도 전혀 들리지 않았다. 장인은 생각했다.

'이상한 일이군. 정말로 료하가 죽었단 말인가?'

무너진 집 더미를 헤치고 죽은 사람들을 들쳐 보았는데 모두 낯모르는 사람들이었다. 장인이 나지막하게 소리쳤다.

"료하, 자네 어디에 있나?"

"여기에 있어요."

무너진 집 더미 밑에서 료하의 목소리가 들렸다. 집이 사람들을 덮치는 순간 료하는 무슨 일인지 직감했다. 료하는 당황하지 않고 차분하게 집의 가운데 가서 앉아 있었다. 다른 사람들은 빠져나가려고 소란스럽게 왔다 갔다 하다가 모두 칼에 찔려 죽었지만 료하는 목숨은 건질 수 있었다.

"지금 빨리 나가서 멀리 도망가게. 여기에는 나 혼자뿐이네. 내 일족들은 모두 도망간 자를 잡으러 갔네."

료하는 뛰쳐나갔다. 료하가 가진 것은 낚시 도구와 화살통이 전부였다. 료하는 어둠 속에서 이것들을 재빨리 집어 들고 집 더미 밑에서 빠져나와 도망가기 시작했다. 장인은 달려가는 료하의 뒷모습을 애끓는 마음으로 물끄러미 바라보았다. 장인은 료하가 무척 안쓰러웠다. 장인은 어떻게 해서든지 료하를 도와주고 싶었지만 일족을 배반한 사실이 드러나는 것이 두려웠다. 장인은 료하가 더 이상 눈에 보이지 않자 비로소 소리를 쳤다.

"이봐요, 도대체 무얼 하고 있는 게요? 료하가 달아났단 말이오! 어서 쫓아가서 잡으시오!"

장인의 고함 소리를 들은 두 남자가 재빨리 료하를 추적했다. 료하가 엄청 빨리 달렸지만 적들도 만만치 않았다. 보아하니 적들은 보통 민첩한 것이 아니었다. 적들이 료하를 잡으려고 있는 힘을 다해 달려오는 사이 료하는 개울 두 개를 지나갔다. 두 개울이 합쳐지는 곳에 이를 때쯤 적들과 료하의 거리는 많이 좁혀져 있었다. 그런데 아뿔싸! 료하가 돌에 걸려 넘어지면서 화살통에 있던 화살이 머리 위로 쏟아져 내렸다. 흩어진 화살을 끌어 모을 시간이 없었다. 화살 한 개만 주워 손에 꼭 쥔 채 앞만 보면서 달려갔다. 적들도 쉬지 않고 쫓아왔지만 료하를 잡는 것은 역부족이었다.

죽음의 위기에서 벗어난 료하는 처음에는 자신의 사냥 도구를 이용해 물고기를 잡아 목숨을 이어 갔다. 시간이 흐르면서 료하는 건강을 회복했고 다시 삶에 필요한 모든 것을 마련하여 평온하게 살게 되었다. 쿤다기르 사람들은 더 이상 료하의 뒤를 쫓지 않았다. 료하는 가정을 꾸렸고 아이들도 낳았다. 아이들은 자라서 결혼을 했고 이번에는 아이들이 자식을 낳았다. 그렇게 히라기르 가문은 부활했고 그 이후로 건강하고 평화로운 삶을 살면서 번성했다.

움나

옛날 옛적에 아주 오래전에 코투이 강으로 흘러들어가는 키다 강 근처에 움나라는 예다기르 가문의 예벤키 남자가 있었다. 그에게는 아내와 청소년기에 들어선 우율리구라는 아들이 있었다. 가족들은 찢어지게 가난했다. 순록도 소총도 스키도 없었다. 그들의 가난은 말로 표현할 수 없을 정도였다. 움나가 가지고 있는 것 중에서 마음대로 다룰 수 있는 것은 낚시 도구뿐이었다. 움나의 가족은 오로지 낚시만으로 연명했다. 세 식구는 각자 호수의 다른 곳에 자리를 잡고 낚시를 했다. 겨울에는 얼음 구멍을 내어 낚시를 했다. 몸을 따뜻하게 하기 위해 얼음 구멍 옆에 모닥불을 피웠다. 그들은 그렇게 하여 겨우겨우 입에 풀칠을 하면서 목숨을 이어갔다. 어쩌다 물고기를 잡으면 같이 나누어 먹어야 했다. 아무것도 잡지 못한 날은 그냥 굶었다. 그런데 움나는 아내가 언제부터인가 물고기를 전혀 가져오지 않는다는 사실을 눈치챘다.

'어째서 물고기를 잡지 않는 걸까? 예전에는 아내도 물고기를 잡았는데. 지금은 항상 빈손으로 집에 오네.'

움나는 이 생각에 머리가 깨질 것 같았다. 아내가 물고기를 잡던 얼음 구멍 안을 살펴보기로 했다. 아내가 없을 때 아내가 앉아 있던 얼음 구멍을 들여다보았다. 이럴 수가! 바닥에 물고기 뼈가 떨어져 있는 것이 아닌가! 움나가 아들에게 말했다.

"아들아, 엄마가 우리를 죽이기로 마음먹은 것이 틀림없다! 엄마는 물고기를 잡으면 우리에게 나누어 주지 않고 그 자리에서 혼자 먹어 치운단다. 호수 바닥에 물고기 뼈가 떨어져 있지 뭐냐!"

이튿날 움나는 아들을 먼저 내보내면서 금방 뒤따라 나가겠다고 했다. 밖으로 나간 아들은 곧 뒤에서 울려 퍼지는 외마디 비명 소리를 들었다. 아들은 아버지가 어머니를 죽였다고 생각했지만 그냥 묵묵히 걸어갔다. 잠시 후 아들이 뒤돌아보니 아버지는 가재도구를 순록의 가죽에 싸서 짊어지고 걸어오고 있었다. 움나가 아들에게 말했다.

"아들아, 네 엄마를 죽였다. 엄마는 물고기를 우리에게 주지 않고 혼자 먹어 치웠어. 여기를 떠나자. 여기에 있다가는 모두 굶어 죽고 말겠다."

움나가 앞에 서고 아들이 뒤에서 걸어갔다. 걷고 또 걸었다. 마침내 그들은 오랫동안 사람이 살았던 흔적이 있는 어떤 호숫가에 이르러 멈추어 섰다.

"우율리구야! 이제부터 여기에서 낚시를 하자!"

각자 다른 곳에 자리를 잡고 낚시를 시작했다. 몇 시간 뒤 움나는 호수의 다른 쪽에서 누군가 낚시를 하고 있다는 사실을 알게 되었다. 그 사람도 움나를 보았고 움나를 향해 몰래 다가오고 있었다. 그는 여기에서 낚시를 하면서 살아가는 투릴 가문의 키뇨시콘이었다. 낯선 남자가 몰래 다가오는 것을 눈치챈 움나는 웃옷을 벗어 얼음 구멍 옆에 놓고 그 위에 모자를 씌워 마치 사람이 앉아 있는 것처럼 꾸몄다. 자신은 키뇨시콘이 지나갈 구멍 옆에 숨어 있었다. 잠시 후 키뇨시콘이 그곳에 왔다. 키뇨시콘은 구멍 옆에 옷을 입은 것이 텅 빈 허깨비일 거라는 생각은 꿈에도 하지 못했다. 키뇨시콘이 나타나자 움나가 앞으로 뛰어나오면서 물었다.

"나는 움나다. 왜 우리를 훔쳐보는 거지?"

이 말이 끝나기 무섭게 움나는 다짜고짜 키뇨시콘에게 활을 쏘았다. 화살이 키뇨시콘의 목을 관통하면서 키뇨시콘은 저항 한번 못 하고 그 자리에서 허무하게 죽었다. 움나는 키뇨시콘이 가지고 있던 소총, 스키를 챙겼다. 그리고 아들과 함께 키뇨시콘의 스키를 타고 호수의 구석구석을 샅샅이 살펴보았다. 움나는 호수 한쪽 구석에서 낚시를 하고 있는 또 다른 남자를 발견했다. 이번에는 이 남자가 움나와 아들을 먼저 발견했지만 그에게는 무기가 없었다. 당황한 남자가 스키를 타고 달아나려는 찰나 불행하게도 스키 끈이 끊어졌다. 이 상황을 놓칠 움나가 아니었다. 움나는 남자를 쫓아가 그 자리에서 묻지도 따지지도 않고 그냥 죽였는데 알고 보니 키뇨시콘의 동생이었다. 두 형제를 죽인 움나는 그들의 발자국을 따라갔다. 얼마 가지 않으니 움집이 나타났는데 키뇨시콘의 아내가 있었다. 움나는 키뇨시콘의 아내를 자신의 아내로 삼은 뒤 이곳에서 살기 시작했다. 움나의 아들은 움나가 싸울 때마다 못 본 척했다. 움나를 응원하지도, 비난하지도 않았다. 움나가 이곳에 머문 것은 아주 잠깐이었다. 움나는 누군가와 싸움을 하고 누군가를 죽이고 싶은 욕망에 사로잡혀 있었다.

움나는 코메시카 호수 근처로 갈 생각이었다. 코메시카 호수로 가는 도중 예기치 않게 호수 하나를 발견했다. 그곳에는 예벤키 투릴 가문의 세 가족이 살고 있었다. 그들을 발견한 움나는 밤이 되기를 기다렸다가 세 가족이 잠이 든 틈을 타 모두 죽였다. 한동안 호수 근처에서는 피비린내가 진동했다고 한다. 이때부터 이 호수는 무덤의 호수라는 뜻의 부닌다 호수라는 이름으로 유명해졌다. 움나는 이렇게 많은 사람을 죽이고도 전혀 개의치 않았다.

시간이 지나 눈이 녹기 시작하면서 더 이상 사람의 흔적을 찾는 것이 불가능해졌다. 호숫가에는 이미 물이 보이기 시작했고 뗏목을 타고 다니는 것도 가능해졌다. 목적지를 향해 조금씩 앞으로 나아가던 움나는 어느 날 한 호숫가에 이르렀다. 한 남자가 호수에서 뗏목을 타고 낚시를 하고 있었다. 움나와 남자는 서로 상대의 존재를 알아챘다. 둘은 서로 만날 채비를 했다. 이때 움나가 남자의 옆에 있는 아들을 보고 남자의 정체를 알아차렸다. 움나가 적의를 늦추고 먼저 인사를 했다.

"안녕하세요, 우율리구의 아버지입니다. 하마터면 활을 쏠 뻔했군요. 마침 옆에 있는 아들을 언젠가 본 적이 있어서 누군지 알았습니다. 큰일 날 뻔했어요!"

"아, 안녕하세요, 마이마입니다. 저도 하마터면 활을 쏠 뻔했군요. 금방 알아보지 못했군요! 죄송합니다!"

이 남자는 움나의 친척으로 얄기르 가문의 마이마였다. 그에게도 청소년기의 아들이 한 명 있었는데 언젠가 움나와 만난 적이 있다. 마이마와 움나는 이야기를 나누었다.

"어디서 오는 길이오?"

"사람들을 죽이면서 그냥 돌아다닙니다."

"아하! 나도 그동안 헤아릴 수 없이 많은 사람을 죽였답니다."

마이마는 움나가 자신의 용기와 허풍을 뽐내지 못하도록 거짓으로 이야기를 꾸며 냈다.

움나는 친척의 꾸며 낸 이야기를 그대로 믿었다.

"멋지군요! 모두 두려워하겠어요!"

그들은 함께 살기 시작했다. 친척이어서 안면이 있다고는 하지만 서로를 믿지 않았고 감시했으며 늘 상대의 배신 행위를 두려워했다. 함께 어망을 설치하러 갔고 함께 어망에 잡힌 물고기를 보았으며 함께 집에 있었고 함께 사냥을 다녔다. 한마디로 그들은 서로 떨어지지 않았으며 한순간도 상대에게서 눈을 떼지 않았다. 그렇게 그들은 오랫동안 함께 살았다. 이미 나무는 초록 옷으로 바꿔 입었다. 봄이 한창 무르익었다. 그들은 그런 상황에 싫증이 났다. 마이마는 이미 지칠 대로 지쳐 있었다. 밤이면 곤히 잠을 잘 수 있었던 옛날이 그리웠다. 하지만 움나가 전혀 잠을 자지 않기 때문에 마이마도 제대로 잘 수가 없었다.

어느 날 칼리디 산에서 불이 피어올랐다. 누군가 그곳에 있는 것이 틀림없다! 움나는 그곳에 가서 사람이 있으면 죽여야겠다고 마음먹었다. 큰 칼을 날카롭게 갈고 소총을 들고 그곳으로 떠났다. 마이마는 누군가의 습격을 대비해서 한 사람은 아이들과 가족을 지켜야 한다며 자신이 남아 있겠다고 했다. 움나는 산으로 가서 이리저리 돌아다녔지만 사람의 흔적은 찾을 수가 없었다. 밤사이 산에 있는 바위틈에서 잠만 잔 뒤 어디론가 떠난 것 같았다. 아무런 흔적도 남기지 않았다. 움나는 보기 좋게 허탕을 친 뒤 무척 지친 상태에서 집으로 돌아왔다. 마이마는 그 시간 새로운 유목지로 이동하여 움나를 기다렸다. 마이마가 미처 울타리를 치기도 전에 움나가 새 유목지에 나타났다. 이때 어떤 여인들이 유르타를 설치할 장대를 찾아 숲을 헤매고 있는 광경을 보았다.

"에이, 저 아줌마들이 길을 잃어 헤매고 있는 것 같은데. 움나! 저기 가서 장대 좀 가지고 오게! 장대가 필요해!"

움나는 여인들도 볼 겸, 장대도 구할 겸 숲 속으로 잽싸게 달려갔지만 깜박 잊고 소총과 칼을 놓고 왔다. 마이마는 움나의 무기를 들고 움나가 오기만을 기다렸다. 곧 움나가 유르타를 지을 장대를 가지고 돌아왔다. 마이마가 소리쳤다.

"아줌마들이 도망간다!"

움나는 그 순간 무기를 들고 있지 않다는 사실을 깨달았다. 움나는 장대를 내던지고 달아났지만 마이마가 움나의 소총으로 움나의 관자놀이를 겨냥했다. 움나가 상처를 입고 그 자리에서 쓰러졌고 마이마는 칼로 움나의 생명줄을 완전히 끊어 놓았다. 마이마는 움나를 죽인 뒤 아들 우율리구도 죽이려 했지만 목숨만 살려 달라고 애원하는 바람에 집으로 데리고 갔다.

우차나이

란하라는 노인이 있었는데 무척 늙었지만 굉장히 뛰어난 무사였다. 그에게는 아들이 셋 있었다. 큰아들은 미쿨카였고 둘째 아들은 바시카였다. 셋째 아들은 우차나이 탄게나이였는데 지저분했고 페치카[14] 위에 살면서 그곳에다 똥을 누고 오줌을 쌌다.

노인은 죽으면서 아들들에게 유언을 남겼다. 먼저 큰아들에게 말했다.

"나는 오늘 밤에 죽을 것이다. 오늘 밤 내게 와서 자도록 해라!"

둘째 아들에게 말했다.

"너는 내일 밤에 나를 찾아오너라."

셋째 아들 우차나이에게 말했다.

"너는 모레 밤에 나를 찾아오너라."

아버지가 돌아가셨고 장례식을 치렀다. 오늘 밤 미쿨카

---

14) 러시아와 만주를 비롯한 극한(極寒) 지방에서 쓰는 난방 장치. 돌・벽돌・진흙 따위로 만든 난로를 벽에 붙여서, 벽을 가열하여 방 안을 따뜻하게 한다.

는 아버지에게 가야만 했지만 가고 싶지 않았다. 우차나이가 미쿨카에게 말했다.

"형! 아버지에게 가야지!"

"에이, 제기랄! 이미 죽은 사람에게 가라고! 싫어! 정 가야 된다면 너나 가!"

우차나이는 옷을 입고 아버지에게 가서 자리를 잡고 앉았다. 아버지가 우차나이에게 말했다.

"미쿨카는 오지 않았느냐?"

"미쿨카 형이 말했어요. '에이, 제기랄! 이미 죽은 사람에게 가라고! 싫어! 정 가야 된다면 너나 가!'"

아버지가 우차나이에게 전투용 말을 주었다.

"우차나이야! 이 말은 네 것이다."

우차나이는 집으로 돌아왔다. 다음 날 밤에는 둘째 아들 바시카가 아버지에게 갈 차례였다.

우차나이가 말했다.

"둘째 형! 아버지에게 가야잖아!"

"에이, 제기랄! 이미 죽은 사람에게 가라고! 싫어! 정 가야 된다면 너나 가!"

우차나이는 아버지에게 갔다. 아버지가 우차나이에게 물었다.

"바시카는 오지 않았느냐?"

"바시카 형이 말했어요. '에이, 제기랄! 이미 죽은 사람에게 가라고! 싫어! 정 가야 된다면 너나 가!'"

아버지가 우차나이에게 아주 큰 수소를 주었다.

"우차나이야! 이 수소는 네 것이다."

집에 온 우차나이는 예전과 다름없이 페치카 위에 살면서 그곳에다 똥을 누고 오줌을 쌌다.

셋째 날 밤에는 우차나이가 갈 차례였다. 우차나이가 아버지에게 가서 자리를 잡고 앉았다.

"아들아! 왔느냐?"

"예, 아버지! 제가 왔습니다!"

아버지가 우차나이에게 아주 뛰어난 전투용 말, 갑옷, 장신구를 주었다.

"우차나이야! 모두 네 것이다."

집에 온 우차나이는 예전과 다름없이 페치카 위에서 똥을 누고 오줌을 싸면서 살았다. 이런 소문이 들려왔다. 황제가 공주를 시집보내려 하는데 많은 청년들이 구름처럼 모여들겠지만 오롯이 경기에서 이긴 자에게만 공주를 준다는 것이었다. 형들은 그곳에 갈 준비를 했다. 우차나이가 말했다.

"형들! 나도 갈래!"

"쳇! 무슨 소리야. 괜히 네 똥과 오줌으로 사람들을 더럽히려고 그러는 거야? 응? 지금처럼 페치카 위에 올라가서 똥이나 싸고 오줌이나 누면서 지내."

형들은 자신들의 말을 타고 떠나면서 한껏 들떠 있었다.

"우리는 참 미남이야! 어쩜 이렇게 잘생겼을까! 신기해! 우리 중 한 명이 분명 공주의 남편이 될 거야!"

우차나이는 형들이 떠난 뒤 밖으로 나가 자신의 멋진 말을 불렀다. 말이 나타났다. 우차나이는 말의 왼쪽 콧구멍으로 들어가서 오른쪽 콧구멍으로 나왔다. 우차나이는 더 젊어지고 더 멋있어졌다. 말에 올라타서 형들의 뒤를 쫓아 떠났다. 드디어 목적지에 이르렀다.

아주 많은 청년들이 모여들었지만 누구도 성벽을 뛰어넘지 못했다. 우차나이는 도착하자마자 말을 타고 공주에게 날아갔다. 공주가 반지를 주었다. 우차나이는 그길로 집으로 돌아와 말을 풀어 준 뒤 낡은 옷으로 갈아입고 다시 페치카 위에 올라가 있었다. 형들도 돌아왔다.

"어떤 청년이 왔는데 아주 젊다고 하더라. 말은 정말 아름답대. 듣자 하니 도착하자마자 말을 타고 공주한테까지 날아갔대."

"형들! 그 멋진 청년이 혹시 내가 아닐까?"

"에이! 제기랄! 쓸데없는 말을 지껄이고그래! 지저분하기 짝이 없는 녀석이! 에이 기분 상해!"

이런 소문이 들렸다. 왕이 공주의 약혼자를 불러 딸을 데려가게 할 거라고. 청년들이 떼 지어 그곳으로 몰려갔고 우차나이의 형들도 떠날 채비를 했다. 우차나이가 말했다.

"형들! 나도 갈래!"

"뭐라고! 쓸데없는 말 하지 말고 페치카에 올라가서 똥이나 싸고 오줌이나 눠! 오물로 사람들을 더럽히지 말고!"

형들은 길을 떠났다. 형들이 떠난 뒤 우차나이도 서둘러 목적지로 갔다. 황제는 풀밭의 맨 끝에 서 있었다. 공주가 준 반지를 담으라며 포도주가 담긴 잔을 청년들에게 나누어 주었지만 공주의 약혼자는 나타나지 않았다. 공주의 약혼자를 찾지 못한 황제는 이만저만 낙담한 것이 아니었다. 그 순간 풀밭의 맨 끝에 서 있는 청년을 본 황제가 하인들에게 말했다.

"저 청년을 데리고 와라!"

청년을 데리고 왔다. 그런데 지저분하기 짝이 없고 안짱다리인 우차나이가 아닌가! 볼품없는 우차나이는 약혼녀가 준 반지를 머릿수건으로 묶어서 이마에 매달고 있었다. 우차나이의 형들이 사람들에게 말했다.

"에이! 더럽고 지저분해! 재는 우리 동생 우차나이인데 엄청 지저분해요. 황제는 그런 애를 왜 데리고 오라는 거죠? 똥과 오줌으로 공주를 더럽힐 거예요! 분명해요!"

황제가 말했다.

"상관없다. 이리 데리고 오너라."

우차나이를 공주에게 데리고 가자 공주가 술잔을 주었다. 우차나이는 머릿수건으로 이마에 묶어 둔 반지를 꺼내 공주의 술잔에 놓았다. 모든 사람들이 놀랐다. 공주는 우차나이와 결혼을 했다. 그럭저럭 살기는 했지만 공주는 지저분한 우차나이를 사랑하지 않았다. 하지만 이제는 어찌하겠는가! 그로부터 얼마 뒤 황제는 이상한 편지를 받았는데 이런 내용이었다.

"괴물이 공주를 잡아먹고 싶어 한다. 3일 뒤 공주를 바닷가로 데리고 와라. 괴물이 그곳에 와서 공주를 잡아먹을 거다. 만일 약속을 지키지 않으면 너희 모두 죽게 될 것이다!"

3일 뒤 황제는 괴물에게 바치기 위해 공주를 바닷가로 데리고 갔다. 지저분한 안짱다리 우차나이는 한쪽 구석에 가서 말을 불렀다. 말이 나타나자 우차나이는 왼쪽 콧구멍으로 들어갔다 오른쪽 콧구멍으로 나왔다. 우차나이는 더 젊어졌고 엄청 멋진 사람이 되었다. 전투 갑옷을 입고 말에 올라탔다. 괴물이 곧 나타날 것이다. 공주는 바닷가에 앉아서 울고 있었다. 우차나이는 공주 옆에게 가서 함께 괴물을 기다렸다. 드디어 괴물이 물속에서 그 흉포하고 무시무시한 모습을 드러냈다.

"내가 이미 말했듯이 공주를 내놓아라."

둘이 싸우기 시작했다. 우차나이는 수소를 불렀다. 수소가 달려와 죽을 때까지 괴물을 때렸다. 결국 괴물은 제대로 된 저항 한번 못 해 보고 죽고 말았다. 우차나이는 공주와 함께 집에 돌아와서 함께 살았다. 공주는 정말 너무 기뻐했고 그날 이후 우차나이를 무척 사랑하고 아꼈다.

헤누키찬

밤바이 아저씨는 켐추가 강에서 낚시를 하여 가족을 먹여 살렸는데 물고기를 한 마리도 못 잡는 날이 많았다. 가을이 다가왔다. 건조하고 어두웠다. 바람이 매섭게 불었고 마지막 나뭇잎이 떨어졌다. 밤바이 아저씨네는 대가족이었는데 굶주림에 허덕이고 있었다. 밤바이 아저씨는 켐추가 강에 남아 있어도 뾰족한 수가 없었다는 생각에 다른 곳으로 이사를 가기로 결정했다.

밤바이 아저씨는 어린 다섯 아들 이외에 헤누키찬[15)]이라는 여덟 살배기 고아를 기르고 있었다. 밤바이 아저씨는 이 아이를 도저히 기를 수가 없다는 생각에 버리기로 결심했다. 굶어 죽을 위기에 놓여 있는 친자식들을 부양하는 것도 힘에 부쳤다. 밤바이 아저씨는 이사 가기 전에 헤누키찬을 숲 속에 데리고 가 전나무 그루터기에 앉혔다. 헤누키찬에게 불, 부싯돌, 생선 몇 마리를 주면서 한꺼번에 다 먹지 말고 조금씩 나누어 먹으라고 단단히 일러두었다. 밤바이 아저씨는 헤누키찬에게 3일 뒤에 돌아오겠다는 빈말을 남

15) 예벤키어로 '들꿩'이라는 뜻이다.

긴 뒤 훌쩍 떠났다.

비가 내리는 추운 가을날이었다. 날카로운 바람이 스산하게 울어 댔다. 아이는 어두운 숲 속에서 울부짖으면서 한없이 운명을 한탄했다. 아이는 나무 옆에 앉아 바람의 슬픈 탄식 소리를 들었다. 더 슬퍼졌다. 주위에는 잿빛 먹구름이 걸려 있었다. 아이는 바람에게 자신이 좋아하는 노래를 들려주었다.

"들꿩 한 마리가 있었다네. 혼자서 울고 있었네. 누군가 슬프다고 하자 들꿩은 더 슬퍼졌네."

아이는 그렇게 노래를 부르고 있었지만 매섭고 추운 바람이 뼛속까지 파고드는 것을 막을 수는 없었다. 석양이 내리깔렸다. 검고 끈적끈적한 괴물 같은 먹구름이 땅 가까이로 내려왔다. 비가 부슬부슬 내렸다. 아이는 나무 곁에 바짝 달라붙었다. 공포와 추위로 온몸을 떨면서 파래진 손을 옷 안으로 집어넣었다. 졸음이 덮치는 바람에 눈을 뜰 수가 없었다. 아이는 비몽사몽간 1년 전에 죽음의 사신이 데려간 엄마의 환영을 보았다.

아이는 두 손으로 엄마의 목을 꼭 껴안았다. 엄마는 너무나도 사랑스럽게 아이의 머리를 어루만지면서 꼭 안아 주었다. 갑자기 환영이 사라졌다. 엄마 대신 불처럼 이글거리는 눈, 앙상한 뼈, 뿔과 꼬리가 달린 무시무시한 괴물이 땅속에서 점점 자라고 있는 것 같았다. 공포가 아이를 휘감았다. 아이는 이것이 아빠와 엄마를 집어삼킨 죽음의 사신이란 걸 알고 있었다. 아이는 죽음의 사신을 엄마가 죽던 날 밤 처음으로 보았다.

긴 가을날 석양빛을 받으며 아이는 밤바이 아저씨의 아내인 폰나기 아줌마가 들려주는 죽음의 사신 이야기를 들었다. 아이는 아줌마의 잔잔한 이야기를 들으면서 눈을 감았다. 꿈에서 아이는 소원을 빌고 헛소리를 했으며 손을 내저으면서 누군가를 위협했다. 아이는 있는 힘을 다해 악마를 저주했다. 아이는 수없이 악마에게 덫을 놓을 계획을 세웠다. 아이는 아이들만의 방식으로 간절하고 애절하게 무수히 신에게 빌었다. 악마가 더 이상 사람을 먹어 치우지 못하도록 우레를 내리쳐 죽여 달라고 빌었다. 그런데 바로 그 악마가 아이의 앞에 서 있는 것이 아닌가…! 아이에게 뼈만 남은 혐오스러운 손을 내밀면서 말이다….

이때 다시 엄마가 나타났다. 아이는 기쁨의 환호성을 지르면서 엄마에게 달려갔다. 악마가 아이의 손을 잡으려고 했지만 엄마가 아이를 지켜 주었다. 엄마가 아이의 손을 잡고 높은 산 위로 올라갔다. 엄마는 아이의 볼에 입을 맞춘 뒤 아이의 귀에 속삭였다. 신에게 가라고 말이다…. 그러고는 사라졌다.

아이는 신에게 갔다. 얼마나 오랫동안 걸었는지 알 수 없다. 여하튼 아이는 걸었다. 마침내 흰 돌로 만든 화려한 궁전에 도착했다. 궁전은 높은 돌 벽으로 둘러싸여 있었고 문 옆에는 문지기가 서 있었다. 아이를 발견한 문지기는 너무 놀라서 입을 쩍 벌렸다.

"어디서 왔니? 네 아버지는 누구니? 어떻게 여기까지 왔니?"

"저는 중간세계 사람이에요. 저는 아버지도 어머니도 없어요. 제 이름은 헤누키찬이랍니다. 저는 신에게 일거리를 달라고 부탁하러 왔어요. 신이 제게 일거리를 주지 않을까요?"

"알았다. 내가 신에게 가서 네 말을 전하마. 잠시 여기서 기다리도록 해라."

신에게 간 문지기가 말했다.

"중간세계에 사는 헤누키찬이라는 고아가 와서 일거리를 부탁하고 있습니다."

"알았다. 착하고 기특한 아이로구나. 너 대신 출입문을 지키게 해라."

문지기는 아이에게 신의 명령을 전달했다. 아이는 하늘 궁전의 문지기가 되었다. 아이는 자신의 맡은 바 임무를 착실하게 수행했다. 자신에게 알리지 않고 신에게 들어가려는 사람을 철저하게 막았다. 아이는 곧 자신의 일에 적응했다. 즐거웠고 일이 마음에 들었다. 무엇보다 엄마에 대한 그리움을 접어 둘 수 있어서 좋았다.

어느 날 아이가 입구를 지키고 있는데 멀리서 무언가 보였다. 공포가 걷잡을 수 없이 밀려왔다. 아이를 향해 혐오스러운 악마가 다가오고 있었다. 엄마가 아이를 그 악마로부터 구해 주었는데…. 아이는 공포로 얼굴이 사색이 되면서 몸을 부들부들 떨었다. 도망가고 싶었지만 공포를 억누르고 소리를 질렀다.

"네게 무엇이 필요한 게냐? 이 추악한 악마야!"

죽음의 사신은 아이를 불타는 눈으로 바라보았다.

"제발, 나를 신에게 들여보내 다오. 배가 너무 고프구나."

"그건 절대 안 돼! 내가 직접 신에게 가서 말할게. 너는 여기서 잠시 기다리도록 해!"

죽음의 사신은 입구 옆에 잠시 기다리기로 했고 신에게 간 아이는 무릎을 꿇고 말했다.

"신이시여, 죽음의 사신이 와서 배가 고프다고 합니다. 신이시여, 이 추악한 죽음의 사신을 죽여 주십시오. 그가 더 이상 사람들을 잡아먹지 못하게 말입니다."

아이의 이야기를 들은 신은 재미있다는 표정을 지으며 크게 웃었다.

"너는 참으로 어수룩하구나. 죽음의 사신에게 가서 전해라. 앞으로 3년 동안은 중년의 사람들을 먹으라고 말이다."

아이는 한 치의 의심도 없이 신이 자신을, 자신이 흘린 눈물의 의미를, 자신의 간절한 부탁을 이해했다고 확신을 했다. 너무나 많은 슬픔과 불행을 불러일으키는 추악한 죽음의 사신을 죽일 것이라고 믿어 의심치 않았다. 그런데 신이 직접 죽음의 사신에게 3년 동안 사람들을 먹으라는 명령을 내리자 아이는 놀라 기절할 지경이었다. 신의 명령을 전하러 죽음의 사신에게 가는 동안 아이는 곰곰이 생각했다.

'삼촌과 이모들은 어떡하지…. 추악한 악마가 그들을 잡아먹을 텐데.'

골똘히 생각에 잠겨 있던 아이는 단호하게 머리를 가로저은 뒤 살짝 미소를 지으면서 씩씩하게 죽음의 사신에게로 걸어갔다. 죽음의 사신이 물었다.

"신이 뭐라고 했느냐?"

"신이 네게 중간세계에 가서 3년 동안 통나무를 먹으라고 했어."

죽음의 사신은 떠났다. 3년 동안 죽음의 사신은 중간세계의 통나무만 죽어라 먹었다. 숲 전체가 허허벌판이 되었다. 3년 동안 사람들은 죽지 않았다. 눈물도, 슬픔도 없었고 모두 즐거웠다. 아이도 무척 기뻤다. 그런데 3년은 너무 짧았다. 눈 깜짝할 사이에 지나갔다. 죽음의 사신이 다시 나타났다.

"나를 신에게 들여보내 줘! 너무 배가 고파! 제발 부탁이야!"

"그건 안 돼! 잠깐 기다려! 내가 직접 신에게 가서 말할게."

아이가 신에게 달려가서 굶주린 죽음의 사신이 찾아왔다고 전하자 신이 명령을 내렸다.

"3년 동안 어린아이들만 잡아먹으라고 전해라."

아이는 돌아가면서 생각했다.

'내 동생들은 어떻게 되는 거야…. 죽음의 사신이 잡아먹고야 말 텐데….'

죽음의 사신이 물었다.

"신이 뭐라고 했어?"

"3년 동안 버드나무 줄기만 먹으래."

죽음의 사신이 떠났다. 3년 동안 죽음의 사신은 버드나무 줄기만 줄기차게 먹었다. 중간세계의 사람들은 아무도 죽지 않았다. 모두 즐거웠다. 기쁜 마음으로 신을 칭송했다. 아이도 너무 기분이 좋았다. 그런데 3년은 너무 짧았다. 눈 깜짝할 사이에 지나가 버렸다.

극도로 쇠약해진 죽음의 사신이 뼈와 가죽만 남아서 앙

상하게 마른 몸을 이끌고 나타나 아이에게 애원했다.

"제발 부탁이야! 나를 신에게 들여보내 줘. 이러다가 나는 굶어 죽을 거야!"

"음, 안 돼! 그건 절대 안 돼! 내가 직접 가서 신에게 말할게."

아이가 신에게 와서 말했다.

"죽음의 사신이 찾아와서 굶어 죽을 것 같다고 호소합니다.

"가서 전해라. 이제부터 3년 동안 나이 든 사람들을 잡아먹으라고 말이다."

아이가 생각에 잠겼다.

'어라! 할아버지 할머니는 어떻게 되는 거지…. 죽음의 사신이 밤바이 아저씨와 폰나기 아줌마를 잡아먹으면 어쩌지….'

죽음의 사신이 물었다.

"신이 뭐라고 했어?"

"응, 신이 3년 동안 마른 나무만 먹으라고 했어."

죽음의 사신은 떠났다. 3년 동안 죽음의 사신은 마른 나무만 갉아 먹었다. 사람들은 죽지 않았다. 모두 즐거워했고 기뻐했으며 두 손 모아 진정으로 신을 찬양했다. 이번 3년은 이전보다 훨씬 빨리 지나갔다. 아이는 이미 죽음의 사신을 기다리고 있었지만 나타나지 않았다. 이번에 죽음의 사신은 술수를 써서 아이를 속였다. 파리로 감쪽같이 변신하여 직접 신을 찾아갔다. 죽음의 사신은 신에게 불평을 늘어놓았다.

"저는 굶어 죽을 겁니다. 처음 3년 동안은 통나무만 먹었고 다음 3년 동안은 버드나무 줄기만 먹었으며 마지막 3년은 마른 나무만 갉아 먹었습니다. 사람들이 너무 많이 늘어났습니다. 조만간 중간세계에는 사람들이 살 수 있는 땅이 없어질 겁니다."

아이에게 심하게 화가 난 신이 말했다.

"나가서 제일 먼저 거짓말쟁이부터 잡아먹도록 해라."

죽음의 사신이 아이에게 왔다.

"이제 네 차례로구나. 너부터 먼저 잡아먹으라는 신의 명령이 있었는데!"

"잠깐만! 잡아먹도록 해 줄게. 그런데 잠시 기다려 주면 안 될까? 자유롭게 산책을 할 수 있게 단 3일만이라도 나를 풀어 주면 안 될까?"

죽음의 사신은 아이의 부탁을 들어주었다. 아이는 걸어서 중간세계로 떠났다. 주어진 시간은 3일뿐인데 3일째가 되어서야 겨우 중간세계에 도착했다. 아이가 살 수 있는 시간은 한나절뿐이었다. 아이는 죽음의 사신이 진저리 나게 무서웠다. 슬픔과 공포로 심장이 오그라들었다. 시간은 어김없이 흘러갔고 죽음이 가까워졌다.

아이는 너무 슬펐다. 하염없이 울면서 밤바이 아저씨가 자신을 남겨 두고 간 전나무를 찾아갔다. 죽음의 사신이 옆에 오자 아이가 말했다.

"조금만 기다려 줘. 나를 잡아먹는 건 정해진 거니까 전혀 문제가 안 돼. 제발 마지막으로 내게 자비를 베풀어 줘. 그리고 네가 어떻게 신에게 가게 되었는지 말해 줘. 나는 문지기 역할을 훌륭히 했어. 벽을 도저히 지나갈 수 없었을 텐데…. 도대체 어떻게 벽을 뛰어넘는 술수를 부렸단 말이냐? 제발, 말 좀 해 봐!"

"그래 말해 주지. 파리로 변신한 뒤 네 머리 위로 날아갔는데 네가 눈치채지 못한 거야."

"그렇군! 그렇게 나를 속였단 말이로군. 그런데 네 말을 어떻게 믿어? 지금 당장 파리로 변신해서 이 나무 구멍 안으로 들어가 봐. 그러면 네 말을 믿어 줄게."

죽음의 사신은 그 자리에서 파리로 변신한 뒤 전나무 구멍 안으로 날아갔다. 아이는 재빨리 나무껍질로 구멍을 막았고 죽음의 사신은 나무 구멍에 갇혔다. 아이가 생각했다.

'죽음의 사신이 안에 갇혔어. 절대로 풀어 주지 않을 거야.'

아이는 모든 게 행복하게 끝나서 기뻤다. 노래를 불렀으며 기쁨을 주체할 수 없어 전나무 주위를 돌면서 덩실덩실 춤을 추었다. 다음 날 아침 아이는 밤바이 아저씨와 폰나기 아줌마를 찾으러 떠났다. 옛날에 살던 곳에 갔더니 생각보다 쉽게 찾을 수 있었다. 아이를 만난 아저씨 아줌마는 너무 기쁜 나머지 눈물을 흘렸으며 함께 살기 시작했다. 아이는 밤바이 아저씨가 순록, 염소, 큰사슴, 흑담비 사냥하는 것을 도와주었으며 여름에는 물고기를 잡았다. 이들은 부유하고 풍족하게 살았다.

아이는 이제는 어엿한 어른이 되었다. 때때로 사냥을 나가지 않아 한가한 시간이 찾아오면 주변 사람들에게 자신이 겪었던 일들을 들려주었다. 하늘로 올라갔던 일, 신에게 무시무시한 죽음의 사신을 죽여 달라고 간청했던 일, 죽음의 사신을 속여 먹은 일, 마지막으로 이 가증스러운 죽음의 사신으로부터 도망쳐 목숨을 구한 일 등을 들려주었다.

사람들은 그의 이야기를 진지하게 들었고 무척 놀라워했다. 무엇보다 그의 지혜로움에 감탄했다. 그의 명성은 세상 모든 사람들에게 전해졌다. 사람들은 그를 존경하기 시작했다. 그의 재산은 해가 다르게 늘어 갔으며 동족 중에서 가장 지혜롭고 명예롭고 부유한 사람이 되었다. 그는 동족 중에서 가장 아름다운 아가씨와 결혼을 했으며 행복하게 살았다. 다른 사람들도 행복하게 살았다. 죽지도 않았는데 심지어는 죽음 그 자체를 잊어버리게 되었다.

그렇게 많은 시간이 흘러갔다. 헤누키찬은 이미 노인이 되었다. 머리는 하얀 은빛의 백발로 변했고 피부는 푸석푸석하고 주글주글해졌다. 눈은 푹 들어갔고 앞은 보이지 않았다. 이때 헤누키찬에게 신이 나타났다.

"어디에다 죽음의 사신을 숨겼느냐? 그를 풀어 주도록 해라."

헤누키찬은 늙었어도 여전히 죽음에 대해 끝없는 공포를 느꼈다. 하지만 어쩔 도리가 없었다. 헤누키찬은 그날로 바로 죽음의 사신을 풀어 주었다. 극심한 분노와 탐욕으로 가득 찬 죽음의 사신은 무섭게 사람들에게 달려들었다. 죽음의 사신은 그동안의 배고픔을 달래기 위해 가장 건강한 사람만 골라서 잡아먹었다. 다시 흉악하고 찐득찐득한 두꺼비 같은 죽음이 이 땅에 찾아왔다. 눈물이 마를 날이 없었으며 가족 모두 혹은 집안 전체가 죽어 갔다.

불화의 언덕

아주 오래전 이 땅에는 거인들이 살았다. 땅이 생기면서 호보키[16)]가 거인들을 땅으로 데리고 왔던 것이다. 처음에 거인들은 싸우지 않고 잘 살았다. 그런데 얼마 지나지 않아 그들은 서로 미워했고 점점 타락해 갔다. 서로를 미워하는 정도가 얼마나 심했던지 싸움에서 이긴 자가 진 자를 질근질근 씹어 먹었다. 거인들의 삶이 호보키의 마음을 아프게 했다. 호보키는 결국 그들을 없애기로 결심했다. 어떤 이들은 절벽이 되었고 어떤 이들은 강, 호수, 늪이 되었다. 용감한 이들은 하늘로 올라가서 별이 되었다.

거인들이 땅에서 사라진 뒤 호보키는 지금과 같은 모습의 사람들을 땅에 살게 했다. 사람들은 자유로운 땅에서 평화롭게 살았다. 모두 무척 만족스러웠고 어떤 병도 사람들을 공격하지 못했다. 호보키는 사람들을 보면서 마음의 평온을 되찾았다. 호보키는 사람들에게 짐승과 새 사냥하는

---

16) 예벤키족은 '호보키'라는 신이 자신들을 만들었다고 믿고 있다. 예벤키족은 호보키는 지구가 현재와 같은 모습을 갖춘 이후에 천상세계의 주인이 되었다고 믿는다.

법, 물고기 잡는 법을 가르쳤다. 당시 사람들은 추위를 두려워하지 않았다. 사람들의 몸에는 긴 털이 무성히 덮여 있었다. 털 때문에 추워도 옷을 입을 필요도 느끼지 못했다.

어느 날 호보키가 사람들을 모아 놓고 말했다.

"사랑하는 사람들아! 나는 이곳에서 너희들과 오랫동안 살았다. 나는 3일 동안 너희들과 헤어져 있어야만 한다. 내가 없더라도 내가 있을 때와 똑같이 생활하도록 해라. 싸워서도, 서로를 미워해서도 안 된다. 내가 가르쳐 준 대로 새와 짐승 사냥을 해서 먹도록 해라. 짐승들이 잘 먹지 않는 열매를 먹도록 해라. 나무 열매는 새와 짐승의 먹이니 절대 건드리지 말거라. 태양이 보이는 곳에서 나를 기다리도록 해라. 나를 그리워하지도 슬퍼하지도 말거라."

이 말을 끝으로 호보키는 사람들의 시선을 받으면서 길을 떠났고 곧 모습을 감추었다. 오랜 시간이 지났다. 호보키를 아는 사람의 절반가량은 백발이 성성해졌지만 호보키는 여전히 돌아오지 않았다. 사람들은 호보키가 돌아오겠다던 3일이 얼마의 시간을 의미하는지 몰랐다. 사람들은 그를 기다리면서 점을 쳐 봤지만 점괘가 나오지 않았다. 사람들은 지혜를 잃어 갔다. 호보키가 거짓말을 한 건 아닌지, 호보키가 떠날 때 했던 말들이 진실인지 의심하기 시작했다.

사람들은 호보키의 말을 잊어버린 지 이미 오래다. 눈에 보이는 나무 열매를 닥치는 대로 가리지 않고 먹기 시작했다. 신 것도, 쓴 것도 가리지 않고 모두 먹었다. 대체 무슨 일이 일어날까? 열매를 먹기 시작하면서 사람들 사이에 병이 돌았고 몸을 보호하던 털이 가을 낙엽처럼 우수수 떨어져 내렸다. 사람들은 알몸이 되었고 모든 것이 여실히 드러났다. 사람들은 놀란 토끼 눈이 되어 다른 사람들을 쳐다보았다. 호기심이 많은 여자와 남자들은 늘 털에 덮여 있던 상대방의 알몸을 유심히 보았다. 여자들은 남자들을 귀찮아했지만 남자들은 여자들을 끈덕지게 따라다녔다. 풀로 몸을 가린 여자들만 마음 놓고 돌아다닐 수가 있었다. 남자들의 행동은 질투를 낳았고 다툼과 살인이 시작되었다. 살인을 하면서 악마가 등장했고 샤먼이 나타났다. 사람들은 점점 더 호보키와는 멀어졌다. 벌거벗은 몸은 추울 때는 오그라들었고 더울 때는 축 늘어졌다. 병이 창궐했고 사람들이 죽어 가기 시작했다.

그렇게 몇 년이 더 지나갔다. 많은 사람들이 호보키에 대해서는 완전히 잊었다. 그를 기억하는 사람들은 그가 너무 오래 떠나 있는 바람에 병과 고통이 사람들을 찾아왔다며 그를 증오했다. 호보키에 대한 불평불만은 사람들의 입을 통해 온 세상으로 전해졌다. 젊은 사람들의 가슴에는 그에 대한 원한이 둥지를 틀고 자리 잡았다. 그렇지만 호보키의 유훈과 그의 모습은 아직도 사람들의 기억 속에 아련히 남아 있었다. 태양이 떠오르는 곳을 보면서 사람들은 애끓게 무언가를 기다렸다. 모든 사람들은 호보키가 오면 자신이 가장 먼저 맞이하기를 원했다. 봄이 오기 직전의 어느 날, 일출이 시작되자 태양의 빛에서 호보키가 나와 마을로 다가왔다.

호보키가 오기만을 기다리던 노인 두세 명이 그를 알아봤다. 너무 기쁜 나머지 눈물을 주룩주룩 흘리면서 이 사실을 젊은이들에게 알렸다. 그런데 일부 젊은이들은 호보키를 죽이자며 무기를 들고 다른 사람들을 선동했다. 마을에서는 일대 소동과 혼란이 일어났다. 호보키는 사람들에게 무슨 일이 일어났는지 직감했다. 호보키는 마을에 도착하기 전에 화살을 세 번 쏜 후 멈추어 서서 사람들을 꾸짖었다. 호보키의 꾸짖음은 사람들을 더 격분시켰고 사람들은 호보키를 붙잡기 위해 달려들었다. 몇몇 사람들은 참으로 어리석었다. 호보키는 하늘 위로 날아갔고 빛나는 태양 뒤로 사라졌다. 격분한 사람들은 호보키가 있는 곳으로 가서 벌을 주자며 회의를 열었다. 회의에서 이렇게 결정되었다.

"호보키가 있는 곳에 쉽게 도착할 수 있도록 건축물을 만들 것이다. 그러기 위해서는 높은 산과 높은 기둥을 만들어야 하니 노인과 여인을 제외한 모든 사람들은 모자에 흙을 담아 정해진 곳으로 모여라."

몇 년이 지났다. 사람들은 열심히 일해서 자신의 머리보다 훨씬 높은 산을 만들었다. 회의에서 결정된 건축물을 지으려면 아직 몇 년의 시간이 더 필요했다. 이 산에 올라갔던 사람들이 마을로 돌아오면 이미 세대가 바뀌어 있었다. 그들은 마을 사람들이 하는 말을 알아들을 수가 없었다. 그건 마을 사람들도 마찬가지였다. 돌아온 사람들의 이야기를 알아들을 수 있는 사람은 나이가 지긋한 노인 몇 명뿐이었다. 하지만 그러한 노인조차 찾기가 정말 힘들었다. 돌아온 사람들의 지인 중 일부는 아직도 산으로 올라가는 중이거나 돌아와서 다른 곳으로 떠난 뒤였다.

돌아온 사람들은 외롭다고 느꼈으며 떠난 사람의 아내와 결혼을 한 뒤 함께 마을을 떠났다. 그렇게 사람들은 이 산에서 저 산으로 옮겨 다니면서 씨족도 이루고 가문도 이루었다…. 사람이 애써 만들어 놓은 산에도 병이 창궐하기 시작하면서 사람들은 급하게 산을 부숴 버렸다. 그때부터 그곳에 사람들이 살기 시작하면서 사람들과 호보키의 불화의 산은 이제는 병의 정박지가 되었다. 샤먼은 주술 의식을 통해 발병 과정, 죽은 사람의 이동 경로를 추적하기 위해 이 산으로 간다. 씨족의 행로는 단조롭고 병은 개처럼 씨족의 행로를 졸졸 따라다닌다. 그래서 같은 가문에서 아내를 맞이하는 것은 좋지 않다. 멋지고 평온하게 살고 싶다면 아내를 다른 가문에서 데리고 와라. 이것은 가문의 행로를 바꾸어 준다. 그래서 가문의 병이 가문을 찾아오는 데 오랜 시간이 필요하다.

예벤키 사람들이 순록을 키우게 된 이유

예니세이 강의 오스탸크 사람이 순록을 키우지 않는 이유는 해마다 찾아오는 가축 전염병과 유행병으로 인해 순록의 숫자가 꾸준히 감소했기 때문이다. 사실 이런 병들은 사람에게 큰 손실을 안겨 주는데 이 손실을 만회할 방법이 없다. 그런데 오스탸크 사람이 순록을 키우지 않게 된 데는 다른 이유도 있다.

어느 날 오스탸크 사람과 예벤키 사람이 사냥터에서 만나 힘을 합쳐 순록을 잡은 뒤 이야기를 나누었다. 둘 다 살아 있는 상태로 그것도 통째로 순록을 가져가길 원했다. 고심하고 또 고심한 끝에 힘을 겨루어 이기는 쪽이 순록을 가져가기로 했다.

예벤키 사람은 순록의 앞다리를 잡고 오스탸크 사람은 뒷다리를 잡고 순록을 자기 쪽으로 끌어당겼다. 그러다 오스탸크 사람이 손을 놓는 바람에 순록은 예벤키 사람의 차지가 되었다. 예벤키 사람이 제안했다.

"자, 좋아요! 다시 합시다. 이번에는 한 손으로 당기는데 손을 떼면 안 됩니다. 손을 순록 다리에 묶어 두십시오!"

오스탸크 사람도 그렇게 하자고 했다. 예벤키 사람은 가죽 끈으로 순록의 앞다리에 왼손을 묶었고 오스탸크 사람은 버드나무 끈으로 오른손을 순록 앞다리에 묶었다. 양쪽에서 당기기 시작했다. 버드나무 끈은 오래 버티지 못한 채 금방 끊어지면서 오스탸크 사람은 손을 놓고 말았다. 결국 이래저래 순록은 예벤키 사람의 차지가 되었다.

그래서인지 예벤키 사람들은 순록을 키우지만 오스탸크 사람은 순록을 키우지 않는다…. 버드나무 끈이 끊어지지만 않았어도 오스탸크 사람도 순록을 키우게 되었을지 모른다.

무사 이야기

세 형제 무사

아주 오래전 이야기다. 세 형제 무사가 살았던 때로부터 이미 꽤 많은 시간이 흘렀다. 그들은 예벤키 사람이 세상에 막 등장할 때 태어났다. 세 형제 무사들은 사이가 좋았으며 다투지도 않았고 무척 윤택하게 생활했다. 누군가 무슨 이야기를 해도 절대 반대하는 법이 없었다. 하고 싶은 일이 있으면 혼자 하기보다는 셋이 일심동체가 되어서 함께했다. 이야기를 하면서 서로 합의점을 찾아냈다. 세 형제 무사는 모든 예벤키 사람들 사이에 이미 널리 알려져 있었다. 그들과 견줄 만한 무사는 어디에도 없었다. 먹을거리를 구하러 나갈 때면 한 사람은 유르타에 남아 있었다. 그들은 세 그루 낙엽송의 맨 꼭대기를 연결해서 천막처럼 만든 뒤 그곳에서 살았다.

그들은 날마다 자신들보다 힘이 센 무사가 있는지 알아보았다. 많은 시간이 흘렀다. 어딘가 야쿠트 사람 중에 그들보다 힘이 센 무사가 있다는 이야기를 들었다. 그 야쿠트 무사도 어딘가에 예벤키 세 형제 무사가 살고 있다는 이야기를 들었다. 그들은 서로를 찾기 시작했다. 야쿠트 무사는 3년 동안 그들을 찾아다녔다. 4년째 되던 해 야쿠트 무사는 세 형제 무사에 대해 훤히 알게 되었다. 야쿠트 무사는 세 형제 무사를 만나기 위해 네 마리의 순록이 끄는 썰매를 타고 밤낮없이 달려갔다. 그가 순록을 끌고 간 이유는 하나였다. 그들을 물리친 후 재빨리 그곳을 빠져나오기 위해서였다. 마침내 세 형제 무사가 사는 곳에 도착한 야쿠트 무사는 낙엽송으로 만든 유르타를 보고 어안이 벙벙해졌다.

'저게 어떻게 가능하지? 도대체 얼마나 힘이 센 거야? 놀랍군!'

순록들을 묶어 놓고 무사들의 유르타 안으로 들어갔다. 유르타는 무척 아늑했다. 무사들은 부유했으며 음식도 아주 많았다. 무사들은 매우 좋은 사람들이었다. 집에 찾아온 손님을 몹시 반갑게 맞으면서 음식을 대접했으며 밤늦도록 함께 이야기를 나누었다. 야쿠트 무사는 세 형제 무사의 유르타에서 하룻밤을 보내게 되었다. 아침에 일어나 몇 번이나 차를 마시면서 이야기꽃을 피우는데 큰 형이 야쿠트 무사에게 제안했다.

"이봐, 친구, 네가 얼마나 힘이 센지 한번 겨뤄 보자."

야쿠트 무사는 그렇게 하자고 했고 넷이 함께 밖으로 나갔다. 먼저 제안을 한 큰형이 야쿠트 무사를 잡았다. 야쿠트 무사도 형을 맞잡는가 싶더니 가볍게 형을 내동댕이쳤다. 이번에는 중간 형과 맞붙었다. 다시 야쿠트 무사가 이겼다.

이제는 제일 어린 무사만 남아 있었다. 그가 무사들 중 가장 힘이 셌다. 그는 야쿠트 무사를 잡아 위로 번쩍 들어 올린 뒤 그대로 바닥으로 내던졌다.

그 사건 이후 야쿠트 무사와 세 형제 무사는 서로 자신이 이 세상에서 제일 힘이 세다는 생각을 굳히게 되었다. 야쿠트 무사는 승리감에 취해 집으로 달려갔다. 막내가 형들에게 야쿠트 무사에게 졌다고 무척 화를 내면서 어떻게 하든 야쿠트 무사를 죽이고 오라며 채근했다.

세 형제 무사의 유르타 근처에는 작은 돌무지가 있다. 야쿠트 무사는 가을이 되면 이 돌무지로 사슴 떼를 몰고 왔다. 어느 가을날 큰형은 활을 들고 야쿠트 무사에게 다가갔다. 야쿠트 무사와 거리가 아주 가까워지자 활을 쏘아 그 자리에서 죽인 뒤 집으로 돌아갔다. 그 이후 그들보다 힘이 센 사람은 어디에서도 찾을 수가 없었다. 이 얼마나 아이러니한 이야기인가!

어린 무사

아주 오래전에 예벤키 사람들이 씨족 단위로 살고 있을 때 강도짓을 일삼는 찬기트[17]가 타이가를 휘젓고 돌아다녔다. 찬기트들은 예벤키 남자는 가리지 않고 모조리 죽였다. 남자라면 갓난아기라도 주저하지 않고 죽였다. 어느 날 예벤키 사냥꾼 코예바이에게 아들이 태어났는데 모두 훌륭한 무사가 될 것이라고 입을 모았다. 코예바이가 사냥을 나간 사이 찬기트들이 그의 집을 습격하여 돈이 될 만한 것을 찾았다. 어린 소년이 자고 있는 요람을 발견한 찬기트 대장이 엄마에게 물었다.

"사내아이냐 계집아이냐?"

"계집아이입니다. 계집아이가 맞아요."

엄마가 찬기트의 눈을 똑바로 쳐다보면서 대답했다.

"보여 다오."

엄마는 계집아이처럼 보이도록 벌거벗은 사내아이를 들어 올렸다. 마침 집 안은 어두웠다. 찬기트는 그 말을 믿었

17) 시베리아 원주민은 자신들에 적대적인 종족이나 그룹을 통틀어 찬기트라고 부른다.

다. 찬기트들은 가지고 갈 수 있는 것은 모두 짊어지고 떠났고 사내아이는 엄마 덕분에 목숨을 건졌다. 사냥을 나간 아버지는 끝내 돌아오지 않았다. 그렇게 하여 엄마와 아들 단둘이 살게 되었다.

소년은 큰사슴 모양 날이 다르게 쑥쑥 커 갔다. 아주 몸집이 크고 선량하며 뛰어난 무사가 되었다. 무사가 타이가에서 사냥을 하고 있을 때였다. 무언가 알 수 없는 것이 눈앞에서 아른거렸다. 타이가에서 한 번도 본 적이 없는 남자가 손에 지팡이를 쥔 채 나무에 기대서 있었다. 그런데 지팡이에서 불과 연기가 나오는 것이 아닌가! 게다가 나무에서는 살쾡이가 뛰어나오고! 무사는 남자의 뒤를 쫓아갔다. 남자는 지팡이를 등에 짊어지고 죽은 짐승에게로 가고 있었다. 얼굴에는 늪에 쓸모없이 자란 풀 같은 털이 더부룩하게 자라고 있었다. 몸집은 엄청 비대했고 키는 컸으며 어깨는 넓었는데 손에는 살쾡이 가죽을 들고 있었다. 남자의 뒤를 쫓아가던 무사가 실수로 마른 나뭇가지를 밟았다. 남자가 뒤를 획 돌아보면서 물었다.

"어느 가문 출신이냐?"

"예벤키 무사다. 그러는 너는 누구냐?"

"나는 러시아 무사다."

두 무사는 친구가 되었다. 무사가 러시아 남자를 집으로 초대해서 음식을 대접했다. 러시아 남자는 그에 대한 보답으로 철 지팡이를 선물했다. 예벤키 무사는 더 강해졌다. 이 사실을 알게 된 찬기트들은 감히 예벤키 사람을 공격할 엄두도 못 내었다. 얼마 뒤 찬기트들은 예벤키 사람들에게 평화를 제안하러 왔고 예벤키 사람이 그들의 제안을 기꺼이 받아들였다. 이제 예벤키 사람들은 두 명의 친구, 두 명의 무사를 갖게 되었다. 그렇게 어린 무사는 자신의 가문이 멸족되는 것을 막았고 타이가에는 평화가 찾아왔다.

우냔니와 코렌도

언젠가 예벤키 사람들이 밤낮을 쉬지 않고 먹고 마시고 춤추며 놀았다. 할머니 한 분이 말했다.

"애들아, 밤에는 제발 춤추고 놀지 말거라. 너무 시끄러우니까 정신이 사납구나. 그 소리를 듣고 코렌도[18]가 와서 너희를 잡아먹고야 말 거다."

"잔소리하지 마세요."

사람들은 잔소리쟁이라며 할머니의 입에 개똥을 한가득 집어넣었다. 예벤키 사람들은 할머니를 믿지 않았다. 그런데 갑자기 어디선가 코렌도가 나타나서 춤추고 있는 예벤키 사람들을 모두 잡아먹었다. 할머니는 큰 솥 뒤에 숨는 바람에 목숨을 건질 수 있었다.

혼자 남겨진 할머니는 너무 무료해서 근처 숲에 놀러 가기로 마음먹었다. 숲에 갔더니 멧닭이 앉은 자리에 똥을 싸는 것이었다. 멧닭의 똥을 집으로 가지고 와 요람에 올려놓고 흔들기 시작했다. 이리 흔들고 저리 흔들고 계속 흔드는

---

18) 코렌도는 성질이 고약한 샤먼이고 우냔니는 코렌도에게 주술을 거는 착한 샤먼이다.

바람에 멧닭의 똥이 사방으로 흩어졌다. 할머니는 봄이 올 때까지 그렇게 홀로 적적하게 살았다.

봄이 되자 할머니가 사는 곳으로 거위가 날아왔다. 강가에 나온 할머니를 본 거위가 엄청 놀라서 똥을 싸고는 도망갔다. 할머니는 거위 똥을 집으로 가지고 와서 요람에 얹은 뒤 흔들기 시작했다. 이리저리 흔들자 거위의 똥이 구구 소리를 냈다. 그 소리를 들은 할머니는 더 세게 흔들었다. 그러자 이번에는 똥에서 사람이 나와서 걸어 다녔다. 이름을 우냔니라고 지었다. 걷는 법을 익힌 우냔니는 작은 새를 잡아서 할머니에게 가지고 왔다.

"할머니, 이 새가 형과 누나들을 잡아먹었나요?"

"아니다, 얘야, 이건 신의 동물이란다. 원래 있던 곳에다 놓아주거라."

우냔니는 새를 원래 있던 곳에 가지고 가서 놓아주었다. 우냔니는 들꿩을 잡아서 할머니에게 가지고 왔다.

"할머니, 이 새가 형과 누나들을 잡아먹었나요?"

"아니다, 얘야, 이건 신의 동물이란다. 원래 있던 곳에다 놓아주거라."

우냔니는 원래 있던 곳에 가져가서 놓아주었다. 우냔니는 멧닭을 잡아서 할머니에게 가지고 왔다.

"할머니, 이 새가 형과 누나들을 잡아먹었나요?"

"아니다, 얘야, 이건 신의 동물이란다. 원래 있던 곳에다 놓아주거라."

우냔니는 원래 있던 곳에 가져가서 도로 놓아주었다. 우냔니는 모든 짐승들을 하나씩 잡아 왔는데 나중에는 야생 순록도 잡아 오고, 큰사슴도 잡아 왔으며 곰도 잡아 왔다. 할머니는 그때마다 동물을 원래 있던 곳에 데려다주라고 했다.

"얘야, 이건 신의 동물이란다. 네 형과 누나들을 잡아먹은 코렌도는 천상세계로 떠났단다."

우냔니는 자신의 몸에 날개를 박아 넣고 천상세계로 날아갈 생각을 굳혔다. 할머니의 솥으로 날개를 만들어 한참 동안 박아 넣으니 드디어 날 수 있게 되었다. 할머니에게 물었다.

"코렌도는 어디로 갔죠? 멧닭이 있는 곳으로 갔나요?"

"얘야, 더 위쪽으로 갔단다."

우냔니는 날개를 더 활짝 펴고 날아올랐다.

"코렌도는 어디로 갔죠? 멧닭이 있는 곳으로 갔나요?"

"얘야, 더 위쪽으로 갔단다."

우냔니가 날개를 한층 더 활짝 펴서 코렌도가 있는 곳보다 높은 곳으로 날아오르자 할머니가 말했다.

"얘야, 그것보다 조금 아래쪽에 있단다."

우냔니는 코렌도의 뒤를 쫓아가서 코렌도의 아내가 사는 곳에 도착했다.

"스크레보크야[19]! 코렌도의 집은 여기에서 얼마나 떨어져 있니?"

"어휴, 당신은 참 어수룩하군요. 바로 이 근처에 있답니다. 한번 찾아보세요."

우냔니는 아래쪽으로 내려가서 어렵지 않게 코렌도의 집을 찾아 부숴 버렸다. 다시 위로 올라가서 코렌도의 두 번째 아내인 스크레보크[20]가 사는 곳으로 갔다.

"스크레보크야! 코렌도의 집은 여기에서 얼마나 떨어져 있니?"

"어휴, 당신은 참 어수룩하군요. 바로 이 근처에 있답니다. 한번 찾아보세요."

우냔니는 아래쪽으로 조금 내려가서 코렌도의 집을 찾아 부숴 버렸다. 다시 위로 올라가서 코렌도의 세 번째 아내인 먈카가 사는 곳으로 갔다.

"먈카야! 코렌도의 집은 여기에서 얼마나 떨어져 있니?"

---

19) 코렌도 아내의 이름.

20) 어째서인지 본 판본에는 코렌도의 첫째와 둘째 아내의 이름이 똑같다.

"어휴, 당신은 참 어수룩하군요. 바로 이 근처에 있답니다. 한번 찾아보세요."

우냔니는 아래쪽으로 조금 내려가서 코렌도의 집을 찾은 뒤 부숴 버렸다. 다시 위로 올라가서 코렌도의 네 번째 아내인 이골니카가 사는 곳으로 갔다.

"이골니카야! 코렌도의 집은 여기에서 얼마나 떨어져 있니?"

"어휴, 당신은 참 어수룩하군요. 바로 이 근처에 있답니다. 한번 찾아보세요."

우냔니는 아래쪽으로 조금 내려가서 코렌도의 집을 찾은 뒤 부숴 버렸다. 다시 위로 올라가서 코렌도의 다섯 번째 아내인 브루소치카가 사는 곳으로 갔다.

"브루소치카야! 코렌도의 집은 여기에서 얼마나 떨어져 있니?"

"어휴, 당신은 참 어수룩하군요. 바로 이 근처에 있답니다. 한번 찾아보세요."

우냔니는 코렌도의 여섯 번째 아내인 스크렙카에게 갔다가 다시 골무에서 태어난 일곱 번째 아내인 푸틀랴라에게 갔다. 드디어 우냔니는 코렌도가 사는 집에 이르렀다. 그때는 이미 코렌도가 예벤키 사람들을 다 먹어 치운 뒤였다. 우냔니가 소리를 질렀다.

"코렌도야! 날개를 맞대고 싸워 보자"

"우냔니야! 다 먹을 때까지 잠깐만 기다려라!"

"네가 먹도록 어떻게 그냥 두겠느냐? 나는 형과 누나들의 복수를 하러 왔다."

"우냔니야! 잠깐만 기다려라! 조금 아래쪽에서 보자, 머리가 빙빙 도는 것 같구나."

"코렌도야! 왜 머리가 빙빙 도는 거냐? 나는 형과 누나들의 복수를 하러 왔다."

코렌도가 뛰어 나오자 둘은 원을 그리면서 날기 시작했다. 우냔니가 날개로 코렌도의 배를 갈랐다. 코렌도의 배 속에서 예벤키 사람들이 나왔는데 일부는 살아 있었고 일부는 죽은 뒤였다. 우냔니는 이번에는 코렌도의 아들인 페르벤츠 코렌도와 결투를 했다.

"페르벤츠 코렌도야, 바다 한가운데 가서 날개로 겨뤄 보자."

"우냔니야, 잠깐만 기다려라, 마저 먹어야겠다."

"네가 먹도록 어떻게 그냥 두겠느냐? 나는 형과 누나들의 복수를 하러 왔다."

"우냔니야! 잠깐만 기다려라! 조금 아래쪽에서 보자, 머리가 빙빙 도는 것 같군."

"페르벤츠 코렌도야! 왜 머리가 빙빙 도는 거냐? 나는 형과 누나들의 복수를 하러 왔다."

페르벤츠는 일단 공중으로 날아오른 뒤 다시 바다로 내려갔다. 우냔니는 날개로 페르벤츠의 배를 갈랐다. 페르벤츠의 배 속에서 예벤키 사람들이 나왔는데 일부는 살아있었고 일부는 죽은 뒤였다. 우냔니는 이렇게 코렌도의 아들과 공중에서 결투를 했다. 결국 우냔니가 이겨서 예벤키 사람들을 구해 냈다.

우냔니는 코렌도의 아내들에게 갔다.

"브루소크[21]야! 너의 코렌도가 바다 가운데서 먹어 치운 많은 사람들을 구해 냈다, 드디어 구해 냈다!"

21) 브루소치카의 애칭이다.

옙카찬[22]

부부와 세 아들이 있었다. 어느 날 해 뜰 무렵 사냥을 나갔던 아버지가 어두워도 돌아오지 않았다. 감쪽같이 사라졌다. 큰아들이 아버지를 찾아 나섰는데 큰아들도 돌아오지 않았다. 흔적도 없이 어디론가 사라졌다. 둘째 아들도 나갔다가 사라졌다. 막내아들과 엄마만 남았다. 막내아들이 나가서 살펴보니 옙카찬의 뿔에 피가 묻어 있었고 이리저리 움직이는 소나무의 한가운데서 여인이 노래를 부르고 있었다.

"여보세요! 여보세요! 앞으로 더 가지 마세요, 더 가면 내 소나무가 찌를 거예요."

막내아들은 집으로 돌아가 엄마에게 모든 사실을 말했다.

"아버지를 죽인 옙카찬을 보았어요. 뿔에 피가 묻어 있었고 소나무가 이리저리 움직이는데 그 가운데 한 여인이 앉아 노래를 부르고 있었어요."

엄마에게 물었다.

"엄마, 아버지에게 망치와 집게가 있었나요?"

---

22) 생후 1년 전후의 암순록을 이르는 말.

"있지, 우물 안에 집게, 철침, 망치, 펜치, 다 있단다."

"가지고 오세요."

엄마가 우물에서 이것들을 가져다주었다. 아들은 활과 쇠 화살을 만든 뒤 밖으로 나가 소나무를 향해 화살을 쏘았다. 소나무가 반으로 쪼개졌다. 더 단단하게 화살촉을 담금질하여 활에 건 뒤 더 큰 소나무를 향해 화살을 쏘았다. 소나무가 조각조각 부서졌다. 막내아들이 엄마에게 말했다.

"옙카찬을 죽이러 가겠어요. 제가 그를 죽이지 않으면 그가 저를 죽이러 올 거예요."

옙카찬에게 가자 여인이 노래를 불렀다.

"옙카찬아, 치르쿨리가 왔다. 무릎으로 눌러 죽여라."

옙카찬이 노래를 불렀다.

"치르쿨리야! 더 가까이, 아주 가까이 오너라. 치르쿨리야! 네가 소나무를 조각 냈지! 치르쿨리야! 용서할 수가 없다! 너를 죽이겠다!"

치르쿨리는 가까이 가서 활을 쏘아 옙카찬을 죽인 뒤 소나무에 활을 쏘아 조각 내 버렸다. 여인만 남았다. 여인이 말했다.

"넓은 곳에 가서 높이뛰기 경기를 하자."

여인이 데리고 간 곳은 송곳으로 만든 것 같은 날카로운 바위로 가득했다. 제대로 뛰지 못하면 죽을 것이 분명했다.

"자, 치르쿨리야, 뛰어 보자!"

"네가 먼저 뛰도록 해, 나는 잘 못 뛰거든."

여인이 먼저 시작했다. 치르쿨리는 나중에 뛰었지만 여인보다 더 높이 더 멀리 뛰었다.

"이번에는 달리기를 해 보자."

"나는 할 줄 모르니까 네가 먼저 해 봐."

여인이 먼저 달렸고 치르쿨리는 나중에서 달리기 시작했지만 결국 여인을 앞질렀다. 여인이 말했다.

"이제는 소변을 누는 곳으로 가자."

소변을 누는 곳으로 갔다.

"치르쿨리야, 네가 먼저 해."

"나는 못 해."

여인이 먼저 소변을 누었고 치르쿨리가 여인보다 늦게 시작했지만 치르쿨리는 아주 오랫동안 계속 소변을 누었다.

"여기서부터는 머리를 빗는 곳이 나타날 거야."

과연 머리를 빗는 곳이 나타났다.

"치르쿨리야, 머리를 빗어 봐."

"나는 못 해. 네가 먼저 빗어 봐."

여인이 나무빗으로 치르쿨리의 머리를 빗기기 시작했는데 중간에 빗이 부러졌다. 그러자 동물 뼈로 만든 빗으로 빗었다. 그마저 부러지자 쇠 빗으로 빗기 시작했다. 그런데 아뿔싸! 빗살 하나가 부러졌다. 그런데 빗살이 여인의 가슴에 미끄러져 내리면서 여인은 그 자리에서 죽고 말았다. 치르쿨리는 집으로 되돌아왔다. 옙카찬을 불에 태워 죽인 뒤 엄마에게 가서 자신이 겪은 일을 낱낱이 들려주었다. 엄마는 기쁨을 감당하지 못해 폐가 찢어지면서 죽고 말았다.

무춘노이와 뵤르콜툰 형제

힘이 장사인 형 무춘노이와 동생 뵤르콜툰이 머리가 여섯인 누나와 함께 살고 있었다. 형제는 사냥을 잘하는 멋진 청년들이었다. 누나는 힘이 장사인 식인족 무사와 결혼을 준비하고 있었다. 누나가 동생들에게 곰 사냥을 다녀오라고 했다. 동생들은 사냥을 가면서 곰 가죽을 벗길 때 쓸 나무 깔개를 가지고 갔다. 모닥불을 피울 때 쓸 마른 나무는 사냥터에서 구할 작정이었다.

집을 나선 형제는 한참을 걸어갔다. 숲 속 계곡에 도착하여 먼발치에서 구불구불한 나무, 곰, 부러진 나뭇가지를 보았다. 형은 너무 좋아 노래를 흥얼거렸다.

"무너진 언덕 같은 무춘노이야! 머리 여섯인 누나가 가져오라고 한 것이 여기에 있구나!"

동생이 말했다.

"저기 봐! 곰이야!"

곰이 있는 곳으로 살금살금 걸어갔지만 인기척을 느낀 곰이 먼저 형제를 향해 날렵하게 뛰어올랐다. 그 순간 동생 뵤르콜툰이 곰의 귀를 잡아 땅에 곰을 집어 던졌더니 찍소리도 못하고 그 자리에서 죽어 버렸다. 곰을 끌고 집으로 갔다. 누나는 수고했다며 동생들에게 음식과 포도주를 주었다. 한 잔 두 잔 마시다 형제는 거나하게 술에 취했고 기분이 좋아졌다. 무춘노이가 누나에게 물었다.

"도대체 그렇게 어리숙한 녀석을 어디서 만났어?"

대답 대신 누나는 동생들에게 술을 더 따라 주었다. 걷잡을 수 없이 술에 취한 형제는 깊은 잠에 빠져들었다. 누나는 동생들을 상자에 집어넣어 바다에 빠뜨린 뒤 식인족 무사와 결혼하기 위해 유목을 하면서 출루그디에게 갔다.

형제들은 한 번도 깨지 않고 3년 동안 잠을 잤다. 마침내 잠에서 깨어나 주위를 둘러보았지만 어둠뿐이었다. 무춘노이가 노래했다.

"동생 뵤르콜툰아! 우리가 갇혀 있는 곳이 어디냐? 머리 여섯인 누나가 도대체 우리를 어디에다 가두어 둔 것이냐? 머리 여섯인 누나가 우리를 아주 멋진 무덤 속에 집어넣었구나!"

동생 뵤르콜툰이 잠에서 깨어났다. 사방을 둘러보았지만 어둠만이 흐를 뿐이었다. 여기저기 손으로 두드려 보았다. 형제는 지금 자신들이 있는 곳이 물속이라는 사실을 알게 되었다. 심하게 낙담한 형 무춘노이가 주문을 외우기 시작했다.

"호수의 여신이여! 우리는 지금 당신의 물속에 갇혀 있습니다. 파도를 쳐서 꺼내 주세요! 제발 꺼내 주세요! 제발 살려 주세요! 파도를 일으켜 해변으로 보내 주세요! 코율로보르!"

형제가 탄 상자가 갑자기 흔들리기 시작했다. 뵤르콜툰이 외쳤다.

"형! 무춘노이 형! 상자가 흔들리고 있어! 잘 봐. 상자가 흔들리고 있어! 형도 느끼지? 빨리 나갔으면 좋겠어! 상자 안은 너무 힘들어."

뵤르콜툰이 있는 힘껏 밀자 상자가 더 힘차게 움직이더니 어느덧 해변에 도착했다. 무춘노이가 동생을 불렀다.

"동생아! 뵤르콜툰아!"

뵤르콜툰이 젖 먹던 힘까지 다해 내려치자 상자가 깨지면서 나뭇조각이 사방으로 흩어졌다. 마침내 형제는 나무 상자에서 벗어났다. 태양이 보였다. 한낮이었다. 너무 심하게 배가 고팠지만 먹을 것이 전혀 없었다.

"집에 가려면 어느 쪽으로 가야 하지?"

너무 오랫동안 상자에 갇혀 있었던 탓에 방향 감각까지 잃었다. 태양이 하늘 높이 떠올랐다. 하염없이 걸어가면서 새 사냥을 했다. 새 뼈로 활을 만들어 언치 새를 죽였고 언치 새의 다리뼈로 화살을 만들어 들꿩을 죽였고 들꿩의 다리뼈로 다시 화살을 만들었다. 그다음 멧닭의 가슴뼈로 화살을 만들어 작은 들짐승들과 송아지를 죽였고 멧닭의 종아리뼈로 화살을 만들어 큰 짐승들을 죽였다. 드디어 자신들의 추억이 아로새겨진 옛 땅에 이르렀다. 집에 도착하니 집은 텅 비어 있고 불에 탄 채 아무것도 남아 있지 않았다. 누나는 어디로 갔을까? 천신만고 끝에 누나가 사는 곳을 겨우 알아냈다. 튼튼한 화살을 만들어 누나를 찾아 떠났다. 한참을 걸어 누나가 사는 곳에 이르렀는데 누나는 전나무로 만든 집에 살고 있었다.

"매형 엄청나게 힘이 센가 보군!"

"형! 걱정하지 마! 내가 처리할게."

동생 뵤르콜툰이 누나의 집에 가니 수탉이 있었다. 뵤르콜툰은 한마디 말도 없이 그 자리에서 수탉의 목을 비틀어 죽인 뒤 소리쳤다.

"머리 여섯인 누나! 동생들이 왔다. 멋진 집과 기름진 땅에서 살고 있는 것을 축하해 주러 우리가 왔다."

매형이 물었다.

"파수꾼들은 대체 무엇을 하는 거냐?"

"네 파수꾼들은 우리와 이야기 중이다!"

"이게 무슨 소리냐? 그러고 보니 새가 한 마리도 날지 않는구나. 새소리가 전혀 들리지 않는구나. 하지만 상관없다. 너희들은 어차피 죽은 목숨이다. 내게는 100킬로그램이 넘는 망치가 있다."

만기는 뵤르콜툰과 싸우려고 재빨리 달려 나왔다. 그 순간 뵤르콜툰이 머리를 주먹으로 내리치자 머리가 가루가 되어 사방으로 흩어지면서 최후를 맞이했다. 뵤르콜툰은 누나에게 소리쳤다.

"머리 여섯인 누나! 이리 나와라! 우리에게 그 모습을 보여 주도록 해라!"

머리 여섯인 누나는 끝내 나타나지 않았다. 형제가 집 안으로 들어갔더니 누나는 똥으로 변해 집 안을 이리저리 굴러다녔다. 형제가 똥을 향해 활을 쏘자 누나가 비명을 질렀다.

"아악! 아파! 아무것도 보이지 않아!" 이렇게 형제는 식인족 매형과 머리가 여섯인 누나를 물리쳤다. 이후에도 형제는 함께 살면서 훌륭한 무사가 되었다.

식토불

식토불은 키마 가문의 무사다. 그에게는 남동생, 여동생, 어린 아들이 있었다. 식토불은 매우 민첩했다. 그는 예벤키 오크디릴 가문 사람들과 함께 살았다. 식토불이 화살을 만드는 모습을 본 오크디릴 가문의 여인들이 남자들에게 거짓말을 했다.

"식토불이 우리를 죽이려고 화살을 만들고 있어요."

오크디릴 남자들이 식토불과 싸우려고 모였다. 식토불은 유목을 하고 있었다. 식토불은 앞쪽에서 동생은 뒤에서 걸어갔다. 오크디릴 남자들은 식토불을 죽이려고 떠났고 식토불은 아직 목적지에 도착하지 못한 상태였다. 식토불은 잠시 쉬면서 뒤에 따라오는 동생을 기다리고 있었다. 식토불보다 동생을 먼저 만난 오크디릴 남자들이 동생에게 활을 쏘았다. 동생은 이리저리 피해 보았지만 결국 화살에 맞아 죽고 말았다. 동생이 오지 않아 찾아 가던 식토불은 동생을 죽인 오크디릴 남자들과 마주쳤다. 식토불과 오크디릴 남자들은 서로를 향해 활을 쏘았는데 거짓말이 아니라 잠시 후 오크디릴 남자들이 모두 죽었다. 얼마 뒤 오크디릴 남자들은 여자들이 거짓말을 한 사실을 알게 되었고 거짓말한 여인들을 모두 죽였다.

이 사건이 있고 얼마 뒤, 식토불은 샤먼 야코니를 찾아갔다. 야코니가 샤먼 의식을 거행하라고 강요하여 7일 동안 샤먼 의식을 거행했다. 샤먼 야코니는 곁에 앉아 있던 식토불에게 말했다.

"자네는 7년 동안 살인을 하게 될 것이네. 카르다크를 죽인 다음에야 살인을 멈추게 될 것이야. 카르다크를 죽인 뒤 그의 창자로 올가미를 만들어 그 사이를 빠져나가도록 하게. 그래야만 자네는 살인을 멈출 수 있어!"

샤먼 의식을 끝내고 밖으로 나간 식토불은 오크디릴 가문의 사람들을 정신없이 두들겨 팼다. 그러고 길을 가던 식토불은 호춤쿠라는 자신과 비슷한 또래의 남자를 만났다. 그들은 활쏘기 내기를 했는데 실력이 얼마나 팽팽했는지 아무리 활을 쏘아도 시합은 끝날 줄 몰랐다. 결국 칼 겨루기를 하기로 했다. 이 또한 도저히 끝날 기미가 보이지 않았다. 둘은 쓰라린 비통의 눈물을 삼켰다. 호춤쿠를 죽이는 데 실패한 식토불은 다른 사람들을 죽이면서 돌아다녔다.

식토불이 부랑자가 되어 돌아다닌다는 사실을 예벤키 사람 모두가 알게 되었다. 식토불의 여동생은 호춤쿠의 여동생과 나란히 살면서 함께 유목을 하러 다녔다. 두 아가씨는 서로 경쟁하듯이 놀려 댔는데 항상 호춤쿠의 여동생이 먼저 시비를 붙였다.

"나무 밑동을 자르면서 식토불이 멀리서 오고 있네. 살인자 식토불이 오고 있네!"

버려진 유목지의 쓰러져 가는 유르타에 식토불의 여동생이 생선 건조용 막대기를 걸어 두었다. 얼마나 오랫동안 사람의 손길이 닿지 않았는지 이끼가 파랗게 끼었다. 식토불은 막대기가 여동생이 만든 것임을 한눈에 알아봤다. 식토불은 여동생을 그리워하면서 막대기를 들고 길을 걸어갔다. 그런데 주위에 있던 예벤키 남자들이 옆에 식토불이 가는 줄도 모르고 수군거렸다.

"식토불은 잘난 척하면서 발을 쾅쾅 구르며 또 살인을 하러 이 길을 지나 어디론가 갔을 거야!"

이 소리를 들은 식토불은 이렇게 응대했다.

"아니지! 발을 쾅쾅 구르긴! 힘없이 발을 질질 끌면서 갔겠지!"

식토불은 아무런 거리낌 없이 마치 풀 베듯 남자들을 칼로 베어 죽였다. 샤먼들은 동물들이 식토불 근처에도 가지 말게 해 달라며 식토불에게 저주를 퍼부었다. 식토불이 나타나기 3일 전에 이미 동물들은 그 사실을 알아채고 어딘가로 달아났다. 동물 사냥을 못 하게 된 식토불은 심하게 배가 고팠다. 굶주림에 허덕이다 짐승을 잡은 한 남자를 발견하여 활을 쏘면서 곁으로 다가갔다.

"너는 누구냐? 어느 가문 출신이냐?"

"저는 식토불의 아들입니다."

식토불은 하염없이 눈물을 흘렸다. 하마터면 아들마저 죽일 뻔했다. 아들임을 알고 나서 아들에게 고기를 나누어 달라고 부탁했다. 함께 고기를 먹으면서 끝도 없이 많은 이야기를 나눈 뒤 아들과 나란히 누워 잠을 잤다.

식토불은 아침에 일어나 아들과 헤어진 뒤 다시 길을 떠나 부랑 생활을 했다. 그러다 뜻하지 않게 유목을 하는 오크디릴 가문의 사람들을 만났다. 식토불은 유르타에서 나오는 오크디릴 가문의 남자를 아무 이유 없이 그 자리에서 죽였다. 그 남자가 바로 카르다크였다. 그제야 식토불은 샤먼 야코니가 했던 말이 기억이 났다.

"맞다! 샤먼 야코니가 말한 게 바로 이거야!"

식토불은 샤먼 야코니가 시킨 대로 카르다크의 창자를 꺼내 올가미를 만든 뒤 기어서 올가미를 빠져나갔다. 그런데 빠져나오다 그만 다리를 찔리고 말았다. 그때 오크디릴 남자들이 식토불을 쫓아왔다. 식토불은 우물 안에 숨었다. 그걸 미처 알아차리지 못한 남자들은 우물을 그냥 스쳐 지나갔다. 남자들이 떠난 뒤 식토불은 유유히 우물에서 나와 집으로 갔다. 이후 식토불은 늙어서 죽을 때까지 한 번도 집을 떠나지 않았다. 식토불이 백발이 성성한 노인이 되었을 때 남자들이 식토불을 찾아왔다. 남자들을 본 식토불이 아들들에게 말했다.

“저자들이 나를 죽이러 오는구나! 다들 몸을 피해라! 나를 죽이게 내버려 두어라. 나는 지금까지 살았으면 충분하단다. 많은 사람들을 죽였구나. 늙었으니 지금 삶을 끝마쳐도 여한이 없단다. 너희들은 숨도록 해라. 나는 여기에서 저자들을 기다리겠다.”

식토불의 아들들은 살얼음 밑에 숨었다. 드디어 남자들이 왔다. 식토불의 활은 집 밖의 벽에 걸려 있었다. 남자들이 그의 활을 들고 안으로 들어오자 식토불이 말했다.

“나를 죽여 나의 심장을 먹게. 내 심장을 먹으면 나처럼 강해질 거네. 그렇게 되더라도 절대 살인은 하지 말게!”

남자들은 식토불을 죽인 뒤 심장을 꺼냈다. 그런데 다른 사람들의 것과 달리 그 심장은 털로 뒤덮여 있었다. 남자들은 식토불의 심장을 먹으려 하지 않았다. 식토불과 같은 삶과 최후를 밟게 되는 것이 두려웠기 때문이다.

나라불[23]

가크데라는 타니모 가문 출신이다. 강 건너편에는 신타불이 살았다. 둘은 힘이 센 무사였다. 둘이 결투를 하게 되었는데 신타불이 가크데라를 이겼다. 신타불은 그 대가로 타니모 가문의 아가씨들을 데려갔다. 가크데라에게는 나라불이라는 친구가 있었는데 가크데라보다 훨씬 힘이 셌고 무척 날렵했다. 가크데라가 말했다.

"네가 나보다 힘이 훨씬 더 세. 번번이 내가 지잖아! 부탁이 있어! 신타불이 데려간 우리 가문의 아가씨들을 찾아오고 싶어! 좀 도와줘!"

나라불은 도와주겠다고 약조했다. 많은 예벤키 사람들이 모여 신타불이 사는 곳으로 갔다. 나라불과 삼촌도 함께 갔다. 삼촌은 나라불보다 힘이 더 센 데다 절대 굽힐 줄 몰랐다. 샤먼들이 앞장섰고 청년들은 활 부대를 조직해서 뒤따라갔다. 신타불의 유르타에 도착했다. 나라불이 근처에 가니 신타불의 순록들이 깜짝 놀라 사방으로 달아났다. 느닷없이 순록들 소리에 놀란 신타불이 무슨 일인지 알아보려고

23) 예벤키어로 나라는 '황소'라는 의미다.

밖으로 나와 사방을 둘러보았다. 주위는 아주 평온했다. 그래도 신타불은 안심할 수 없어 무슨 일인지 알아보려고 분주히 이리저리 돌아다녔다. 그사이 나라불은 신타불이 눈치채지 못하게 그 뒤를 졸졸 따라다녔다. 신타불이 유르타 안으로 들어가자 나라불도 함께 들어갔다. 신타불은 조금 이상하다는 생각을 떨쳐 버리지 못한 채 유르타 중앙에 가만히 앉아 생각에 잠겼다. 나라불도 유르타의 중앙에 가서 앉았다. 잠시 후 신타불이 나라불을 발견하여 서로 이야기를 나누던 중 나라불이 말했다.

"가크데라의 아가씨를 찾으러 왔네."

잠시 후 모든 예벤키 사람이 신타불의 유르타 앞으로 몰려왔다. 신타불은 자신의 사람들 중 가장 힘이 센 사람이 누구인지 짚어 보느라 정신이 없었다. 그 순간 나라불은 자신의 힘을 보여 주기 위해 앉은 자리에서 손으로 나무를 한 대 쳤다. 나뭇가지들이 파르르 떨면서 나뭇잎이 떨어지기 시작하더니 이내 나무는 벌거숭이가 되었다. 신타불은 드디어 상황을 파악했다. 신타불과 나라불은 오늘은 이쯤에서 헤어지고 다음 날 아침 겨루기를 하자고 합의했다.

아침 녘에 모닥불을 아주 크게 활활 피웠다.[24] 모닥불의

---

24) 예벤키 가문 간의 싸움은 대개 투사들, 즉 싸움을 이끄는 사람들의

절반에는 샤먼들이 앉아 있었고 절반에는 남자들이 앉아 활을 점검하고 있었다. 그때 한 남자가 칼을 가지고 와서 말했다.

"나라불의 칼보다 신타불의 칼이 더 무겁군."

나라불과 신타불의 칼을 나란히 놓았다. 나라불의 칼이 더 단단하고 더 날카로웠다. 먼저 칼을 잡는 쪽이 먼저 공격하자고 합의했다. 둘은 칼을 겨루기 위해 달려 나갔다. 나라불이 칼을 집으려고 하는 순간 신타불이 먼저 나라불의 손을 내리쳤다. 나라불은 손과 엄지손가락에 상처를 입었다. 나라불도 참을 수 없다 싶어 잽싸게 달려 나가는데 신타불이 어느새 그 뒤에서 달려오고 있었다. 그런데 갑자기 나라불이 뒤로 돌아서면서 신타불에게 달려와 손을 내리쳤다. 신타불의 엄지손가락이 잘려 나갔다. 나라불이 뛰어가면서 소리쳤다.

"이제는 여기서 겨루어 보자. 서로 단칼에 베어 버리자."

이를 간절히 원한 사람은 오히려 신타불이었다. 신타불은 엄지손가락을 동여맸다. 약이 잔뜩 오른 나라불의 엄마

대결로 귀착된다. 동시에 샤먼들끼리의 대결도 같이 이루어진다. 가문들이 만나면 모닥불을 피운다. 한쪽에는 무사들이 둘러앉고 다른 쪽에는 샤먼들이 둘러앉는다.

는 신타불의 뒤를 분주히 쫓아다니면서 험담을 늘어놓았다.

"숨어 사는 음침한 인간 같으니! 거짓말쟁이!"

가크데라가 말했다.

"죽여!"

나라불은 그 말을 받아들일 수 없었다. 나라불은 신타불을 죽이고 싶지 않았다. 나라불이 말했다.

"나는 할 수 없소! 다른 사람이 나와서 하시오!"

그 순간 신타불이 간절히 부탁했다.

"내게는 아무것도 필요 없소. 여자들을 모두 돌려주겠소. 이쯤에서 그만둡시다!"

나라불은 그 말에 선선히 동의했다. 신타불이 데리고 갔던 타니모 가문의 아가씨들을 데리고 와서 가크데라에게 인도했다. 타니모 가문의 청년들은 신타불 가문의 아가씨들과 결혼을 한 뒤 집으로 데리고 갔다. 집으로 돌아올 때 나라불은 자신의 아내들을 어깨에 태워 강을 건넜다.

신타불의 샤먼들은 나라불에게 후손이 없게 해 달라고 주술을 걸었다. 그래서인지 나라불은 아내가 둘이나 있었지만 아이는 없었다. 나라불은 타니모 가문의 마지막 무사로 남게 되었다.

누르고불

태초에 누르고불과 우론이 있었다. 우론 가문은 규모가 컸다. 누르고불과 그 가문의 사람들은 우론 가문을 찾아가고 있었다. 그런데 그때 누군가 우론 가문을 멸족하자고 부추겼다. 이 말에 넘어간 누르고불은 우론의 남자들을 다 죽이기로 마음먹었다. 갑작스러운 누르고불 가문의 공격에 우론 사람들은 혼비백산하여 정신없이 도망갔다. 누르고불 사람은 강을 건너 도망가는 남자에게도 활을 쏘았다. 남자는 치명상을 입었고 아내의 부축을 받아 간신히 아버지 집에 갔지만 결국 죽었다. 아내는 누르고불 가문에 붙잡혀 갔다. 그들의 피붙이 아들은 어쩔 수 없이 할아버지의 손에서 크게 되었다.

할아버지는 손자가 여덟 살이 될 때까지 묵묵히 키웠다. 손자가 여덟 살이 되는 해 할아버지는 손자에게 화살 피하는 법, 나무 화살을 만드는 법, 모닥불 피우는 법을 가르쳤다. 용케 나무 화살을 피하자 더 먼 곳에서 화살 피하는 법을 가르쳤다. 그것마저 다 익히자 더 먼 곳에서 쇠 화살 피하는 법을 가르쳤다.

소년은 참으로 민첩했다. 단 한 차례도 화살을 맞지 않았다. 정말 거짓말같이 화살을 잘 피했다. 아홉 살 되던 해, 나무에 새겨진 이상한 표식을 발견한 소년이 할아버지에게 물었다.

"이 표식은 누가 새겨 놓은 거예요?"

"모른다."

"할아버지, 제발, 알려 주세요. 모든 걸 말해 주세요."

세 번을 할아버지에게 조르자 결국 할아버지는 소년에게 제안을 했다.

"동물 사냥을 해 오너라. 그럼 말해 주마."

소년이 아주 큰 동물을 많이 잡아 오자 할아버지는 하던 일을 중단한 채 모든 사실을 들려주었다.

"누르고불이 네 아버지를 죽였단다."

"할아버지, 누르고불이 얼마나 힘이 센지, 내가 얼마나 더 자라야 그를 이길 수 있는지 솔직하게 말해 주세요."

모든 이야기를 들은 소년은 피가 거꾸로 솟는 것 같았다. 소년은 밖으로 나가 나무에 새겨진 표식을 따라 걸어갔다. 한참을 걸어가니 표식이 끝나는 지점에서 유르타 아홉 채가 있는 마을이 나타났다. 그중 가장 큰 유르타로 들어갔다. 아이가 유르타 안으로 들어가니 엄마가 대번에 아들을 알아보았다.

"너는 누구의 아들이니?"

"누구의 아들인지 모릅니다."

"내 아들하고 너무나 닮았구나!"

"바로 제가 아들입니다."

"누르고불이 오더라도 절대 너의 정체를 드러내지 말거라."

"그 사람은 언제 오나요?"

"저녁에 올 거다."

"먹을 것 좀 주세요! 배가 너무 고파요. 아주 오랫동안 걸어왔거든요."

"누르고불이 고기의 수를 다 세어 놓아서…. 없어지면 금방 눈치챌 텐데…. 그래도 먹을 테냐?"

아들이 그래도 먹겠다고 하자 엄마는 다리를 주었다. 저녁에 누르고불이 왔다. 유르타 안에 들어오기도 전에 걸어 둔 고기를 세어 본 뒤 말했다.

"다리 하나가 없어졌네."

다시 세어 본 뒤 유르타 안으로 들어와서 말했다.

"어떤 놈이 왔어? 대체 누구에게 고기를 준 거야? 저놈이야?"

"저 아이에게 주었는데 다 먹었어요."

"대체 저 아이는 누구냐? 불쌍해 보이는구나! 더 주도록 해라! 고아인 것 같군. 고기를 삶게 솥에 피를 부어."

그때 소년은 마음속 깊이 감추어 두었던 분노를 폭발했다.

"네가 내 아버지를 죽였느냐?"

"네 아비의 이름이 무엇이냐? 너는 나의 이름을 아느냐? 다시 묻겠다. 네 아비의 이름이 무엇이냐? 분명 너는 내가 누군지 알고 있구나."

"당연히 알고 있지!"

"그렇다면 내 이름이 무엇이냐?"

"너는 누르고불이 아니더냐!"

누르고불은 유르타 위의 굴뚝을 통해 밖으로 달아났다. 그 바람에 소년은 누르고불에게 칼 한번 제대로 겨눠 보지 못했다. 눈 깜짝할 사이 누르고불이 눈앞에서 홀연히 사라졌다. 누르고불은 치사하게 다른 유르타로 들어가서 얼른 옷을 갈아입었다. 소년은 유르타를 샅샅이 뒤져 결국 누르고불을 찾아냈다. 누르고불이 말했다.

"네가 아무리 힘이 세다고 해도 이곳의 사람들을 모두 죽이지는 못할 것이다!"

누르고불이 소년에게 활을 쏘았지만 빗나갔다.

"자, 이제는 내가 활을 쏠 차례군."

모든 사람을 죽였다. 이제는 힘이 가장 센 한 사람만이 남아 있었다.

"내 아버지를 죽인 것처럼 너를 죽여 주겠다."

심장에 활을 쏘아 죽였다. 어머니를 데리고 집으로 가니 할아버지가 말했다.

"이제부터 너는 진짜 무사다!"

누르가울

니즈냐야 퉁구스카 강으로 흘러들어가는 일림페야 강 근처에 150년 전에 누르가울이라는 예벤키 남자가 있었다. 그에게는 두 딸과 헤바칸이라는 남동생이 있었다. 누르가울은 무척 힘이 세고 민첩했다. 그의 화살을 피할 수 있는 예벤키 사람은 아무도 없었다. 그런데 누르가울은 어디서 날아오든 상관없이 화살을 모두 피할 수 있었다. 그는 자신이 최고라고 생각하면서 주위의 모든 사람들을 무시했다. 사람들을 착취하고 죽이고 닥치는 대로 다 빼앗았다. 그의 이름이 떠오르면 사람들은 공포를 느꼈다. 유목을 하거나 같은 지역에 살게 될 경우 불행을 막으려고 그를 피해 멀리 도망갔다.

누구라도 그의 눈에 띄면 살아남기 힘들었다. 직접 죽일 사람을 찾아 나서기도 했다. 누구라도 걸리면 가차 없이 죽였고 재물을 몽땅 빼앗아 갔다. 어느 날 그가 죽일 사람들을 찾고 있을 때 제법 부자인 예벤키 가족이 그의 눈에 띄었다. 그들 가운데 노쇠한 노인이 한 명 있었다. 노인은 한 살 된 남자아이와 함께 구석에 앉아 있었고 다른 사람들은 모두 싸우러 밖으로 뛰쳐나갔다. 누르가울의 사전에 자비란 없었다. 누르가울은 가족들을 모조리 죽였다. 유르타 안으로 들어간 누르가울은 아이의 요람을 밀어 주고 있는 노인을 발견했다. 노인은 울면서 아이를 죽이지 말아 달라고 애원했다. 누르가울이 다가가서 아이를 보았다.

"좋다. 이 아이는 죽이지 않겠다. 이 아이가 사내아이란 걸 알았지만 죽이지 않겠다."

이게 누르가울의 운명을 바꾸어 놓게 될 줄은 누르가울 자신도 몰랐으리라! 누르가울은 가재도구를 하나도 빠뜨리지 않고 다 가지고 갔다. 누르가울이 떠난 뒤 노인은 후르코칸이란 이름의 이 아이를 길렀다. 노인은 죽은 사람들을 위해 아이를 복수의 화신으로 기를 작정이었다. 다섯 살부터 아이는 활과 화살을 다루는 법을 배웠다. 열다섯 살 무렵 후르코칸은 어떤 화살도 피하게 되었다. 후르코칸은 무척 기민했다. 열일곱 살이 되던 해 후르코칸이 노인에게 말했다.

"누르가울을 찾아 부모님의 복수를 하겠어요."

노인은 기꺼이 보내 주었다. 때는 마침 살얼음이 덮이는 시기였다. 후르코칸은 스키를 타고 길을 떠났다. 청년은 타이가를 오랫동안 돌아다닌 끝에 최근에 생긴 스키 자국이 있어 따라갔다. 어느 곳에 이르니 순록을 잡아서 끌고 간 흔적이 있었다. 계속 흔적을 따라갔더니 조금 전에 사람이 머물렀던 흔적이 있었다. 잡은 지 얼마 되지 않은 고기도 있었다. 멈추어 고기를 구워 먹는데 누군가 순록을 타고 오는 소리가 들렸다. 자리에서 벌떡 일어나 싸울 준비를 하고 보니 두 여인이었다. 두 여인이 가까이에 오자 후르코칸이 물었다.

"어느 집안 출신이오?"

"누르가울 가문이에요."

후르코칸은 드디어 찾았다는 생각에 얼굴에 희색이 돌았다.

"그렇군, 저에 대해 누르가울에게 아무 말도 하지 마세요. 만일 한 마디라도 꺼낸다면 당신들부터 죽일 거예요. 나와 한 약속을 지키면 당신들을 아내로 맞이하겠소."

아가씨들은 너무 놀란 나머지 일언반구도 못 한 채 아무 말도 하지 않겠다고 약속했고 순록 고기를 싣고 집으로 갔다. 후르코칸은 아무도 눈치채지 못하게 멀찌감치 뒤에 떨어져서 갔다. 집에 도착해 짐을 내렸다. 누르가울이 다가와 사람의 흔적이 없었냐고 묻자 딸들이 대답했다.

"없었어요. 못 봤는데요."

누르가울은 고기를 불 위에 올려놓은 뒤 집 안으로 들어갔다. 고기가 다 익어 식탁에 올려놓는 순간 예기치 않았던 불청객이 찾아왔다. 누르가울은 화들짝 놀랐다. 후르코칸이 말했다.

"너는 내 아버지, 어머니, 형, 누나 들을 죽였다. 그들의 원수를 갚으러 왔다. 밖으로 나오너라! 한판 붙어 보자."

누르가울은 활과 화살을 들고 밖으로 나갔다. 후르코칸이 말했다.

"자, 활을 쏘자. 네가 나이가 더 많으니 먼저 쏘아라."

누르가울은 활을 쏘았다. 민첩한 후르코칸은 누르가울의 화살을 피했다. 다음 후르코칸이 활을 당기면서 말했다.

"너는 분명 활 쏘는 법을 익혔을 것이다. 그런데 그렇게밖에 못 쏘느냐! 자, 보거라! 내가 어떻게 쏘는지!"

이 말과 함께 활을 이마를 향해 정통으로 당겼고 다른 화살은 가슴에 명중시켰다. 누르가울이 비명을 지르면서 말했다.

"나는 죽을 것이다. 하지만 나의 장례식을 치를 수 있도록 내 동생은 살려 주길 간절히 부탁한다."

누르가울은 죽었다. 후르코칸은 누르가울의 동생은 살려 두었고 아가씨 한 명을 아내로 맞이한 뒤 재물을 몽땅 챙겨서 할아버지에게로 갔다. 누르가울의 동생은 산에서 서둘러 형의 장례식을 치른 뒤 다른 곳으로 떠났다. 이후 이 산은 누르가울 산이라고 불리게 되었다.

초로[25)]

300년 전에 초로라는 예벤키 남자가 있었다. 초로가 어렸을 때 옵초콘 가문의 무사가 그의 부모님을 죽이는 바람에 초로는 할아버지의 손에 길러졌다. 당시 옵초콘 가문의 무사는 무척 많은 집을 부수고 무수히 많은 사람들을 죽였다. 사실 무사들은 처음부터 싸우거나 죽일 생각이 있었던 것은 아니었다. 처음에는 활쏘기 시합을 하는 정도였다. 몇 걸음 떨어진 곳에서 서로에게 활을 쏘기로 했다. 무사들은 등에 200~300개 정도의 화살이 든 화살통을 메고 있었다. 두 무사의 실력이 얼마나 뛰어났는지 화살이 다 떨어질 때까지 승패를 가르지 못했고 결국 그들은 화해를 했다. 하지만 옵초콘 가문의 무사는 약속을 어기고 어둠이 짙어질 때까지 몰래 숨어 있다가 초로의 부모님과 친척들을 죽이기로 작정했다. 결국 초로의 부모님은 돌아가셨다.

할아버지는 손자가 크자 화살 피하는 법을 가르쳤다. 처음에는 손자에게 불을 붙인 목탄을 던졌다. 손자가 불타는 목탄을 잘 피하자 화살 끝에 불타는 목탄을 끼워서 활을 쏘

---

25) 입이 크다는 의미다.

았다. 이것도 피하자 할아버지는 진짜 화살을 쏘았는데 손자는 이마저도 피할 수 있었다.

손자는 여덟 살이 되자 옵초콘 가문을 찾아 떠났다. 할아버지는 그들이 사는 곳을 미리 알려 주었다. 초로는 할아버지에게 7일 뒤에 오겠다고 말했다. 7일이 지나도 오지 않으면 죽은 것으로 생각하고 더 이상 기다리지 말라고 덧붙였다.

3일 동안 걸어가서 열 채의 유르타가 있는 마을에 도착했다.

"여기에 내 아버지, 어머니를 죽인 자가 있다는데 누구냐? 당장 이리 나오너라!"

옵초콘이 모습을 드러내면서 말했다.

"어린아이가 쓸데없이 목숨을 내어놓으려 하는구나! 하룻강아지가 범 무서운 줄 모르고 날뛰는구나!"

"길고 짧은 것은 대 봐야 아는 법! 누가 이기는지 두고 보자!"

"누가 먼저 시작할까?"

"네가 나이가 더 많으니 네가 먼저 시작해라!"

옵초콘이 아래쪽으로 화살 세 개를 쏘았는데 초로는 모두 피했다. 초로가 말했다.

"이것이 마지막이냐?"

"그렇다, 마지막이다."

드디어 초로가 쏠 차례가 되었다. 첫 번째 화살은 엉덩이에, 두 번째 화살은 심장에, 세 번째 화살은 이마에 가서 꽂혔다. 초로는 두 명의 여인을 제외한 모든 사람을 죽였다. 초로는 두 여인과 순록, 옵초콘의 재산을 몽땅 가지고 집으로 돌아왔다.

그렇게 유목을 하면서 초로는 네 여인을 아내로 맞이했다. 초로는 모두 일곱 명의 아내를 두었다. 초로는 훌륭한 무사가 되었고 많은 일꾼들을 거느렸으며 상당한 재산을 가지게 되었다. 일곱 아내로부터 일곱 아들을 낳았다. 첫째는 쿠도기르, 둘째는 판가라카이, 셋째는 몬고, 넷째는 하차카기르, 다섯째는 히초기르, 여섯째는 올루불, 일곱째는 푸투기르였다. 일곱 명의 아들들은 카톤가 강에서 훌륭한 예벤키 남자로 성장했다.

초로의 날렵함과 강인함에 대한 이야기는 끝도 없었다. 이런 일도 있었다. 어느 날 초로는 도끼와 4킬로그램의 창을 가지고 곰 사냥을 갔다. 일단 곰 굴 가까이 가서 쓰러져 있는 자작나무 꼭대기에 창을 꽂았다. 그러고는 한 치의 두려움도 없이 곰 굴로 뚜벅뚜벅 걸어가서 곰들을 밖으로 유인했다. 곰들이 다가오자 한 놈씩 창으로 찌른 뒤 목을 잘랐다.

또 이런 일도 있었다. 그의 집에서 멀지 않은 곳 어딘가에 친척이 다섯 명 살고 있었다. 어느 날 열 명의 식인이 친척들을 습격했다.

"시합하자. 우리에게 아주 재미있고 신기한 놀이 기구가 있어."

초로의 친척들은 울며 겨자 먹기로 식인들이 인도하는 곳으로 갔다. 나무로 만든 놀이 기구였는데 닫혀 있었으며 천으로 덮여 있었다. 그곳으로 기어 들어간 식인들은 한참을 노닥거리더니 다시 나왔다. 식인들은 초로의 친척들에게 자신들처럼 하라며 놀이 기구로 들여보냈다. 그리고 잠시 뒤 끈을 잡아당기자 초로의 친척들은 옴짝달싹 못 하고 모두 그곳에서 죽음을 맞이했다. 식인은 웬일인지 한 청년만은 살려 두었다.

식인들은 청년을 앞세우고 초로가 있는 곳으로 유목지를 옮겼다. 식인들이 잠시 쉬는 틈을 타 청년이 도망을 쳤다. 밤이 될 무렵 초로에게 도착한 청년은 친척들이 죽은 이야기를 들려주었다. 초로가 식인들을 찾아가자 식인들이 말했다.

"먼저 누가 센지 한번 겨뤄 보자!"

"그게 좋겠구나!"

식인들은 초로의 친척들을 죽인 놀이 기구가 있는 곳으로 초로를 데리고 갔다. 초로가 말했다.

"어떻게 내기를 하는 건지 너희들이 더 잘 알 테니 내게 먼저 시범을 보여 다오!"

식인들이 모두 놀이 기구로 기어 들어가자 초로가 말했다.

"끝에 달린 납작한 끈을 어떻게 해야 하느냐?"

"잡아당기면 돼!"

초로가 끈을 잡아당겨 식인들을 모두 죽였다. 그 순간 부모님에 대한 원한이 폭발한 청년은 이미 죽은 식인들을 흠씬 두들겨 패면서 욕을 퍼부어 댔다.

"너희들이 우리 부모님을 이렇게 죽였어! 이 나쁜 놈들! 용서할 수가 없어!"

그 뒤 초로는 나타이오 산 근처로 유목지를 옮겼다. 그때 안가라 강 인근의 무사가 초로에게 함께 사냥을 가자고 부탁했다. 초로는 나타이오 산 정상을 가리키면서 저기로 가자고 했다. 어스름이 걷히고 동이 트자 함께 떠났다. 초로는 이미 노년이었다. 나타이오 산 정상에 올라간 초로가 말했다.

"곰 발자국이 어디에 있는지 잘 살펴보게."

초로는 큰 자작나무를 잘라 창을 만들었다. 한참을 가다가 곰 열여덟 마리를 발견했다. 안가라 강의 무사는 뒤에 멀찌감치 떨어져 있었다. 초로가 곰에게 다가갔다.

"이봐, 한 마리씩 이리 오너라!"

곰이 다가오면 거침없이 창으로 찌른 뒤 목을 베었다. 이렇게 곰 열여덟 마리를 모두 죽였다. 그런데 동행한 안가라 강의 무사가 보이지 않았다. 초로가 애써 찾아보았지만 그림자 하나 보이지 않았다. 초로는 3일 동안 혼자 곰의 가죽을 벗기고 내장을 잘라 냈다.

3일째 되는 날 저녁 무렵 무사가 부스스한 상태로 나타났지만 초로도 무사도 말을 아꼈다. 나흘째 되던 날 초로는 친척 여자를 통해 안가라 강의 무사가 가장 큰 곰의 발톱을 방울처럼 개의 얼굴에 달아 놓았다는 이야기를 들었다. 이는 초로를 조롱하는 것이나 다름없는 행동이었다. 초로는 분노를 참다못해 얼굴이 검푸르게 변하면서 몸을 부들부들 떨었다. 초로는 저녁에 직접 무사를 찾아가 아주 심하게 꾸짖었다. 다음 날 아침 초로가 말했다.

"무사에게 곰을 직접 끌고 와서 삶으라고 해."

무사는 초로가 시키는 대로 했다. 고기가 다 삶아져 초로에게 같이 식사를 하자고 했지만 초로는 거절했다. 사람들이 식사를 끝내자 초로가 와서 솥에 담긴 큰 곰의 머리에 꽂힌 칼을 뽑아 개에게 던져 주었다.

안가라 강 무사의 부모는 무사의 잘못을 용서해 주고 화해하자는 뜻으로 자신의 딸을 초로의 아들에게 주었다.

소두 소르돈초 솔다니

태초에 지구가 큰 공과 비슷했을 때의 이야기다. 중간세계에 한 무사가 태어났다.

한 번만이라도 "멍!"이라고 말하고 싶었지만 그렇게 말할 개가 없었다.

한 번만이라도 "친구!"라고 불러 보고 싶었지만 그렇게 말할 친구가 없었다.

한 번만이라도 "형!"이라고 불러 보고 싶었지만 그렇게 말할 형이 없었다.

한 번만이라도 "아버지!"라고 불러 보고 싶었지만 그렇게 말할 아버지가 없었다.

한 번만이라도 "어머니!"라고 불러 보고 싶었지만 그렇게 말할 어머니가 없었다.

무사의 이름은 소두 소르돈초 솔다니였다. 솔다니는 혼자 살았다. 매일 아침 일찍 일어나 사냥을 했는데 누구도 따라올 수 없는 최고의 사냥꾼이었다. 솔다니 앞에서는 날개가 두 개인 작은 새도 날갯짓을 두 번 이상 하지 못했고 다리가 네 개인 동물들도 네 번 이상 뛰지 못했다. 솔다니는 어느덧 노년에 들어섰다.

어느 날 식사를 마친 솔다니는 자신의 옷 중 가장 좋은 옷들만 챙겼다. 무사답게 활과 화살을 들고 유르타 밖으로 나갔다.

"유르타야, 네가 나와 함께한 시간이 길었든 짧았든 어쨌든 너를 두고 떠나는 나를 용서해라. 오늘부터 70년 혹은 80년 뒤에도 내가 돌아오지 않거든 죽었다고 생각해라."

솔다니는 엄청 빨리 걸었다. 피곤하다고 말하면 피곤한 거 같았고 힘이 빠졌다고 말하면 힘이 빠진 것 같았다. 그렇게 길을 가면서 솔다니는 오래된 오솔길도 보았고 사람의 발자국도 보았으며 병든 사향고양이의 발자국을 닮은 무언가도 보았다. 솔다니는 오솔길을 따라 계속 걷다 불현듯 이런 생각을 했다.

'도대체 나는 왜 이런 운명일까? 태어난 뒤 지금껏 혼자 살았어. 형이 있다고는 하지만 어디에 사는지도 모르잖아…. 아! 이제는 사람들을 만나 보고 싶구나!'

걸어가면서 혼잣말을 했다.

"이 세상에 나보다 강한 사람은 없을 거야."

그때 앞에 무언가 아주 거대한 물체가 솔다니를 향해 거침없이 오고 있었다. 솔다니는 살면서 한 번도 놀라 본 적이 없었는데 지금은 진짜로 너무 놀라 정신이 빠지는 줄 알았다. 솔다니가 놀란 가슴을 쓸어내리며 그쪽으로 걸어갔더니 마주 오던 사람이 말했다.

"맛있겠다! 먹을 것이 제 발로 걸어오네!"

"네가 아무리 힘이 세고 덩치가 크다고 해도 나를 단숨에 잡아먹지는 못할 거다! 둘이 겨뤄 보자. 우리 중 누가 힘이 더 센지 겨뤄 보자!"

이리 치고 저리 치면서 싸우기 시작했다. 얼마나 오랜 시간이 흘렀을까? 알 수가 없었다. 어느 날 잠시 쉬면서 얼마나 싸웠는지 헤아려 보았다. 그사이 30년의 세월이 훌쩍 지나갔다. 잠시 뒤 다시 싸움을 시작했는데 도중에 솔다니가 말했다.

"멈춰! 기다려! 어떻게든 화해를 하자. 나는 살고 싶어."

이 말을 정말로 못 들은 걸까? 상대가 솔다니를 주먹으로 한 대 내리치자 솔다니는 곧 숨이 멎을 것 같았다. 솔다니는 아주 가쁘게 숨을 몰아쉬면서 말했다.

"형! 무사 올룩투크 오르단차 올다니! 내 말 좀 들어 봐! 곧 숨이 멎을 거 같아! 귀신이 내 숨통을 조이고 있어!"

이 말을 마친 뒤에도 솔다니는 여전히 살아 있었다. 그 순간 지하에서 형의 목소리가 들려오더니 얼마 지나지 않아 형이 눈앞에 나타났다.

"솔다니야, 예전에는 그렇게 건강했는데…. 힘이 없는 걸 알면서 어째서 싸움을 시작했니?"

형은 동생을 귀신에게서 구하고 싶었다. 형이 주먹으로 귀신을 세 차례 내리치자 귀신이 말했다.

"무사야, 힘이 무척 세졌구나. 멈춰! 잠깐 기다려. 그렇게 힘이 세어졌다고 내 숨통을 끊어 놓을 생각은 하지는 마!"

"나는 귀신이 사람을 죽이는 중간세계에서 태어났어. 나는 사람이고 너는 귀신이다! 내가 너를 죽이는 것은 당연한 이치다!"

올단디칸[26]은 무사답게 귀신의 숨통을 끊은 뒤 말했다.

"솔다니야, 이리 와라. 같이 귀신의 목을 잘라서 나무 그루터기 안에 집어넣자."

형제는 잠시 쉬면서 그동안 밀린 이야기를 나누었다.

"솔다니야! 이제 어디로 갈 거니?"

"지금껏 혼자 돌아다녔어. 그러다 우연히 귀신을 만나 싸우게 되었지. 귀신이 나를 죽이려 해서 형에게 도움을 청한 거야. 어디로 가야 될지 모르겠어!"

"네가 가고 싶은 곳으로 가! 도중에 또 위험에 처하면 나를 불러. 아무리 먼 곳에 떨어져 있어도 달려갈게. 나는 지하세계의 귀신을 죽이러 가야 돼. 자, 솔다니야! 얼마나 오랫동안 못 보게 될지 모르지만 여기서 작별 인사를 하자!"

---

26) '올다니'를 다르게 부르는 이름이다.

"형! 형에게 무슨 일이 생기면 중간세계의 끝까지라도 찾으러 갈게!"

형제는 헤어졌다. 무사 솔다니는 제 길을 향해 떠났다. 한참을 가다 보니 앞쪽에서 이상한 소리가 들렸다.

"누구냐! 대체 어떤 망할 놈이 이 무사의 앞을 가로막는 거냐? 도대체 무엇을 찾고 있는 거냐? 괜히 땅을 더럽히지 말고 꺼져라! 내 뒤를 따라오면 늪의 흙덩어리처럼 완전히 뭉개 버리겠다! 통나무 조각처럼 완전히 쪼개 버리겠다!"

무사 솔다니는 분노로 인해 소장이 거의 찢어지는 듯했고 대장은 거의 터지는 것 같았다. 터지려는 대장을 가까스로 억눌렀다. 솔다니는 활을 들어 위로 겨누면서 말했다.

"화살아! 나를 태우고 나를 화나게 한 여인이 있는 곳으로 날개 달린 듯 빨리 날아가자! 이 모욕을 앙갚음하게 해 다오!"

솔다니는 활을 잡아당겼다. 화살을 쏘고 나서도 자신이 무슨 행동을 했는지 이해하지 못했다. 화살은 솔다니를 끝에 매달고 먼 곳으로 데려갔다. 얼마나 빨리 날아가는지 귀에서 윙윙 바람 소리가 들렸다. 눈에서는 토끼처럼 눈물이 흘러내렸다. 화살은 솔다니를 매달고 이리저리 정신없이 날아다니다가 어느 순간 멈추었다. 그러는 사이 분노가 지나갔다. 솔다니는 쉬고 싶었다. 잠시 쉬었다고 생각했는데 해가 뜨고 있어 다시 먼 여행길을 떠났다. 그런데 갑자기 뒤쪽에 있던 먹구름이 점점 커지면서 누군가 쫓아오기 시작했다. 난쟁이 모습을 한 귀신이었는데 솔다니의 머리 위에 와서 살그머니 내려앉았다.

"솔다니야! 지금 당장 너를 잡아먹을 것이다. 내가 얼마나 힘이 센지 보여 주겠다!"

"나를 잡아먹지 마. 그냥 하인으로 데리고 가. 네가 시키는 대로 다 할게."

귀신은 솔다니의 말을 되새겨 보았다. 하긴! 죽이는 것보다는 데리고 가서 부려 먹는 편이 낫지! 귀신이 방심한 틈을 타서 솔다니는 죽기 일보 직전까지 귀신을 흠씬 두들겨 팼다. 얼마나 팼는지 나중에는 뼈만 남아서 뒹굴었다. 솔다니는 높은 산으로 올라가서 도끼로 귀신의 목을 잘랐다. 귀신은 비참하게 최후를 맞이했다.

솔다니는 길을 계속 가다 아주 큰 길과 만나게 되었다. 아무것도 모르는 솔다니는 그냥 그 길을 따라가면서 투덜거렸다.

'길이 끝이 없군, 끝이 없어!'

제법 오랫동안 걸어갔더니 앞에 아주 멋진 초록 풀밭이 펼쳐졌다. 줄기도 없이 잎만 빛나고 있었고 그 앞에는 대궐같이 웅장한 네모 집이 있었다. 솔다니는 머리를 한 대 때린 뒤 어린 소년으로 변신하여 그 집으로 달려갔다. 안으로 들어가니 정말 많은 귀신들이 바글바글 모여 있었다. 솔다니가 고의 반 실수 반으로 찻잔을 수도 없이 깨뜨리자, 귀신이 심하게 화를 내면서 솔다니를 쫓아냈다.

"어째서 나를 쫓아내는 거야? 차라리 싸우고 싶으면 싸우고 싶다고 해! 비겁한 놈 같으니! 그래 한번 붙어 보자! 나는 무사다, 네 낯짝을 갈겨 주겠어!"

둘은 맞붙어 싸우기 시작했다. 때리고, 치고, 박고, 물어뜯고 싸우다 결국 귀신이 먼저 힘이 빠졌다. 솔다니는 살려달라는 귀신의 말을 들은 체 만 체 길게 생각할 것도 없이 그 자리에서 죽여 버렸다.

솔다니는 귀신을 죽이고 태양의 딸이 사는 집으로 갔다. 솔다니는 태양의 딸에게 결혼해 달라고 애원했다. 태양의 딸은 왠지 모르겠지만 어쨌든 결혼을 해야만 할 것 같았다. 결국 솔다니와 태양의 딸은 결혼을 하게 되었다. 며칠 뒤 솔다니가 아내에게 말했다.

"나도 집이 있소. 내 집을 떠나온 지 이미 수십 년이 지났소. 이제 내 집으로 갈 때가 되었소. 당신의 아버지도 나와 함께 떠나는 것을 허락하지 않겠소?"

"저도 이곳에서 아버지와 단둘이 사는 것이 무척 무료했답니다. 이제 당신과 함께 떠날 때가 되었어요."

아버지는 딸에게 말 두 마리를 내주었다. 솔다니는 아내와 함께 자신의 집으로 떠나면서 태양에게 말했다.

"이제 당신은 내 아버지나 마찬가지입니다. 혼자 남게 되어 가슴이 아픕니다. 얼마나 오랫동안 떨어져 있게 될지 모르지만 작별을 해야겠습니다. 살다 보면 언젠가는 만나게 되겠지요!"

말을 타고 가니 그리 오래지 않아 집에 도착했다. 감개가 무량했다.

'무척 오랫동안 돌아다니다 이제야 살아서 집에 돌아왔구나!'

그동안 변함없이 한자리에서 묵묵히 자신을 기다려 준 유르타가 고마웠다.

"참으로 좋군! 유르타야! 잘 지냈느냐? 여전히 건강해 보이는구나! 고맙다!"

솔다니는 그사이 아주 홀쭉해진 유르타 안으로 들어갔다. 그런데 형이 솔다니보다 먼저 와 있었다. 그들은 오랫동안 함께 살았다.

킬리디나칸

어느 날 중간세계의 한 부부에게 아들이 태어났다. 아들이 태어나자 부부는 샤먼 의식을 거행하면서 땅의 동물들을 불렀다.

"내 아들의 이름을 지어 다오!"

호랑이 한 마리가 이름을 말했다.

"네 아들의 이름을 지어 주겠다. 중간세계에 사는 민첩한 사람이란 뜻의 킬리디나칸이다! 이제부터 그렇게 부르도록 해라!"

의식을 끝낸 후 모두 집으로 돌아갔다. 아들이 어엿한 청년의 분위를 풍기게 된 어느 날 아버지에게 말했다.

"아버지, 저는 맞은편 산 근처의 강에 가 보겠어요."

"아들아, 가지 말거라. 그곳은 아주 흉포한 곰이 산단다. 오랫동안 노력했지만 아직도 그 곰을 죽이지 못했단다."

"그래도 가겠어요! 허락해 주세요!"

아들의 고집을 꺾을 수 없다는 사실을 직감한 아버지는 아들에게 활을 주었다. 킬리디나칸은 무사답게 길을 떠났다. 산 정상에 올라가서 사방을 둘러보다 열매가 있어 맛있게 먹고 있는데 곰이 살금살금 옆으로 다가왔다. 킬리디나칸은 재빨리 활을 집어 들고는 쏘았다. 곰은 아무렇지도 않았다. 곰이 말했다.

"중간세계에 사는 노인의 아들이 왔군."

"너를 죽이겠다!"

이 말에 모욕감을 느낀 곰이 심하게 화를 내면서 킬리디나칸을 괴롭히기 시작하는데 잠시도 가만히 두지를 않았다. 계속 따라다니면서 괴롭혔다. 킬리디나칸은 죽기 직전이 되었고 결국 눈물을 터뜨렸다.

"곰아! 너는 내 젊음을 완전히 망가뜨리고 있어! 도대체 나한테 왜 이러는 거야! 누가 나 좀 도와주세요!"

그렇게 말하자 하늘에서 낭랑한 목소리가 들려왔다. 위를 보니 아가씨 두 명이 하늘을 날고 있었다. 한 아가씨가 말했다.

"곰이 미남 청년을 잡아먹고야 말겠어! 언니! 우리 집으로 데리고 가는 게 어때?"

"왜 중간세계의 인간을 구해 주려고 하니? 보잘것없고 쓸모없어! 나는 도와주지 않을 거야. 너나 도와줘."

언니의 말을 들은 동생이 킬리디나칸을 붙잡자 곰이 말했다.

"젠장! 내 먹잇감을 가져가다니!"

아가씨에게 이끌려 가던 킬리디나칸이 물었다.

"이봐요, 아가씨! 나를 어디로 데려가는 겁니까?"

"우리 집으로 데려가는 거예요."

집으로 킬리디나칸을 데려간 아가씨가 말했다.

"무사 킬리디나칸! 당신은 곰에게 잡아먹힐 뻔했어요. 그런데 내가 구해 줬잖아요. 그러니 나를 은빛 천사라는 뜻의 몬군콘이라고 부르도록 해요. 내게는 오빠가 한 명 있어요. 지금은 잠깐 중간세계에 내려가 있는데 이름은 아브다니칸이에요. 나뭇잎이라는 뜻이죠."

"몬군콘 아가씨! 왜 나를 여기로 데리고 왔나요? 아버지 어머니가 나를 잃은 슬픔에 눈물을 흘릴 거예요."

결국 킬리디나칸은 아가씨를 아내로 맞이했다. 얼마나 오랜 시간이 지나갔을까? 어느 날 아침, 태양이 막 떠오를 때 먹구름이 피어나더니 그 끝에서 큰 새가 날아왔다.

"몬군콘! 차를 준비하세요, 빨리, 빨리요! 서둘러야 해요! 무사 압다닌다가 뒤에서 쫓아오고 있어요!"

잠시 후 무사 압다닌댜가 집에 와서 우렁우렁 소리를 질렀다.

"몬군콘! 네 집에 사는 무사는 누구냐? 빨리 말해라. 어디에서 온 무사냐?"

"아브다니[27] 오빠, 나는 무사의 아내가 되었어요. 무사는 중간세계에서 온 킬리디나칸이에요!"

"중간세계의 쓸모없는 인간이로군! 어째서 내 여동생을 아내로 맞이했지? 나에게 말하지도 않고 내가 없는 사이 감쪽같이 결혼을 하다니! 네 낯짝을 갈겨 주겠어. 이리 나와! 한판 붙어 보자!"

무사 킬리디나칸은 너무 놀라 집에서 한 발짝도 나가지 못했다. 몬군콘이 말했다.

"무사 킬리디나칸! 왜 놀라세요? 겁내지 마세요! 무사답게 빨리 나가 맞붙어 싸우세요!"

무사 킬리디나칸은 집 밖으로 나가 쇠 화살을 집어 들면서 말했다.

"무사 킬리디나칸이다! 건드리기만 해 봐라! 나는 무사다! 자! 이제 한판 붙어 보자!"

무사들은 싸우기 시작했다. 결국 싸움은 무사 킬리디나칸의 승리로 끝났다. 킬리디나칸이 아브다니칸을 죽이려 하자 아내 몬군콘이 부탁했다.

"무사 킬리디나칸! 오빠를 죽이지 마세요!"

아내의 말을 들은 킬리디나칸은 오빠를 살려 주었고 셋이서 함께 집으로 들어갔다. 그 일이 있고 2년이 지났다. 비

---

27) '아브다니'와 '아브다니칸'은 '아브다닌다'를 다르게 부르는 이름이다. 뒤에 나오는 '느긴토네이' 역시 '느긴토니됴'로도 불린다.

가 추적추적 오는데 누군가 말을 타고 날아오면서 고래고래 소리를 지르고 있었다.

"무사 아브다니칸! 비로소 너를 찾았구나. 내가 왔다. 내 아내를 데려가겠다! 좋든 싫든 네 여동생을 내놓아라!"

집에 도착한 뒤 말을 매어 놓자 무사 킬리디나칸이 나왔다.

"아내를 절대 내주지 않겠다! 몬군콘은 이미 내 아내가 되었다. 이리 와라! 한판 붙어 보자!"

무사들은 싸우기 시작했다. 무사 킬리디나칸이 이기면서 두 번째로 그를 찾아온 천상세계의 무사 셀률린댜도 줄행랑을 쳤다. 뒤에서 킬리디나칸이 그를 쫓아갔고 아브다니칸이 킬리디나칸의 뒤를 따라갔다. 셀률린댜는 땅으로 달아났다. 킬리디나칸이 말했다.

"무사 셀률린댜야! 빨리 이리 나와라! 정정당당하게 한판 붙어 보자!"

셀률린댜 형제가 나왔는데 애꾸눈에다 외발이었다.

"멍청이 무사 킬리디니칸! 좋다! 유감스럽게 겁도 없이 싸우자고 덤비다니! 그래 좋다, 한판 붙어 보자!"

무사 킬리디나칸은 가지고 있던 화살을 모두 쏘았다. 화살을 쏠 때마다 귓가에 아내의 울음소리가 들렸다. 킬리디나칸이 무사 아브다니칸에게 말했다.

"무사 아브다니! 집으로 가야겠어! 누군가 아내를 데려가고 있어! 잘 있어! 안녕! 잘 있어! 나는 집으로 간다!"

무사 킬리디나칸이 말을 타고 날아가다 멀리서 보니 아닌 게 아니라 웬 무사가 자신의 아내를 데려가고 있었다. 킬리디나칸은 그곳으로 아주 민첩하게 날아갔다.

"어째서 내 아내를 데려가느냐? 그냥 둬라! 그러지 않으면 지금 당장 활을 쏘겠다!"

아내 몬군콘을 데려가던 무사가 말했다.

"무사야, 이제는 네 아내가 아니다. 거드름 피우지 마라, 중간세계의 쓸모없는 인간아."

아내 몬군콘이 말했다.

"다른 사람의 아내를 건드리다니! 용서할 수 없다!"

킬리디나칸이 무사에게 활을 쏘았지만 무사는 끄떡도 하지 않았다. 결국 둘은 서로 맞붙어 싸우기 시작했다. 치고, 패고, 뒹굴었지만 승패가 갈리지 않았다. 천상세계의 무사가 말했다.

"무사 킬리디나칸, 이제 그만하자! 너는 중간세계의 무사고 나는 천상세계의 무사다. 내 이름은 버섯줄기라는 뜻의 닌토콘이다."

서로 한바탕 욕을 퍼붓고 나서 끝이 났다. 닌토콘이 돌아가면서 말했다.

"내 집으로 놀러 와라!"

킬리디나칸이 빼앗겼던 아내를 찾아 데려가고 있는데 위쪽에서 누군가가 말을 걸었다.

"무사 인간아! 잘 지냈느냐! 어디로 가느냐?"

무사 킬리디나칸이 위쪽을 올려다보는 사이 악마가 아내를 낚아챘다. 악마의 뒤를 쫓아가던 킬리디나칸은 갑자기 온몸의 힘이 쭈욱 빠지는 것 같아 적이 당황했다.

"누가 와서 나 좀 도와주세요? 형! 와서 도와줘!"

그 말이 끝나자 위에서 누군가 말을 했다.

"무사 킬리디나칸아, 입을 벌려라, 계란을 던져 주겠다!"

무사 킬리디나칸이 입을 벌리자 계란이 입속으로 떨어졌다. 계란을 꿀꺽 삼키는 순간 매우 힘이 센 무사로 변했다. 킬리디나칸은 아내를 데려가는 악마를 죽인 뒤 집으로 갔다. 그런데 이게 웬일인가! 집에 와 보니 집은 무너져 내렸고 순록은 없어졌으며 아버지도 엄마도 없었다. 너무 슬펐다. 정신을 가다듬고 보니 그곳에 악마의 여동생이 서 있었다. 애꾸눈에 외발이었는데 발은 쇠털로 덮여 있었고 눈은 이마 가운데 있었으며 혀는 길었고 입은 무지무지 컸다. 악마의 여동생은 킬리디나칸과 몬군콘을 잡아먹으려고 쫓아왔다. 킬리디나칸이 활을 잡으려는 찰나 아내를 붙잡아 갔다. 킬리디나칸은 눈물을 흘리면서 쫓아갔다. 얼마나 오랫동안 쫓아갔을까? 하지만 따라잡을 수가 없었다. 다시 말했다.

"누가 나 좀 도와주세요? 아주 오래전에 내 친구가 있었어요. 무사 느긴토네이! 속히 와 줘요! 악마의 여동생이 내 아내를 잡아갔어요. 그 여자는 바다를 세 개 지난 곳에 산대요."

말을 마치자 느긴토니됴가 불쑥 나타나서 함께 떠났다. 걷고 또 걸었다. 아주 오래도록 걸어가는데 작은 새 한 마리가 그들의 앞길을 가로막으면서 말을 했다.

"저는 킬리디나칸의 아들이에요. 엄마가 지금 곧 죽을 거예요. 무사님들, 엄마가 너무 불쌍하지 않나요?"

무사 킬리디나칸이 물었다.

"아들아, 아들아, 네 엄마는 어디에 있니?"

"악마가 잡아갔어요. 곧 잡아먹을 거예요. 빨리 가셔야 돼요!"

무사들은 길을 떠났다. 길을 걷다가 정말로 무시무시하게 큰 철집을 발견했는데 집 옆에는 귀신 한 마리가 파수를 보면서 걸어 다니고 있었다. 킬리디나칸은 그 귀신을 죽인 뒤 귀신이 입고 있던 옷으로 갈아입고 안으로 들어갔다. 자세히 들여다보니 아내가 모닥불 옆에 앉아 울면서 아들을 찾고 있었다.

"아들아! 어디로 갔느냐? 네 아버지는 왜 오지 않는 거냐?"

"잘 있었소, 부인! 너무 말을 많이 하지는 마시오. 빨리 옷을 바꿔 입고 여기서 나갑시다!"

아내를 집으로 데리고 가는데 아들이 나타났다.

"아버지 킬리디나칸! 저는 천상세계로 가겠어요. 아버지 어머니는 집으로 가세요!"

킬리디나칸은 아내를 데리고 집으로 갔고 아들은 천상세계로 떠났는데 아들 옆으로 새 한 마리가 날아갔다.

"무사 칩치니칸! 어디 갑니까? 같이 노래하고 춤을 추면서 즐겁게 놀아 보는 게 어때요?"

"싫어! 다른 데로 가! 나를 귀찮게 하지 마!"

기분을 완전히 구긴 새가 아무 말도 하지 않은 채 다른 곳으로 떠나자 이번에는 칩치니칸이 새의 뒤를 쫓아갔다. 잠시 후 멀리서 새의 노랫소리가 은은히 울려 퍼지자 무사 칩치니칸은 구름을 통해 새의 노랫소리를 몰래 엿들었다. 그러자 여인이 물었다.

"무사 칩치니칸! 왜 왔습니까? 저를 쫓아 버릴 때는 언제고 왜 왔습니까? 빨리 돌아가세요. 치사하게 몰래 엿듣지 마세요!"

여인의 말에도 불구하고 무사 칩치니칸은 천상세계로 가

서 여인과 함께 노래하고 춤을 추면서 즐기기 시작했다. 그때 두 여인이 칩치니칸에게 다가왔다.

"무사 칩치니칸! 제 곁으로 오세요."

무사 칩치니칸이 노래를 멈추고 여인 곁으로 가서 바위에 앉자 바위가 살짝 움직였다. 무사 칩치니칸은 일어서려고 했지만 바위에 딱 달라붙어서 일어설 수가 없었다. 여인들이 짓궂게 놀려 댔다.

"무사 칩치니칸! 왜 그러고 있어요? 일어서세요! 창피하잖아요!"

칩치니칸이 몸을 살짝 움직이니 바위에 붙었던 엉덩이가 거짓말같이 떨어졌다. 그런데 일어날 때 옷 찢어지는 소리가 들려 뒤를 돌아보니 바지가 뜯어져 있었다. 창피하고 화가 난 칩치니칸이 바위를 번쩍 들어 던지니 바위가 아름다운 여인으로 변했다. 여인이 칩치니칸을 물끄러미 바라보면서 말했다.

"무사 칩치니칸! 안녕히 가세요! 나를 잡으면 아내로 삼아도 좋지만 잡지 못하면 아내로 삼을 수 없습니다!"

여인은 날아갔고 칩치니칸은 여인의 뒤를 따라가서 머리를 잡아 집으로 데리고 왔다. 아내의 이름은 뉴고르모크였다. 칩치니칸은 아내와 함께 살기 시작했지만 아버지 어머니는 이미 돌아가신 뒤였다.

어느 날 밤 아내가 꿈을 꾼 뒤 말을 했다.

"무사 칩치니칸, 일어나세요! 무사들이 왔어요. 제 삼촌 우무스닌단도 왔어요! 당신을 죽이려 해요!"

무사 칩치니칸이 활을 들고 밖으로 나가 주위를 둘러보니 두 무사가 씩씩거리면서 유르타 앞에 서 있었다. 무사들은 선전포고도 없이 대뜸 칩치니칸에게 활을 쏘았다. 무사 칩치니칸도 그들을 향해 활을 쏘았다. 한 무사가 죽자 단단히 화가 난 다른 무사가 땅이 울릴 정도의 쩌렁쩌렁한 목소리로 고함을 쳤다.

"무사 칩치니칸! 왜 내 동생을 죽였느냐? 너를 죽이고야 말겠다."

무사 우무스닌단이 칩치니칸에게 활을 쏘았는데 명중되면서 칩치니칸이 그 자리에서 쓰러졌다. 그러자 아내가 밖으로 나와서 말을 했다.

"우무스니 삼촌, 왜 제 남편을 죽이는 거죠?"

무사 칩치니칸은 몹시 화가 나서 얼굴을 일그러뜨리며 우무스닌단에게 활을 쏘았다. 화살이 우무스닌단의 한쪽 눈에 꽂혔다. 우무스닌단은 눈 한쪽이 안 보이는 상태로 칩치니칸과 싸웠지만 칩치니칸을 이겼다. 칩치니칸의 아내가 간절히 부탁했다.

"제발! 삼촌! 제 남편을 죽이지 마세요!"

그 말을 들은 우무스닌단은 칩치니칸을 죽이지 않았고 셋이서 함께 살기 시작했다.

중간세계의 우무스닌단

중간세계의 한가운데, 어느 강의 섬 한가운데 우무스닌단이 살았다. 오래되어 낡은 유르타에 사는 우무스닌단은 오른손에 끼고 있는 붉은 은반지 이외에는 가진 것이 하나도 없었다. 옷은 바다표범 가죽으로 만들어 입었다. 어느 날, 불 옆에 앉아 혼자 중얼거렸다.

"나는 왜 이렇게 외롭게 태어났을까? 이 세상에 나처럼 외로운 사람은 없을 거야."

밖으로 나가 오른손에 끼고 있던 붉은 은반지를 빼서 위로 던지며 말했다.

"붉은 은반지야, 영혼이 담긴 나의 말들, 이제는 붉은 은 보트로 변해 다오!"

은으로 만든 붉은색 보트가 땅으로 내려왔다. 세상에! 우무스닌단은 붉은색 은 보트에 앉아 낡은 유르타를 바라보면서 말했다.

"오래된, 정말 너무나 오래된 나의 유르타야, 잘 지내라! 언제 돌아올지 모르겠구나. 여기저기 떠돌아다닐 거란다. 아주 멀리 갈 거야. 3년 뒤에는 돌아올지도 모르겠구나."

그길로 강을 따라 아래로 하염없이 흘러가는데 바다표범

한 마리가 불쑥 튀어나왔다.

"중간세계의 무사 우무스닌단, 안녕하세요! 어디 가세요? 잠시 멈추세요! 잠깐만 기다리세요! 이야기를 나누어요!"

우무스닌단은 쳐다보지도 않고 자신의 길을 갔다.

"중간세계의 사냥꾼님, 왜 그렇게 거드름을 피우세요? 당신을 아는 사람이 누가 있다고? 참 이상하군요!"

그 순간 마침 우무스닌단은 강기슭에 은으로 만든 붉은 빛 오두막을 발견하여 그곳으로 보트를 몰아갔다. 강기슭에 가니 아가씨 두 명이 붉은 실로 수를 놓고 있었다. 우무스닌단을 발견한 한 아가씨가 말을 했다.

"몬군콘 언니, 저기 좀 봐! 누가 오고 있어. 붉은색 은 보트야! 오! 정말 아름답다!"

우무스닌단은 그곳에 보트를 댄 뒤 아가씨들에게로 갔다. 아가씨들은 손으로 손님을 인도하는 시늉을 하면서 집 안으로 데리고 갔다. 붉은 침대에 흑담비들, 여우들이 앉아 있었다. 2년쯤 된 순록 한 마리를 잡아서 아주 성대하게 대접을 했다. 어둠이 짙게 내려 깔리자 언니가 말했다.

"우리를 찾아온 손님 우무스닌단을, 이렇게 멋진 손님을 이 집에서 재울 수는 없지요. 우리 집에서 재운다면 오리와 새들이 우리를 비웃을 거예요! 손님을 멋진 곳에서 재워야 돼요!"

아가씨들은 우무스닌단의 손을 잡고 어디론가 갔다. 조그만 길로 쭉 가다가 철로 만든 집으로 들어갔다. 그리고 문을 여러 개 지나 우무스닌단을 가둔 뒤에 밖에서 박장대소했다.

"바다의 딸들이 중간세계의 우무스닌단을 데리고 왔어요! 우무스닌단은 생각보다 어리숙해요! 하하하!"

우무스닌단은 크게 화를 내면서 대성통곡을 했지만 어떻게 할 도리가 없었다. 아가씨들은 다시 손뼉을 치고 발을 구르면서 우무스닌단을 놀렸다.

"세칸칸 아줌마! 정말 우스워요! 중간세계 우무스닌단의 머리가 말라비틀어지게 내버려 두세요."

우무스닌단은 주위를 유심히 둘러보았다. 사람의 뼈가 사방에 흩어져 있고 사람들이 구석구석에서 신음 소리를 내고 있었다. 우무스닌단은 왔던 길로 돌아 나가 여덟 개의 철문을 부순 뒤 쏜살같이 달려갔다. 아가씨들의 집에 와서 보니 아가씨들은 아무 일 없다는 듯 붉은 실로 수를 놓고 앉아 있었다.

차갈라이 차쿨라이

두 미남 무사가 만났다. 제르디샨 주깃카와 차갈라이 차쿨라이였다. 서로의 만남을 한없이 기뻐하며 이야기를 나누다 말다툼이 시작되었다. 3일 밤낮을 쉬지 않고 말다툼을 했지만 승부가 나지 않았다.

"승자를 가리러 가자."

싸울 곳을 찾아 말을 타고 산길을 가던 무사들은 마을을 발견하여 산에서 내려왔다. 그때 산 밑에 있던 남자가 말했다.

"이 마을을 조용히 그냥 지나가게. 당신들에 대해 이미 들었네. 3일 밤낮을 싸우는 바람에 땅이 진동했다고 하더군."

그 말은 들은 체 만 체하고 마을로 들어가던 두 무사는 할머니 한 사람을 만났는데 알고 보니 바바 야가였다. 차갈라이 차쿨라이는 진짜 어마어마하게 큰 나무를 부러뜨린 뒤 바바 야가의 입에 쑤셔 넣었다. 마을로 들어가니 웬 남자들이 무사들에게 활을 쏘았다. 무사들은 걷잡을 수 없이 심하게 화가 났다. 무사들은 마을 전체를 처참하게 짓밟아 준 뒤 길을 떠났다. 그러다 어찌어찌하여 바다에 가게 되었다. 차갈라이 차쿨라이는 바다를 보면서 환희의 미소를 지었고 제르디샨 주깃카는 주저하는 기색이 역력했다. 말을 타고 뛰어 건너기로 서로 합의했다. 차갈라이 차쿨라이는 아무 어려움 없이 바다를 뛰어 건넜지만 제르디샨 주깃카는 건너는 도중 말발굽이 물에 젖었다.

계속 길을 가다 하늘까지 닿아 있는 불길을 발견했다. 차갈라이 차쿨라이는 환희의 미소를 지었지만 제르디샨 주깃카는 몹시 화를 냈다. 말을 타고 뛰어서 지나가기로 했다. 차갈라이 차쿨라이는 아무 어려움 없이 뛰어 지나갔지만 제르디샨 주깃카는 말의 꼬리에 불이 붙었다.

계속 길을 가다가 칼날처럼 움직이는 절벽을 만났다. 차갈라이 차쿨라이는 환희의 미소를 지었지만 제르디샨 주깃카는 눈물을 흘렸다. 말을 타고 뛰어서 지나가기로 했다. 차갈라이 차쿨라이는 아무렇지도 않게 뛰어 계속 앞으로 달려갔다. 제르디샨 주깃카도 뛰었지만 말의 다리가 부러졌다. 그런데도 계속 달리는 바람에 말이 반쪽이 났다. 걸어가야만 했다. 차갈라이 차쿨라이는 아무 어려움 없이 걸어갔지만 제르디샨 주깃카는 걷다가 다리가 부러졌다. 그래도 승자를 가리려면 누군가 한 명은 죽어야만 했다. 계속 걸었다. 차갈라이 차쿨라이는 아무 일 없다는 듯이 가볍게 걸어갔지만 제르디샨 주깃카는 얼마 가지 않아 완전히 반으로 쪼개

지면서 죽고 말았다.

혼자 남겨진 차갈라이 차쿨라이는 말을 타고 아주 오랫동안 걸어갔다. 오솔길이 나타나 따라가다 보니 어느덧 아득하게 깊은 밤이 되었다. 유르타가 보여 가까이 갔더니 안에서 아가씨가 나와 차갈라이 차쿨라이를 반갑게 맞아 주었다. 아가씨는 차를 끓이고 고기를 삶아 차갈라이 차쿨라이에게 대접했다. 실컷 먹은 뒤 자려고 누웠는데 아가씨가 말했다.

"이 유르타는 밤이 되면 매우 위험한 곳으로 변합니다. 문을 열면 안 됩니다. 절대 문을 열면 안 돼요. 누가 어떤 말을 하더라도, 어떤 일이 있어도 절대 문을 열어 주지 마세요."

잠이 들었는데 아닌 게 아니라 한밤중에 이상한 소리가 들렸다. 누군가 말을 타고 오는 소리가 들렸다.

"부엌데기야, 부엌데기야, 문을 열어라!"

아가씨는 문을 열어 주지 않았고 차갈라이 차쿨라이에게 말했다.

"움직이지 마세요, 절대 움직이면 안 돼요."

아가씨가 차갈라이 차쿨라이를 껴안자 밖에서 또 소리를 질렀다.

"부엌데기야, 부엌데기야, 문을 열어라! 나는 흠뻑 젖었다. 큰사슴에게 벨트를 만들어 주었다. 순록에게 하얀 철을 만들어 주었다. 말과 소에게 풀을 주었다. 착한 무사 차갈라이 차쿨라이가 세상에서 가장 힘이 세다는 것을 보여 주고 싶었다. 바다를 지나가게 해 주었고 불도 지나가게 해 주었다. 절벽을 칼처럼 만들었는데도 뛰어 건넜다. 하지만 그곳에서도 승부를 내지 못했다. 차갈라이 차쿨라이야, 부엌데기의 말을 듣지 말거라. 부엌데기를 쫓아 버리고 문을 열어라! 부엌데기는 사람을 잡아먹는 흉악한 귀신이다! 속지 마라!"

차갈라이 차쿨라이는 부엌데기를 저쪽으로 밀친 뒤 문을 열었다. 세상에! 너무 아름다운 아가씨가 유르타 안으로 들어왔다. 눈이 부셨다! 차갈라이 차쿨라이는 부엌데기의 목을 잘라서 밖에 내동댕이친 뒤 아름다운 아가씨와 함께 살기 시작했다. 두 사람은 아름다운 사람답게 참 행복하고 아름답게 살았다.

무사 볼론투르

무사 볼론투르에게 아내와 말 두 마리가 있었다. 한 마리는 사냥용이고 한 마리는 전투용이었다. 순록은 참 많았다. 사냥을 하러 다녔는데 동물이나 큰사슴을 한 손으로 가볍게 끌고 다녔고 곰들도 짐짝처럼 끌고 다녔다.

볼론투르의 친구인 토르가나이라는 또 다른 무사가 볼론투르의 아내와 서로 사랑하는 사이가 되었다. 그 사실을 전혀 모르는 볼론투르는 아내에게 말했다.

"토르가나이에게 고기가 필요해서 사냥을 간다고 전하시오. 산을 열 개 지나고 강을 열 개 건너면 동물이 지천으로 널린 곳이 있소. 그곳에서 사냥을 할 거라고 전하시오."

볼론투르는 아침 일찍 말을 타고 떠났다. 그런데 이상하게 말이 주춤거리면서 앞으로 가려 하지 않았다.

"뒤를 돌아보세요. 토르가나이가 당신의 가죽옷을 입고 모자를 쓰고 있어요."

볼론투르가 뒤를 돌아 유심히 보니 정말 토르가나이가 자신의 가죽옷을 입고 모자를 쓰고 있었다. 집으로 되돌아가자 토르가나이는 이미 어딘가에 숨은 뒤였다. 아내에게 물었다.

"내 가죽옷을 입고 있던 자는 누구요?"

"제가 입고 있었어요. 당신이 떠나고 나니 너무 적적해서…. 제가 입고 있었어요."

그 말에 적이 안심한 볼론투르는 다시 길을 나섰다. 얼마나 오랫동안 갔을까? 한참을 갔을 것이다. 열 개의 산을 넘고 열 개의 강을 지나 드디어 목적지에 도착했다. 호수 주위를 동물들이 뛰어다녔다. 공룡도 있었다. 몰래 숨어 활을 쏘아 사냥을 한 뒤 가죽을 벗기기 시작했다. 동물의 가죽을 다 벗기고 고기는 말에다 실었다. 고기가 얼마나 많았던지 작은 언덕 같았다. 그 바람에 다리가 휘어 주저앉게 된 말이 말했다.

"도대체 이게 뭐 하는 짓이오? 너무 많이 실었잖소? 누가 이 고기를 다 먹는단 말이오? 토르가나이가 당신의 아내를 데려갔소. 당신 집에는 아무도 없단 말이오. 이제 고기 따위는 필요도 없소!"

볼론투르는 고기를 다 버린 뒤 말에 올라타서 번개보다 빠른 속도로 달려갔다. 볼론투르는 주체할 수 없을 만큼 심하게 화가 났다.

"토르가나이가 당신의 전투용 말을 바다 뒤에 있는 나무에 묶어 두었소. 말의 눈에서 눈물이 강물처럼 흘러내리고 있소."

볼론투르가 집에 도착하니 정말 집은 텅 비어 있었다. 말에게 물었다.

"전투용 말을 어디에서 찾을 수 있니?"

"바다에 가서 뗏목을 만들어 저를 태우세요. 제 머리가 향하는 곳으로 가면 됩니다."

볼론투르는 뗏목을 만들어 말을 태운 뒤 말의 머리가 향하는 곳으로 갔다. 그렇게 바다 너머까지 갔다. 드디어 목적지에 도착한 볼론투르는 나무에 묶여 있는 자신의 말을 찾아내 풀어 주면서 풀밭 위에 앉아 잠시 쉬라고 했다.

그곳에서 3일을 보낸 뒤 두 말을 다시 뗏목에 태웠다. 바다를 건넜고 강을 따라 흘러갔다. 오랫동안 그렇게 가는데 느닷없이 물속에서 토르가나이와 아내가 자신에게 손가락으로 욕을 하면서 침을 뱉고 있었다. 볼론투르가 말했다.

"내 가죽옷과 모자를 당장 벗지 못하겠느냐!"

토르가나이는 가죽옷을 벗어 던지고 싶었지만 볼론투르의 아내가 말렸다.

"가죽옷을 벗어 던지면 당신과 저는 볼론투르에게 붙잡혀 죽게 돼요! 안 돼요!"

토르가나이는 볼론투르 아내의 말을 따랐다. 그 순간을 놓치지 않고 볼론투르가 말했다.

"여인의 말을 듣지 말거라. 바다 끝에 무사가 있다. 그에게는 딸이 있는데 나는 그 아가씨를 아내로 맞이할 것이다. 내 아내는 이제 네 것이다. 나에게는 더 이상 필요 없는 존재이니 가죽옷을 내게 주어라."

그 말을 들은 토르가나이는 가죽옷과 모자를 벗어 던졌다. 볼론투르는 가죽옷과 모자를 입은 뒤 하늘을 향해 침을 뱉으면서 말했다.

"계단이 되어라."

계단이 놓이자 볼론투르는 계단을 타고 올라가 토르가나이의 머리를 자르고 아내를 두 말의 꼬리에 붙들어 맸다. 말을 잡았던 손을 놓자 말들이 달리기 시작했다. 한 마리는 이쪽으로, 한 마리는 저쪽으로 달려갔다. 결국 볼론투르의 아내는 반으로 찢어지면서 비극적인 죽음을 맞이했다.

하니 후분과 호호르 보그도

하니 후분은 정말 뛰어난 무사이자 뛰어난 사냥꾼이었다. 사냥 솜씨가 남달랐다. 하니 후분에게는 호호르 보그도라는 여동생이 한 명 있었다. 하니 후분이 며칠 밤낮을 한잠도 자지 않자 여동생은 무척 걱정이 되었다.

"오빠! 왜 잠을 자지 않아? 제발, 잠을 좀 자! 오빠는 좀 쉬어야 해."

하니 후분은 등잔불의 기름덩이를 살짝 돌리면서 놀리듯이 여동생에게 말했다.

"동생아! 기름덩이를 잘 보다가 다 녹으면 나를 깨워라."

여동생은 오빠가 놓아둔 곳보다 더 높은 곳에 등잔불을 올려놓은 뒤 말했다.

"알았어! 기름덩이가 다 없어지면 깨울 테니 아무 걱정 말고 푹 자!"

여동생은 오빠의 건강을 생각해 기름덩이가 다 없어지고 나서도 한참이 지난 뒤에야 오빠를 깨웠는데 오빠가 일어나지 않았다. 아무리 깨워도 오빠는 일어나지 않았다. 손으로 오빠를 건드리자 그 자리에서 죽고 말았다. 여동생은 혼자 살게 되었다. 자신이 오빠를 죽인 것 같아 실의에 빠져 있었고 눈에 눈물이 마를 날이 없었다. 그러던 어느 날 이런 소문을 들었다.

"태양이 딸의 약혼자를 찾고 있다. 태양의 딸과 결혼하기 위해 도처에서 멋진 청년들이 몰려들 것이다. 태양은 딸을 그들 중 가장 뛰어난 청년과 결혼시킬 것이다."

여동생은 오빠의 옷을 입고 오빠가 타던 전투용 말을 타고 힘차게 목적지까지 달려갔다. 도처에서 청년들이 구름같이 모여들었지만 누구도 남편으로 선택되지 못했다. 그곳에 도착한 여동생은 말을 타고 하늘로 올라가 태양의 딸에게 갔다. 태양의 딸은 여동생에게 자신의 반지를 주었고 여동생은 환한 미소를 지으며 집으로 돌아왔다. 다시 이런 소문을 들었다.

"달이 딸의 약혼자를 찾고 있다. 착한 남자가 오면 결혼을 시킬 것이다."

호호르 보그도는 오빠의 옷을 입고 전투용 말을 타고 목적지까지 힘껏 달려갔다. 청년들이 벌 떼같이 모여들었지만 누구도 남편으로 선택되지 못했다. 여동생은 도착하자마자 말을 타고 하늘로 올라가서 달의 딸로부터 반지를 받아 얼굴에 희색을 띠면서 집으로 돌아왔다. 다시 이런 소문이 들려왔다.

"별이 딸의 약혼자를 찾고 있는데 세상의 모든 청년들이

다 모여들 것이다."

여동생 호호르 보그도는 오빠의 옷을 입고 전투용 말을 탄 뒤 목적지까지 힘껏 달려갔다. 청년들이 셀 수 없이 많이 몰려왔지만 누구도 남편으로 선택되지 못했다. 여동생은 도착하자마자 말을 타고 하늘로 올라갔다. 여동생은 밤별의 딸로부터 반지를 받아 가지고 들뜬 마음으로 집에 돌아왔다. 그 후로 3일이 지나갔다. 이런 소문이 들려왔다.

"태양이 딸을 데려가라고 딸의 약혼자를 부를 것이다. 청년들이 구름같이 모여들 것이다."

여동생은 오빠의 옷을 입고 전투용 말을 타고 목적지까지 힘차게 달려가서 태양의 딸을 아내로 맞이한 뒤 집으로 데리고 왔다. 다시 달이 딸을 데려가라고 딸의 약혼자를 불렀고 이번에도 많은 청년들이 모여들었다. 여동생은 달의 딸을 아내로 데려왔다. 별도 딸을 아내로 데려가라 했고 많은 청년들이 구름같이 모여들자 달의 딸이 말했다.

"다들 내 약혼자가 아니야! 조금 기다리면 약혼자가 올 거야."

여동생도 그곳으로 갔는데 그 많은 청년 중 반지를 가지고 온 청년은 없었다. 여동생은 반지를 가지고 가서 별의 딸을 아내로 맞이했다. 아내가 모두 세 명이 되었다. 세 아내 모두 남편과 함께 자고 싶어 했지만 여동생은 그 누구와도 자지 않았다. 아내들은 너무나도 간절하게 남편과 자길 원했다. 그 사실을 알아차린 여동생이 말했다.

"집에 완전히 도착하기 전까지는 당신들과 잘 수 없소."

밤별의 딸이 다른 여인들에게 말했다.

"남편은 여자가 분명해요."

집으로 가기 전에 여동생이 아내들과 머무르게 될 마지막 집에 도착했다. 여동생이 말했다.

"당신들이 살게 될 집에 불을 지피고 차를 끓여 놓아야 되니 내가 먼저 떠나겠소. 당신들은 뒤에 남아 유목을 하면서 천천히 따라오시오."

여동생은 길을 가다 토끼를 만났다. 깜짝 놀란 토끼가 도망을 가다가 뒤를 돌아보았다.

"에이! 제기랄! 호호르 보그도인 줄 알았는데 그냥 그저 그런 아줌마잖아."

보그도가 토끼를 잡으면서 말했다.

"뭐라고! 네 머리를 잘라 버려야겠구나!"

"그러지 마세요. 살려 두면 당신에게 쓸모가 있을 거예요."

보그도는 토끼를 나무에 묶으면서 말했다.

"유목을 하는 여인들이 와서 물으면 너를 하니 후분이 이렇게 나무에 매달아 두었다고 말을 해. 알았지?"

계속 길을 가던 보그도는 늑대를 만났다. 깜짝 놀란 늑대가 도망가다 멈추어 서서 뒤를 돌아봤다.

"에이! 제기랄! 나를 놀라게 한 사람이 대체 누구야? 호호르 보그도인 줄 알았는데 그냥 그저 그런 아줌마잖아!"

보그도는 심하게 화를 내면서 늑대의 뒤를 쫓아가 결국 잡았다.

"당장 네 목을 잘라 버려야겠구나!"

"그러지 마세요. 살려 두면 당신에게 제법 쓸모가 있을 거예요."

보그도는 늑대를 나무 위에 매달면서 말했다.

"여인들이 와서 물어볼 것이다. 그러면 하니 후분이 너를 이렇게 매달아 놓았다고 말을 해라."

계속 길을 가던 보그도는 곰을 만났다. 깜짝 놀란 곰이 도망가다 멈추어 서서 뒤를 돌아봤다.

"에이! 제기랄! 나를 놀라게 한 사람이 대체 누구야! 호호르 보그도인 줄 알았는데 별 볼일 없는 아줌마잖아!"

심하게 화가 난 보그도가 곰을 쫓아가서 잡은 뒤 말했다.

"뭐라고 했느냐? 지금 당장 네 목을 잘라 버려야겠구나."

"그러지 마세요."

보그도는 곰을 나무 위에 매달면서 말했다.

"여인들이 와서 물으면 하니 후분이 너를 이렇게 매달아 놓았다고 해라."

여동생은 집에 도착했다. 오빠의 옷을 벗어 오빠에게 입히고 유르타에 불을 지핀 뒤 자신은 숨어 있었다.

토끼가 있는 곳에 온 여인들은 토끼가 나무 위에 매달려 있는 광경을 보았다.

"토끼야! 누가 너를 이렇게 매달아 놓았느냐?"

"하니 후분이 그랬어요."

여인들은 늑대가 나무 위에 매달려 있는 광경을 보았다.

"늑대야! 누가 너를 이렇게 매달아 놓았느냐?"

"하니 후분이 그랬어요."

여인들은 눈을 동그랗게 뜨고 서로를 마주 보며 이야기를 나누었다.

"도대체 하니 후분이 누구지? 우리 남편 아니야? 우리 남편이 분명해."

여인들은 곰이 있는 곳에 와서 곰이 나무 위에 매달려 있는 것을 보았다.

"곰아! 누가 너를 매달아 놓았느냐?"

"하니 후분이 그랬어요."

여인들은 어찌나 기뻤던지 하늘을 훨훨 나는 것 같았다.

"세상에! 우리 남편이 이렇게 대단한 사람이라니!"

유목을 하면서 집에 온 여인들은 유르타에 불이 켜져 있는 것을 보았다. 순록에 실어 두었던 짐을 내리고 집으로 들어갔다. 태양의 딸이 말했다.

"남편이 잠을 자고 있네. 왜 차를 끓여 두지 않았을까?"

여인들이 깨웠지만 남편은 움직이지 않았다. 가만히 보니 죽어 있었다. 태양의 딸과 달의 딸은 오던 길로 도망가려 했지만 별의 딸이 말했다.

"왜 놀라고 그래요?"

얼굴 아래쪽을 쓰다듬자 남편이 벌떡 일어나 여인들 옆으로 황급히 비켜 섰다.

"깜박 잠이 들었나 보오! 이곳에 온 지 한참 되었나요?"

"아니요, 조금 전에 도착했답니다."

죽은 줄 알았던 남편이 일어나자 여인들은 뛸 듯이 기뻐하면서 남편과 함께 잠을 잤다. 다음 날 오빠는 말에 짐을 잔뜩 싣고 사슴 두 마리와 순록을 끌고 사냥을 나갔다. 토끼로 변한 여동생 보그도는 옆에서 천천히 왔다 갔다 하면서 오빠의 곁을 지키고 있었다.

아내들이 말했다.

"토끼가 마당에 와서 사슴 고기를 먹고 있네."

오빠는 토끼가 보그도가 분명하다고 생각했다. 어느 날 밤, 눈이 내렸다. 오빠는 사냥을 하러 나갔다. 토끼는 오빠보다 먼저 집을 나와 산으로 올라갔다. 오빠가 편하게 사냥하도록 동물의 굴을 미리 찾기 위해서였다. 보그도의 발자국을 따라가 동물의 굴을 발견한 오빠는 동물을 한 짐 가득 짊어지고 돌아왔다. 여동생에게 가장 맛있고 좋은 고기를 주었다.

밤별의 딸이 곰곰이 생각한 뒤 다른 여인들을 들쑤셨다.

"전에는 짐승을 잡아 오면 고기가 그대로 있었는데 지금은 아니야. 앞으로도 그럴 거야. 분명 애인이 생긴 거야. 내일 사냥을 나갈 때 몰래 뒤를 밟아 보자."

다음 날 사냥을 간 남편은 여동생에게 갔다. 그 광경을 본 여인들이 말했다.

"저 토끼가 남편의 애인이 분명해! 죽이자!"

"어떻게 죽여?"

"먹이통에 독약을 넣어두자."

"이렇게 하자! 먹이통에 독약을 넣어두고 귀에 독약을 붓자! 그게 제일 확실할 거 같아!"

독약을 붓자 여동생이 죽었다.

오빠는 밤이 되어 여동생을 찾아갔다. 그런데 여동생이 죽어 있는 것이 아닌가! 관을 만들었다. 순록을 잡아 뿔에 관을 얹고 가는 삼노끈으로 묶은 뒤 말했다.

"저기로 달려가거라. 저기 예벤키 사람이 사는 마을이 있는데 그곳에다 관을 던지고 오너라."

순록은 하니 후분이 시키는 대로 예벤키 사람이 사는 마을에다 관을 던졌다. 우연히 관을 발견한 할머니 할아버지가 관을 열어 보았다. 참으로 아리따운 아가씨가 죽었는지 살았는지 미동도 않고 누워 있었다. 노인들은 아가씨가 안쓰럽고 가여웠다. 며느리로 맞이하기로 서로 말을 맞춘 뒤 따로 유르타를 만들어 주었다. 그 안에 불을 지핀 뒤 아가씨를 안으로 데려다 놓았다. 아들은 사냥을 갔다가 굉장히 피곤하고 지친 상태에서 밤이 이슥해서야 돌아왔다. 아버지 어머니가 말했다.

"얘야! 네 아내를 데리고 왔다. 아내에게 가 봐라. 앞으로는 옆에 있는 네 유르타로 가거라. 우리 유르타에는 오지 말거라."

아들은 밖으로 나가 옆 유르타로 갔다. 유르타 안에는 아내가 앉아 있었는데 정말 너무 예뻤다! 그런데 아뿔싸! 차를 끓여 두지 않았다! 아들이 말했다.

"차를 끓이게."

아내는 아무 말도 하지 않았다. 청년이 버르르 화를 내면서 아내의 귀를 때리자 귀에서 독약이 흘러나왔다. 아내가 살아났다! 아내는 벌떡 일어나더니 곧장 차를 끓이고 고기를 삶았다. 둘은 결혼을 해서 함께 살기 시작했다.

온기닐

무사 온기닐이 있었는데 무척 나이가 많았다. 며느리는 아기를 가진 상태였는데 서른 명의 거인들이 온기닐을 죽이러 왔다. 그 소리를 들은 며느리가 겁을 잔뜩 집어먹고 유르타 안으로 뛰어 들어와 시아버지에게 말했다.

"일어나세요. 서른 명의 거인이 우리를 죽이러 왔어요."

시아버지는 잠이 깊게 들어 아무리 깨워도 일어나지 않았다. 며느리가 울기 시작했다. 눈물이 시아버지의 얼굴에 방울방울 떨어지자 시아버지가 잠에서 깨어났다. 그사이 시아버지는 늙어도 정말 너무나도 늙어 있었다.

"아이고! 얘야! 무슨 일이냐! 왜 불구덩이에 들어갔다 온 사람처럼 얼굴이 빨갛게 달아 있니?"

"서른 명의 거인이 우리를 죽이러 왔어요."

노인은 활과 칼을 들고 거인들을 맞이하러 갔다. 노인과 거인들은 서로 맞붙어 싸우기 시작했다.

그 와중에 며느리가 아들을 낳았는데 태어나자마자 걷기 시작하더니 엄마에게 물었다.

"엄마! 우리는 왜 둘이서 살아요? 아버지도 없고 할아버지도 없어요?"

"네 아버지는 사냥을 나갔다가 돌아오지 않았단다. 거인들이 죽인 것이 틀림없단다. 네 할아버지는 지금 거인들과 싸우고 있단다."

그 말을 들은 아들은 엄마의 젖을 빨아 먹은 뒤 한달음에 거인들에게 달려갔다.

"할아버지를 놓아주거라! 이미 늙으셨다! 집에 가서 식사를 하시게 해라! 내가 너희들을 상대해 주겠다!"

거인들은 할아버지를 놓아주었고 손자가 대신 싸우기 시작했다. 노인은 집으로 달려왔다. 1년 된 순록을 죽여 가죽을 벗겨 익힌 뒤 남김없이 먹고 다시 거인들에게 달려갔다.

"내 손자를 놓아주거라! 내가 싸우겠다!"

거인들은 손자를 놓아준 뒤 노인과 싸우기 시작했다. 손자는 집에 가서 엄마의 젖을 먹기 시작했다. 젖과 피를 함께 빨아 먹은 뒤 다시 거인들에게 달려가 싸우기 시작했는데 거짓말같이 서른 명이나 되는 거인을 모조리 죽였다.

우리얀과 몰리나

먼 옛날에 무사 우리얀이 있었다. 그는 훌륭한 사냥꾼이었고 지칠 줄 모르는 무사였다. 그가 쫓아가서 잡지 못할 짐승은 한 마리도 없었다. 그를 대적할 사람은 아무도 없었다. 그는 모든 사람을 이겼고 누구보다 활을 잘 쏘았으며 누구보다 힘이 셌다.

천하제일의 무사 우리얀의 명성은 드높았고 멀리까지 퍼져 나갔으며 그의 공훈은 모두에게 유명했다. 예벤키 사람 모두가 그에 대해 익히 알고 있었다. 당시 몰리나라는 예벤키 무사가 있었다. 그의 명성도 자자했다. 예벤키 무사 중 가장 힘이 세고 단연 으뜸이라고 했지만 우리얀보다는 못하다고들 했다. 몰리나는 우리얀에 대해 이미 많은 이야기를 듣고 있었다. 몰리나는 우리얀보다 자신의 명성이 낮은 것이 유감이었고 화가 났으며 견딜 수가 없었다. 몰리나는 우리얀의 명성을 무너뜨리고 싶었지만 그와 함께 공개적으로 결투를 벌일 엄두는 나지 않았다. 그러는 사이 우리얀에 대한 명성은 날로 커져 갔다. 몰리나는 마음이 불편하여 도저히 편히 지낼 수가 없었다.

마침내, 몰리나는 자신의 가문 사람들을 모아서 들키지

않게 밤에 몰래 우리얀의 가문을 쳐들어갔다. 우리얀과 가족들은 강가에 유르타를 짓고 살고 있었다. 밤이 이슥했고 주위는 칠흑같이 어두웠다. 이 시간, 우리얀은 가족들과 함께 집 안에 있었다. 몰리나 사람들은 뿔처럼 보이도록 화살을 높이 치켜들고 강을 마구 짓밟았다. 우리얀은 강에서 들려오는 이상한 소리에 무척 놀랐다. 어둠 속에서 뿔 비슷한 무언가 왔다 갔다 하는 모습을 본 우리얀은 야생 순록이라고 생각하여 적이 안심했다.

"그래, 지금은 너무 어두워! 내일 아침에 잡자."

우리얀은 한 치의 의심도 없었고 마음을 푹 놓았다. 그 시간 적의 습격을 받은 일꾼들은 사방으로 흩어졌다. 누군가는 숲 속으로 달아났고 누군가는 알 수 없는 곳으로 달아났다. 몰리나 쪽 사람들이 우리얀 쪽 사람 한 명을 붙잡아 꽁꽁 묶은 뒤 몰리나에게 끌고 갔다. 몰리나는 붙잡혀 온 사람을 머리부터 발끝까지 찬찬히 살펴보았다.

"그래, 우리에게 사실대로 말해 보거라. 너희들의 대장을 찾으려면 어떻게 해야 하느냐? 그의 특징이 무엇이냐? 알려주면 살려 줄 것이고 그렇지 않으면 당장 죽일 것이다."

붙잡혀 온 사람은 너무 놀란 나머지 술술 불고 말았다.

"우리가 식사를 할 때 가운데 앉을 수 있는 사람은 오직 우리얀뿐입니다. 우리는 음식을 손에 받지만 그는 버드나무

쟁반에 받습니다. 활시위로 생긴 물집이 터지는 것을 막고 손바닥 피부가 말랑말랑해지는 것을 막기 위해서입니다. 이 부분을 주의해서 살펴보면 됩니다."

"좋아. 우리를 만난 걸 절대 발설하면 안 된다."

예벤키 사람은 풀려났다. 물론 그는 아무에게도 이 일을 발설하지 않았다. 밤이 지나고 아침이 돌아왔다. 우리얀은 가족들과 함께 강기슭에 피워 놓은 모닥불 옆에 앉았다. 그가 음식을 받아 들자마자 몰리나가 쏜 화살 더미가 그의 머리 위로 쌩쌩 소리를 내면서 날아갔다. 전혀 예상하지 못한 일을 당한 우리얀은 용수철처럼 그 자리에서 뛰어 일어났다. 몰리나의 두 번째 화살 더미가 그의 다리에 꽂혔다. 무기 하나 없이 상처를 입은 우리얀은 속수무책으로 황망히 강기슭에 앉아 있었다. 그때 숲 뒤에서 적들이 뛰어나와 우리얀에게 화살을 엄청나게 쏘아 댔다. 그야말로 화살 폭풍을 맞은 거나 다름없었다.

부상을 당한 우리얀은 무기 하나 없이 맨몸임에도 날아오는 화살들을 아주 기민하게 잘 피했다. 그를 향해 아주 오랫동안 화살을 쏘았지만 몰리나 쪽 사람들은 원하는 결과를 얻지 못했다. 마침내 우리얀이 적들을 향해 소리쳤다.

"뭐냐? 가지고 있는 화살을 다 쏘았느냐? 누구든 나에게 활을 던져 보거라. 이번에는 내가 너희들에게 활을 쏘겠다."

당연히 누구도 그에게 활을 던져 주지 않았다. 우리얀이 말했다.

"그래, 좋다! 어쨌든 상관없다. 이제는 절름발이인 내가 멋지게 죽을 차례구나. 어찌 되었든 곧 나는 너희 손에 죽게 될 것이다. 어차피 죽일 거, 활을 멋지게 쏘아 죽여 다오!"

그렇게 말한 뒤 눈을 감았고 몸의 몇 군데 화살을 꽂은 채 땅바닥에 쓰러졌다. 모든 일이 끝난 뒤 몰리나는 우리얀 사람들과 일꾼들을 불러 모았다. 우리얀의 아내는 승자의 포획물이 되었다. 그에 앞서 우리얀의 아내는 어린 아들을 오랫동안 방치된 솥 안에 숨겨 두었다. 싸움이 벌어진 곳에서 아주 멀리 떨어진 숲 속에 백발이 성성한 우리얀의 아버지가 살고 있었다. 몰리나는 그곳으로 향했다. 노인에게 간 몰리나는 비아냥거리면서 말했다.

"오늘 쓰레기 같은 놈을 죽였소. 그놈은 정말 보잘것없이 말랐더군요. 그래서 머리를 빠개 버렸소."

아버지는 아들이 어떤 운명에 처했는지 직감했고 고개를 떨어뜨린 채 말을 이어 갔다.

"아무리 마르고 기름기가 없다고 해도 머리를 빠개는 것은 안 되는 일이지. 최근 3년 동안 그 아이는 홀로 사냥을 해서 일곱 가족을 먹여 살렸어. 정말 대단하고 훌륭한 아이야!"

몰리나는 노인의 노쇠한 모습을 물끄러미 바라보다 노인은 죽이지는 않기로 결정한 뒤 조용히 그곳을 떠났다. 몰리나가 떠나자 노인은 아들의 집으로 가서 아들의 시체를 확인한 뒤 솥 안에 있는 어린 손자를 찾아내 집으로 데리고 왔다. 노인은 직접 손자를 길렀다.

얼마나 오랜 세월이 지났는지 알 수는 없지만 어린 소년은 부쩍 성장을 해서 장난을 치면서 소란을 피우기도 했고 화살을 가지고 놀기도 했는데 얼마 후에는 사냥을 하기 시작했다. 우리얀의 아들은 매번 집에서 점점 더 먼 곳으로 사냥을 나갔다. 손자가 집에 돌아오는 시간은 하루가 다르게 늦어졌다. 숲과 언덕, 강과 호수를 여기저기 돌아다녔다. 어느 날 세월의 흐름 속에서 손자는 새퉁스레 청년이라 해도 믿을 만큼 훌쩍 버렸다. 어느 날 청년은 나무에 새겨진 표식을 발견했다. 표식은 한두 개가 아니라 제법 많았으며 일정하게 한곳을 가리키고 있었다. 표식은 오래전에 새겨 둔 것이어서 완전히 바래 있었다. 집으로 돌아온 청년이 할아버지에게 따지듯 물었다.

"나무들에 새겨진 표식은 무얼 의미하는 건가요?"

노인은 모르는 척했다. 하지만 청년은 표식에 무척 관심이 끌렸다. 표식에는 자신이 알지 못하는 무슨 비밀이 숨겨져 있다는 사실을 직감했다. 청년이 표식을 따라가는 횟수가 점점 잦아졌다. 그럴수록 할아버지에게 표식에 대해 물어보는 횟수도 늘었다. 청년은 할아버지에게 아버지에 대해 물어보았다.

"말해 주세요, 할아버지! 제게도 아버지 어머니가 있죠? 그분들은 지금 어디에 있나요? 어떻게 해야 만날 수 있나요?"

하지만 할아버지는 요지부동이었다. 아무 말도 들려주지 않았다. 우리얀의 아들은 점점 더 빈번하게 수수께끼 같은 표식을 찾아갔고 더 먼 곳까지 표식을 따라갔다. 처음에는 하루로 끝났지만 그 뒤에는 며칠씩 따라가 보기도 했다. 그럴수록 할아버지에게 더 집요하게 물어보았다. 할아버지는 손자가 이미 청년이 되었고 더 이상 말릴 수 없을 정도로 표식에 집착한다는 사실을 깨달았다. 할아버지는 우리얀과 그의 죽음에 얽힌 이야기를 남김없이 들려주면서 덧붙였다.

"몰리나라는 무사가 있었다. 그자가 나를 비웃으면서 이렇게 말하더구나. 우리얀의 친척이나 샤먼 같은 사람이 자신을 쉽게 찾아오도록 길 양쪽에 표식을 새겨 두겠다고 말이다. 하지만 얘야, 그의 뒤를 쫓을 생각은 아예 하지도 말거라. 너는 그와 겨룰 수 없단다."

우리얀의 아들은 할아버지의 만류에도 몰리나를 찾겠다고 하여 할아버지를 적잖이 당황시켰다. 그는 할아버지와 작별을 고한 뒤 자신이 쓰던 사냥 도구를 들고 길을 떠났다. 한참을 걸어 늙은 대장장이 집에 도착한 청년은 무기를 만들어 달라고 부탁했다. 대장장이 노인이 무기를 만드는 몇 시간 동안 청년은 사냥을 해서 노인에게 먹을 것을 주었다. 노인은 청년에게 갑옷과 투구, 상당한 양의 화살을 만들어 주었다. 그런데 청년의 정체에 대해 이리저리 생각을 굴리던 대장장이 노인은 여러 정황으로 미루어 볼 때 청년이 몰리나를 찾아가는 것 같다고 확신했다. 노인은 애초에 몰리나에게 갈 생각은 접고 집으로 돌아가라고 청년을 설득했다. 청년은 노인의 말을 전혀 귀담아듣지 않았다. 결국 노인은 청년에게 몰리나에게 가는 길을 가리켜 주면서 성공과 행운을 빌어 주었다.

청년은 즉시 대장장이 노인이 가리켜 준 길을 따라 떠났다. 곧 몰리나의 진영이 나타났다. 우리얀의 아들은 입고 있던 갑옷과 투구를 벗어 화살통, 활과 함께 숲 속에 감춰 두고 해진 옷을 입고 몰리나의 집으로 갔다. 진영의 중간쯤에 집이 있었는데 다른 집들보다 훨씬 멋지고 웅장했다. 이것이 몰리나의 집이라고 확신한 청년은 안으로 들어갔다. 남자들은 한 명도 없고 여인들만 있었다.

여인들이 청년에게 어느 가문 출신이며, 어디에서 왔고, 왜 왔는지 등 꼬치꼬치 캐물었다. 청년은 이리저리 돌아다니는 불쌍한 고아인데 어쩌다 우연히 이곳에 들어온 척했다. 곧 사냥에서 돌아온 남자들의 소리가 들렸다. 우리얀의 아들은 문밖을 살짝 내다보았다. 집에 돌아온 남자를 본 청년은 어렵지 않게 몰리나를 찾아낼 수 있었다. 이내 몰리나가 집 안으로 들어왔다. 낯선 얼굴을 발견한 몰리나가 누구냐고 물었다. 청년이 직접 몰리나에게 방금 전에 여인들에게 했던 이야기를 되풀이했다. 몰리나가 여인들에게 물었다.

"이 청년에게 먹을 건 주었는가?"

"예! 주었습니다."

몰리나는 그 자리에게 자신이 우리얀을 언제 어떻게 죽였는지, 어떤 식으로 자신을 찾을 수 있는 표식을 새겨 두었는지 장황하게 늘어놓은 뒤 이렇게 자신의 이야기를 끝맺었다.

"분명 우리얀에게는 가족이 없었어. 그렇지 않고서야 어떻게 아무도 찾아오지 않을 수가 있겠어."

"이자가! 우리얀을 막다른 골목에 몰아넣고 죽인 것을 어찌 용기와 힘으로 죽였다고 떠벌릴 수 있단 말이냐! 나는 네가 새겨 놓은 표식을 따라 여기까지 왔다!"

우리얀의 아들은 우레같이 소리를 지르면서 자리에서 벌떡 일어났다.

이 말을 들은 몰리나는 기겁하여 번개같이 우리얀의 아들에게 칼을 던졌다. 우리얀의 아들이 재빨리 피하자 몰리나는 화급히 사람들에게 소리를 질렀다.

"이 아이를 붙잡아서 죽이도록 해라!"

우리얀의 아들은 갑옷과 투구를 숨겨 둔, 멀리 떨어진 숲속으로 달려갔다. 청년은 갑옷과 투구를 입고 활과 화살을 들고 몰리나 일당을 만나러 갔다. 몰리나도 무장을 하고 자신의 일당 앞에 나타났다. 그러나 그때는 몰리나의 일당이 우리얀의 아들에게 가지고 있던 화살을 대부분 쏘고 난 뒤였다. 그들이 쏜 화살 중 단 한 대도 청년을 맞히지 못했다. 청년은 날렵하게 날아오는 화살을 모조리 피했다. 반면 몰리나의 일당은 청년이 쏘는 화살에 맞아 상처를 입은 채 하나둘 차례차례 쓰러졌다. 청년의 화살이 쌩쌩 소리를 내며 적의 대열 속을 뚫고 날아갔다. 청년이 쏜 화살은 단 한 대도 그냥 스쳐 지나가는 법이 없었으며 한 치의 흔들림도 없이 정확하게 몰리나 일당에게 날아가 꽂혔다. 화살을 맞은 사람들은 치명상을 입거나 죽었다. 마침내 둘만 남아 대치하게 되었다. 이미 그들의 갑옷이 화살을 맞아 구멍이 숭숭 뚫리기 시작했다. 우리얀의 아들은 적에게 더 가까이 다가갔다. 그 순간 몰리나가 간절히 빌었다.

"용서해 다오. 죽이지만 말아 다오. 내 딸을 아내로 삼거

라. 네게 딸뿐만 아니라 순록과 다른 재산을 나누어 주마. 제발 목숨만 살려 다오."

청년은 활을 내려놓고 더 이상 쏘지 않았다. 화해를 한 뒤 몰리나는 정말로 자신의 딸을 청년에게 주었고 청년은 어머니를 찾아냈다. 이곳에서 우리얀의 아들이 얼마나 오래 머물렀는지는 알 길이 없지만 확실한 것은 어느 날 그가 집으로 돌아갔다는 것이다.

아내, 어머니, 순록, 결혼 지참금을 가지고 집으로 돌아가는 길에 청년은 사냥을 했다. 가끔은 며칠씩 한곳에 머무르기도 했다. 그럴 때면 하루 종일 사냥을 했다. 어느 날 몰리나가 그들을 쫓아왔는데 청년은 집에 없었다. 몰리나는 이미 청년이 집에 없다는 사실을 알고 있었다. 몰리나는 오래전부터 청년의 뒤를 쫓으면서 죽일 날만 호시탐탐 노리고 있었다. 집에 도착한 몰리나는 여인들에게 집 근처에 있는 모든 가재도구를 한곳에 쌓으라고 했다. 여인들이 명령을 이행하자 몰리나가 말했다.

"우리얀의 아들은 밤늦게나 올 것이다. 나는 이 가재도구들 사이에 숨어 있겠다. 밤에 우리얀의 아들이 돌아오면 너희들은 유르타를 열어 그를 맞이하도록 해라. 그 순간 어둠 속에서 그의 모습이 선명하게 드러날 것이다. 그때 내가 그에게 활을 쏘겠다."

여인들은 몰리나의 말을 듣지 않을 수가 없었다. 몰리나는 가재도구 사이에 앉아서 우리얀의 아들이 돌아오기만 기다렸다. 밤이 되자 어둠이 내려왔다. 잠시 후 사람의 발자국 소리가 들렸다. 발자국은 집 쪽으로 더 가까이 더 가까이 다가왔다. 그때 문이 열리면서 불빛이 우리얀의 아들을 밝게 비추었다. 청년이 집 안으로 들어오려고 발을 옮기려는 찰나 화살이 쌩쌩 소리를 내면서 옆을 스쳐 지나갔다.

"그래, 몰리나! 이번에는 절대 너를 용서하지 않겠다!"

적의 정체를 알아챈 우리얀의 아들은 이렇게 말하면서 화살이 날아온 곳으로 달려갔다. 표적이 빗나간 데다 옛날에 그렇게 강하던 자신의 손힘이 변했다는 사실을 알아차린 몰리나는 도망치기 시작했다. 그러나 그리 멀리까지 도망가지도 못했다. 정확하고 강한 우리얀의 아들이 쏜 화살이 그를 죽음으로 몰고 갔다. 그렇게 몰리나는 자신의 최후를 맞이했다. 우리얀의 아들은 아침이 밝아 오자 아내와 엄마를 데리고 자신의 길을 떠났다.

오란

일림페야 강 연안의 예벤키 사람 가운데 오란이 있었다. 그는 작은 개울가에 살면서 어살을 쳐 놓고 물고기를 잡았다. 어느 날 예벤키 남자 30명가량이 오란을 죽이자고 작당을 했다. 남자들은 오란에게 가는 중 깊은 숲 속에서 하룻밤을 보내야만 했다. 다음 날 아침 두 명은 남아 거처를 지키고 나머지는 오란에게로 떠났다. 눈에 띄지 않게 조용히 숲을 지나 개울로 다가간 남자들은 드디어 오란을 발견했다. 오란은 어살에 앉아 있었다. 그 순간 오란의 활이 걸려 있는 어망 옆의 말뚝이 부서졌다. 불길한 예감이 든 오란은 개울 기슭에 두었던 무기를 가지고 왔다. 오란이 무기를 들고 있는 모습을 본 예벤키 사람들은 오란을 공격할 엄두조차 못 내고 되돌아갔다. 거처를 지키던 동료들은 오란을 죽였는지를 물어보았다. 그들은 자신들이 본 광경을 세세히 들려주었다.

"아니야 못 죽였어."

이 말을 들은 두 동료가 콧방귀를 뀌면서 비웃었다.

"에이! 이 사람들이! 몇 명이 갔는데 뭐가 무서워서 한 사람을 못 죽이고그래. 너무한 거 아니야!"

다른 사람들이 반색을 했다.

"그렇게 말을 한 너희가 가서 오란을 죽이고 와! 직접 가서 그를 죽여 보란 말이야!"

"그렇게 하지 뭐! 우리가 가서 죽이고 올게!"

두 남자는 이렇게 말을 한 뒤 진짜 그를 죽이러 떠났다. 오란에게 도착한 이 용감한 두 남자는 오란이 유목을 하러 떠나서 이미 그곳에 없을 뿐만 아니라 평탄한 길이 아닌 거친 산길을 따라가고 있다는 사실을 알게 되었다. 오란은 늘 하던 대로 했다. 우거진 수풀을 만나면 나무를 베어 내어 길을 냈다. 오란이 아주 천천히 걸어가는 바람에 예벤키 남자들은 금방 오란을 따라잡을 수 있었다. 이제는 그가 무엇을 하는지 알 수 있을 정도로 거리가 가까워졌다. 앞쪽으로 가서 오란의 길을 가로막게 될 넘어진 나무의 뿌리 뒤에 숨었다. 오란은 나무를 피해서 돌아가기보다는 곧장 가고 싶어 할 것이다. 오란은 반드시 이 나무를 처리해야만 한다!

남자들은 나무뿌리 두 곳의 진흙을 털어 버린 뒤 작은 창문처럼 만들어 놓고 오란을 기다렸다. 잠시 뒤 오란이 다가왔는데 그들과의 거리가 고작해야 2~3사젠[28]에 불과했다. 오란은 자신의 앞길을 방해하는 나무를 베고 있었다. 숨어

---

28) 사젠(сажень)은 러시아의 구(舊) 거리 단위로 1사젠은 약 2.134미터다.

있던 자들 중 한 명이 자신의 작은 창문에서 오란을 향해 화살을 쏘았다. 그러나 화살이 빗나갔다. 작은 새 한 마리가 울어 대는 바람에 오란이 화살을 피했기 때문이다. 그 순간 나무뿌리 뒤에 숨어 있던 사람들에게 공포가 밀려왔다. 그들은 줄행랑을 치기 시작했다. 오란은 그들을 향해 멀리에서 화살을 쏘았고 한 명이 그 자리에서 죽었다. 오란이 소리쳤다.

"이봐, 조금만 기다려 봐, 죽이지는 않을게! 잠시 이야기를 하고 싶어서 그래!"

남자가 멈추어 서자 오란이 다가갔다.

"여기에 온 목적이 무엇이오?"

"당신을 죽이러 왔소."

"그 말은 당신들이 이미 나 오란에 대해 알고 있었단 말인데…. 정말 그렇소?"

"어떻게 모를 수가 있겠소. 모두 당신에 대해 이야기를 한단 말이오. 그래서 우리가 당신을 죽이러 왔소."

"당신들은 여럿이오?"

"그렇소. 아주 많소. 30명이오!"

"그렇군! 당신을 죽이지 않을 테니 한 가지만 약속을 하시오. 지금 당장 돌아가서 사람들에게 전하시오. 나를 죽이겠다는 야멸친 생각은 버리라고. 한 명은 나를 죽이겠다는 헛된 꿈을 꾼 대가를 치렀다고 말이오."

오란은 예벤키 사람을 평화롭게 풀어 주었다. 그 이후 누구도 더 이상 오란을 죽이겠다는 생각 따위는 하지 않았다.

디긴

오래전에 정말 오래전에 야쿠트인 샤먼이 있었는데 장님에다 가난하기까지 했다. 샤먼에게는 세 아들이 있었다. 아들들이 사냥을 해서 아버지를 부양했다. 그들이 사는 곳은 사냥감이 그리 풍부하지 않았다. 사실 그들에게 사는 곳은 그리 중요하지 않았다. 그래서 아버지는 항상 아들들에게 자신을 이곳에 버리고 다른 곳으로 떠나라고 했다. 그러나 아들들은 아버지 말을 듣지 않았다. 이사를 가려면 넓은 황무지를 지나야만 했기 때문에 도무지 엄두가 나지 않았다. 황무지를 지나려면 어림잡아도 7일은 족히 필요했다. 황무지에는 호수도 개울도 샘도 전혀 없어 물을 구할 수가 없었다. 황무지에는 들짐승도 새도 전혀 살지 않았다. 키가 아주 작은 풀만 자라고 있었다. 그마저도 지천에 널린 것이 아니라 협곡을 따라 군데군데 자라고 있었다. 이곳을 떠나라는 아버지의 오랜 설득이 통했을까! 마침내 아들들의 생각이 조금씩 흔들리기 시작했다.

"아버지는 항상 이곳을 떠나라고 하시는데 과연 우리가 살아서 저 황무지를 지나갈 수 있을까요? 우리가 물을 안마시고 7일 동안 살 수 있을까요?"

"바로 그것이 너희들이 이곳을 떠나야 하는 이유다! 황무지에 물이 없으니 다른 곳으로 떠나야만 한다. 괜찮다! 두려워하지 마라! 황무지에서도 우리는 절대 죽지 않는다. 물이 없어도 살아남을 수 있다."

아들들은 아버지 말에 따르기로 했고 이사할 채비를 했다. 짐은 그리 많지 않았다. 가재도구도 전혀 없었다. 길을 나서기에 앞서 아버지는 아들들에게 사람의 키보다 긴 나뭇가지를 준비하라고 했다. 나뭇가지로 풀을 헤치면서 갔다. 여름이었다. 풀이 있는 곳으로만 걸어갔다. 아침이 되면 나뭇가지는 이슬을 머금어 축축해져 있었다. 그러면 냄비에다 나뭇가지의 물을 짜 냈다. 그러고 다시 나뭇가지를 들고 가던 길을 재촉했다. 그렇게 그들은 물을 마시면서 황무지를 지나왔다. 7일 뒤, 드디어 물고기와 동물이 지천으로 널린 풍요의 강에 도착했다. 이곳에서 살기로 했다. 이곳에는 사냥감이 넘쳐났다. 아들들은 매일 사냥을 나갔고 사냥물을 잔뜩 짊어지고 돌아왔다. 이 풍요의 땅에서 이들에게는 힘든 일도 분주한 일도 없이 평온함만 계속되었다.

어느 날 아들들은 평소대로 사냥을 나가서 이곳저곳 돌아다녔다. 그런데 형제 중 한 명이 들짐승 쫓는 데 열중한 나머지 집에서 너무 멀리 떨어진 곳에 가게 되었고 결국 길을 잃었다. 숲을 빠져나오기 위해 오랫동안 숲 속을 헤매 다녔지만 도저히 빠져나올 수가 없었다. 그러면 그럴수록 집과는 점점 멀어졌다. 미궁 속에 빠진 것만 같았다. 밤이 되면 돌아다니다 지쳐 녹초가 된 몸을 이끌고 그대로 나무 밑에 쓰러져 잠이 들었다. 다음 날, 그다음 날도 똑같은 상황이 되풀이되었다. 집에 가기를 바라는 마음과는 달리 집과는 점점 멀어졌다. 하지만 청년은 집에 갈 수 있다는 희망의 끈을 놓지 않고 매일 집으로 가는 길을 찾으면서 지칠 때까지 걸었다. 사냥을 하면서 끼니를 해결했다. 그러다 보니 어느덧 3년의 세월이 훌쩍 지나갔다.

청년이 살았는지 죽었는지 아무도 몰랐다. 어느 순간 청년도 집에 갈 수 있다는 희망을 접었다. 어느 날 평소와 다름없이 하릴없이 숲을 걷고 있었는데 갑자기 앞에 있는 나무 사이에서 이상한 것이 아른거렸다. 가까이 가서 보니 어떤 남자가 막 잡은 큰사슴 가죽을 벗긴 뒤 내장을 꺼내고 있었는데 머리가 없었다. 소스라치게 놀라 멈칫한 다음 물러섰다.

공포가 온몸을 옥죄었지만 굶주림이 공포를 이겼다. 겨울이었다. 벌써 며칠 동안 아무것도 먹지 못한 상태였다. 스키도 없기 때문에 도망갈 수도 없었다. 머리가 없는 사람에게는 스키가 있었는데 그마저도 단순한 스키가 아니라 쇠로 만들고 가죽을 두른 스키였다. 이 모든 상황을 머릿속에 그려 본 청년은 용감하게 머리 없는 남자에게 갔다. 머리 없는 남자는 청년을 그곳에서 멀지 않은 자신의 집으로 데리고 가서 음식을 대접했다. 음식을 먹다 자세히 보니 남자의 입은 등에 가서 붙어 있는 데다 목에서부터 시작되고 있었다. 그 바람에 남자가 음식을 씹고 삼킬 때 입이 올라갔다 내려갔다 하는 것이 턱뼈가 움직이는 것처럼 기괴해 보였다.

시간이 흘러 어스름이 내렸다. 곧 밤이 되면서 어둠이 짙어졌다. 남자와 청년은 잠을 자기 위해 누웠고 남자는 이내 잠이 들었다. 청년은 조심스럽게 일어나 칼로 남자의 스키를 가로로 잘라 놓은 뒤 도망을 갔다. 잠시 후 뒤쪽에서 소름 돋는 비명 소리가 들려왔다. 그러나 쫓아오는 소리는 들리지 않았다. 청년은 남자가 스키가 갈라진 것을 모르고 탔다가 스키가 부러지면서 넘어진 것이 분명하다고 확신했다. 거의 무념무상의 상태에서 계속 달려갔다. 이 일로 정신없이 달려간 것이 비참한 운명에서 청년을 구해 주었다. 앞만 보고 달리다 보니 멀리서 어렴풋이 아버지와 형제들이 사는 집이 보였다.

몇 년의 시간이 더 흘렀다. 샤먼 노인과 아들들은 어떠한 흔적도 남겨 놓지 않았지만 그들에 얽힌 전설은 무성하게 떠돌아다녔다. 샤먼 노인과 아들들은 많은 자손을 남겼고 자손들은 부유하게 살았다. 초원에서 엄청나게 많은 말 떼와 소 떼를 길렀다. 숲은 동물들로 가득했으며 강과 호수에는 물고기가 넘쳐났다. 샤먼 노인의 가문을 이끈 사람은 위대한 디긴이었다. 디긴은 가문에서 가장 힘이 세고 현명했으며 가장 부유했고 명성이 높았다. 힘, 부, 지혜에서 그와 겨룰 수 있는 사람은 없었다. 그에게는 조력자가 많았는데 그들은 가문에서 디긴 다음으로 힘과 지혜가 뛰어났다. 그들 가운데 무사 찰라가 두드러졌는데 힘으로 따지면 디긴 다음이었다.

디긴은 가문 사람들과 함께 살았으며 사람들을 쓸데없이 성가시게 하지 않았다. 모든 사람들을 아주 평화롭게 다스렸고 모두 그의 말에 복종했다. 디긴은 두려운 것이 없었다. 디긴은 자신의 힘과 주변 사람들을 믿었다. 많은 일꾼들이 초원에서 말과 암소를 길렀다. 일이 없는 사람들은 혼자서 혹은 무리지어 숲과 산으로 사냥을 가거나 강이나 호수에서 낚시를 했다. 어느 날 몇 명이 무리를 지어 사냥을 나갔다. 짐승을 쫓으며 오랫동안 숲 속을 돌아다녔다. 며칠을 돌아다니다 우연찮게 마을에서 멀리 떨어진 숲에 가게 되었다. 그런데 뜻하지 않게 여인 혼자 살고 있는 유르타를 발견했다. 유르타 옆에는 활과 쇠뇌가 놓인 썰매가 있었다. 그들은 활을 당겨 보았다. 활시위가 어찌나 팽팽한지 첫 번째 마디가 있는 곳까지만 당겨졌다. 잠시 뒤 그들은 여인 혼자 있는 유르타 안으로 들어갔다. 여인과 이야기를 나누기 시작했다. 알고 보니 예벤키 여인이었다. 여인에게 가족이 몇 명이냐고 물었더니 아들과 단둘이 산다고 했다.

"그런데 아들은 어디에 있소?"

"사냥을 갔습니다."

"아들이 무기를 어떻게 사용하는지 아시오?"

"무기라니요?"

"밖에 세워 둔 것 말이오."

"아하, 그게 무슨 무기예요. 그건 아들이 어릴 때 가지고 놀던 장난감이에요."

그들은 너무 놀라 입을 다물지 못한 채 황망히 그 집을 나와 자신들의 집으로 돌아왔다. 디긴에게 자신들이 보고 들은 모든 것을 하나도 빠짐없이 세세하게 들려주었다. 디긴은 오히려 지금껏 무사의 존재가 알려지지 않았다는 사실이 더 놀랍다면서 찰라를 찾아오라고 했다. 찰라가 나타나자 디긴은 세 명의 뛰어난 무사와 함께 무슨 일인지, 어떻게 된 일인지, 사냥꾼들이 한 이야기가 사실인지 직접 확인해 보라고 했다.

찰라는 사냥꾼들이 알려 준 길을 따라 달려갔다. 과연 이틀을 달려가니 여인의 유르타가 나왔다. 찰라도 유르타 옆에서 활과 쇠뇌를 발견했다. 찰라는 두 손으로 활시위를 당겨 보았다. 힘줄이 불끈불끈 솟아오를 정도로 온몸의 힘을 모아 당겼더니 세 번째 마디가 있는 곳까지는 당겨졌다. 하지만 네 번째 마디가 있는 곳까지는 어림도 없었다. 집 안으로 들어간 찰라도 여인을 발견했다. 아들은 아직 사냥에서 돌아오지 않았다. 여인과 이야기를 나눈 후 찰라는 마을로 돌아와서 디긴에게 자신이 알아낸 모든 것을 고했다. 어스름이 내리자 아들이 사냥에서 돌아왔다. 엄마가 아들에게 두 번에 걸쳐 야쿠트 사람들이 왔다 갔고 두 번 다 활시위를 당겨 보았다는 이야기를 하자 아들이 물었다.

"그들이 여기에 올 때 어느 쪽에서 왔는지 아세요?"

엄마가 길을 알려 주면서 처음에 왔던 사람들은 저 옆길에서 왔다고 덧붙였다. 이튿날 예벤키 청년은 야쿠트 사람들의 발자국을 따라 길을 나섰다. 그들이 사는 곳에 도착한 청년은 많은 일꾼들이 거대한 말 떼를 몰고 있는 광경을 보았다. 하지만 멈추지 않았고 그냥 묵묵히 말 떼를 앞질러 갔다. 도중에 작은 언덕이 있어 그곳에 올라가서 말 떼를 기다렸다. 말 떼가 언덕의 양쪽으로 갈라지자 청년은 활을 들어 말 떼를 향해 쏘았다. 화살은 한 번에 열네 마리의 말을 관통했다. 그러고 나서 청년은 아무 일 없었다는 듯이 유유히 집으로 돌아갔다.

목동은 디긴을 찾아와서 완전히 처음 보는 어떤 청년이

화살 한 개를 쏘아 열네 마리의 말을 죽인 뒤 돌아갔다는 이야기를 했다. 디긴은 찰라와 사람들을 불러 대책을 논의했다. 드디어 말 떼를 한데 묶어 달리게 한 뒤 누가 최소한의 화살로 더 많은 말을 죽이는지 시험하기로 했다. 화살 하나로 누구는 한 마리, 누구는 두 마리, 누구는 세 마리의 말에 화살을 쏘았다. 네 마리나 다섯 마리를 맞힌 사람은 아주 드물었고 일곱 마리의 말에 화살을 쏜 것은 찰라가 유일했다. 디긴은 말을 타고 자신의 힘을 보여 주었을 뿐 활은 쏘지 않았다. 디긴과 사람들은 낯선 청년과 맞서 싸우는 것이 힘에 부치는 일이라는 결론을 내렸다. 디긴이 말했다.

"우리는 그와 힘을 겨룰 수는 없네. 우리가 그의 사람이 되도록 노력하는 편이 더 낫다고 생각하네. 그렇지 않으면 그는 우리를 모두 죽일 걸세. 찰라를 대표로 사람을 몇 명 그에게 보내 이렇게 말하는 게 좋겠네. 디긴은 당신과 평화롭게 지내기를 원하며 당신이 원한다면 기꺼이 딸을 줄 생각이 있다고 말일세. 또 우리의 사람이 되어 우리와 함께 살자는 말도 덧붙이게."

그렇게 하기로 했다. 디긴의 사신들은 디긴의 명령을 정확하게 이행했다. 예벤키 청년은 기꺼이 이 제안을 받아들였고 곧 디긴을 찾아왔다. 디긴은 청년을 기쁜 마음으로 맞이했고 음식을 대접했다. 여름이었고 무척이나 더웠다. 디긴은 청년에게 물이 담긴 아주 큰 나무 술잔에 마유주를 살짝 섞어 대접했다. 청년이 마시려고 술잔을 들어 입술에 갖다 대는 순간 디긴이 투창으로 내려쳤다. 청년이 얼마나 민첩하고 여유롭게 피했는지 애꿎은 탁자만 두들겨 맞았다. 술잔에 담긴 술은 한 방울도 쏟아지지 않았다. 청년을 죽이는 데 실패한 디긴이 말했다.

"이봐, 기분 나빠하지도, 화내지도 말게. 자네를 죽일 생각은 아니었네. 자네의 힘을 실험해 본 것뿐이야. 지금 보니 자네의 명성이 괜한 것이 아니네그려. 내 기꺼이 자네에게 내 딸을 주겠네."

청년은 이 말을 진심이라고 믿었고 마음을 푹 놓았다. 그렇지만 경계를 늦추지는 않았다. 그는 디긴의 딸과 결혼을 한 뒤 야쿠트 사람들과 함께 살았다. 야쿠트 사람들과 함께한 4년 내내 청년은 한순간도 경계를 늦추지 않았다. 그동안 야쿠트 사람들도 그에 대한 적대감을 전혀 드러내지 않았다. 4년이 지나자 그는 야쿠트 사람들을 진정한 친구로 생각하면서 경계심을 던져 버렸다. 이를 눈치챈 야쿠트 사람들은 1년을 더 기다렸다. 6년이 되던 해 치사하게 예벤키 청년이 자고 있는 사이 죽여 버렸다. 이렇게 비겁하게 야쿠트인은 믿음직스럽지만 두려움의 대상이었던 예벤키 무사를 죽였다. 하지만 디긴은 오랫동안 축하 잔치를 벌일 처지가 아니었다.

그의 땅에 러시아 사람들이 쳐들어와서 전투가 벌어졌기 때문이다. 하지만 디긴에게는 사람들이 많았기 때문에 어렵지 않게 러시아 사람들을 물리칠 수 있었다. 러시아 사람들은 힘으로는 디긴을 이길 수 없다는 사실을 깨닫고 화해와 우정을 제안했고 디긴은 기꺼이 받아들였다. 새 친구가 된 러시아 사람들은 영원한 우정과 지긋지긋한 전쟁이 끝난 것을 기념하는 축하연을 벌이기로 했다. 러시아 사람들은 축하연에 야쿠트 친구들을 초대했다. 축하연에서 러시아 사람들은 아직껏 야쿠트 사람들이 본 적도 들은 적도 없는 보드카와 음료수를 대접했다. 디긴도 친구들과 함께 마셨다. 디긴은 술에 취해서 휘청거렸다. 야쿠트 사람들은 너 나 할 것 없이 모두 술에 흠뻑 취했다. 러시아 사람들은 이 순간을 교활하게 이용했다. 정신없이 취한 야쿠트 사람들을 공격해서 모두 죽였다. 그렇게 야쿠트 황제는 자신의 삶을 끝마쳤고 그의 왕국도 무너져 내렸다.

어느 노부부의 오만방자한 아들

무척 늙은 부부가 있었다. 90살은 족히 되어 보이지만 어쩌면 100살이 넘었는지도 모른다. 그들은 지독하게 가난했다. 동물도 기르지 않았고 먹을 것도 없었다. 나이 든 탓에 먹을 것을 구하는 것도 무척 힘이 들었다. 노인들은 먹게 되면 먹고 그렇지 않으면 굶었다. 결국 굶주림의 공포가 노부부를 덮쳤다.

"이제는 어떻게 먹고 살지?"

노부부는 비참하고 암울했다. 할아버지는 생각하고 또 생각하고 궁리하고 또 궁리한 끝에 죽기 전에 이 세상을 돌아다니며 진리나 찾아야겠다고 결심했다. 그렇게 결심한 어느 날, 할아버지가 할머니에게 이야기했다.

"이보게, 할멈! 신의 가호를 받으면서 지내시오. 나는 진리를 찾아 떠나겠소. 어딘가에 가면 진리를 찾게 되지 않겠소? 3년을 돌아다닐 것이오."

할아버지가 집을 떠났다. 이것저것 가리지 않고 눈에 보이는 대로 아무거나 먹으면서 돌아다녔지만 3년간의 방랑 생활은 무익하게 끝났다. 진리를 찾지 못한 채 집으로 돌아온 할아버지는 할머니가 조그만 사내아이를 안고 있는 모습을 보았다.

“세상에, 할멈! 신이 당신에게 어떻게 이런 선물을 줄 수가 있단 말이오! 이 나이 되도록 목이 빠지게 기다렸건만…. 젊어서도 없었던 일이 어떻게 이런 노년에 와서 이루어진단 말이오!”

아이를 발견한 할아버지가 탄성을 질렀다.

“영감, 나도 잘 모르겠어요. 어느 날 잠에서 깨어나 보니 이 아이가 내 침대에 누워 있더군요.”

노인들은 아이를 지극정성으로 키웠다. 아이는 하루가 다르게 성장했다. 며칠이 지났을까? 아마 한 달쯤 지난 것 같다. 아이는 이미 건강한 소년이 되었고 어엿한 청년의 분위기를 풍겼다. 시간이 흘렀다. 청년은 이제는 완전한 남자가 되었고 딴딴해졌다. 얼마의 시간이 더 지나갔다. 아들이 아버지에게 말했다.

“아버지, 여덟 자루에 흙을 모아 주세요.”

아버지는 자루에 흙을 쓸어 담았다. 쉬지 않고 쓸어 담았다. 기진맥진하여 쓰러질 지경이었다. 너무 늙어서 힘이 없었지만 아들이 말한 만큼 흙을 계속 쓸어 담았다. 아들은 흙이 든 자루를 들고 아버지에게 말했다.

“자, 아버지! 유르타 뒤편을 보세요. 제가 유르타 너머로 자루를 던지면 그곳에 말이 나타날 거예요.”

아들이 자루를 던지자 정말로 자루가 떨어진 그 자리에 말이 나타났다. 두 번째 자루를 던지자 또 말이 나타났다. 아들은 자루 여덟 개를 모조리 던졌고 유르타의 뒤편에는 여덟 마리의 말이 나타났다. 아들이 말했다.

"이 말들은 평범한 말이 아닙니다. 이 말들은 똥이 아니라 말을 쌀 겁니다."

세상에, 정말로 여덟 마리의 말이 똥을 누자 그 자리에 여덟 마리의 말이 태어났다. 아들이 말했다.

"음, 아버지, 이제부터 아버지에게는 먹을 것이 넘쳐 날 겁니다. 굶주림에 시달릴 일은 없을 거예요."

노부부는 부자가 되었다. 하루가 다르게 말이 늘어 가더니 어느 순간 셀 수 없이 많아졌다. 곳곳에 노인의 말 떼가 어슬렁거렸다. 얼마의 시간이 지났을까? 아들은 아버지 곁에 있는 것이 무료하고 답답했다. 아들은 힘이 장사였다. 누군가와 싸우면서 힘을 겨뤄 보고 몸을 풀고 싶은 마음이 간절했다. 아들은 날개가 달린 힘이 센 강철 말을 고른 뒤 아버지에게 말했다.

"아버지! 제가 아버지에게 먹을거리를 넘치게 드렸어요. 아버지에게는 말이 무척 많기 때문에 돌아가실 때까지 아무 걱정 없이 사실 수 있어요. 신의 가호를 바랍니다. 저는 이 세상을 돌아다니면서 무사들을 찾아 힘을 겨뤄 보겠어요.

살아남는다면 언젠가는 아버지 곁으로 돌아오겠어요. 죽는다면, 유감이지만 저를 용서하시고 저에 대한 나쁜 기억은 지우세요."

아들은 연로한 아버지 어머니와 작별 인사를 나누고 말에 올라타 휘파람을 불면서 길을 나섰다. 아버지 어머니는 아들의 뒤를 묵묵히 바라보면서 하염없이 눈물을 흘렸다. 이게 아들과의 마지막일 것만 같았다. 아들은 산을 넘고 숲을 지나 계곡을 가로지르면서 한참을 가다 세 명의 무사를 만났다. 그중 두 명은 아들의 말발굽 소리에 너무 놀라 기절을 했다. 멀쩡한 한 명의 무사가 말했다.

"에이! 창피하게! 너희들은 늙은 할아버지 할머니의 아들을 보고 놀라서 기절까지 하고 그래! 내가 코를 납작하게 해주겠어!"

아들과 결투를 벌였지만 그리 오래가지는 않았다. 할아버지의 아들이 50푸트[29]의 지팡이로 상대를 한 번, 두 번, 세 번 내리치자 그 자리에서 작은 조각으로 부서졌다. 이제는 새퉁스레 어엿한 무사의 분위기를 풍겼다. 승자가 된 무사는 죽은 자의 두 동료는 건드리지 않은 채 말을 타고 또 다

29) 푸트(пуд)는 러시아의 구(舊) 무게 단위로 1푸트는 16.38킬로그램이다.

른 모험을 찾아 떠났다.

무사는 오랫동안 이 세상을 돌아다녔다. 헤아릴 수 없이 많은 마을과 사람을 보았고 수도 없이 싸우면서 무수한 사람들을 죽였다. 어디에도 무사와 견줄 만한 사람은 없었다. 무사는 의기양양해졌다. 무사는 자신이 세상에서 가장 힘이 세고 명예롭고 위대하다는 생각을 굳히게 되었다. 무사는 건방지게 굴기 시작했다. 이제는 자신만만함을 넘어 오만방자해졌다. 눈 뜨고는 못 봐 줄 정도였다. 어느 날 말이 무사에게 말했다.

"주인님, 돌아가야만 합니다! 이제는 돌아갈 때가 되었어요! 계속 가면 좋지 않은 일이 생길 거예요! 죽음이 우리를 기다리고 있어요. 돌아가야만 해요!"

무사는 자신의 충직한 말에게 심하게 화를 내면서 50푸트 막대기로 말을 때렸다.

"어리석은 짐승 같으니! 내가 너를 만들었어. 그런데 감히 나를 가르치려고 들어! 네가 나보다 더 지혜롭다고 생각하는 거냐? 착각 따위는 집어치워!"

무사는 말을 한 번 더 때린 뒤 앞으로 계속 나아갔다. 그런데 갑자기 앞에 체구가 작은 난쟁이가 불쑥 튀어나와 길을 막았다.

"너, 할아버지 할머니의 아들! 지나치게 힘이 세졌어. 나보다 더 강해지고 싶겠지. 나는 네게 그런 힘을 준 적이 없어. 너는 거만해졌고 심하게 오만불손해졌어. 네 힘을 빼야만 해. 나는 이미 오래전부터 이곳에서 너를 기다렸어."

이 말을 끝으로 난쟁이는 흔적도 없이 사라졌다. 무사는 처음에는 느닷없는 난쟁이의 출현에 얼이 빠져 무슨 일인지 생각할 틈도 없었다. 하지만 난쟁이가 사라진 후 정신을 가다듬으면서 심하게 화를 냈다. 화가 머리끝에서 발끝으로 불길처럼 번져 나갔다.

"에이, 너! 더 지껄여 봐! 왜 내가 그 녀석을 죽이지 않은 거지? 죽였어야 했는데! 정말 기분이 나쁘군!"

화를 억누른 채 계속 길을 가려고 마음먹었다. 열 걸음이나 옮겼을까? 키가 숲보다 더 큰 거인 무사가 앞에 나타났다. 노인의 아들이 다가갔다.

"어떻게 할래? 좋은 말로 끝낼까 아니면 싸워 볼까?"

거인이 저쪽을 가리키면서 말했다.

"저기에 내 지팡이가 있어. 그걸 들어 봐. 네가 그걸 들 수 있으면 그때 다시 이야기하자!"

말이 주인에게 간곡하게 빌었다.

"주인님! 그만두세요! 안 그러면 우리는 여기에서 죽게 됩니다! 여기가 우리의 무덤이 될 거예요!"

"당장 닥치지 못해! 어리석은 짐승 같으니!"

무사는 위풍당당하게 말에서 내려 지팡이를 들러 갔다. 무사가 지팡이를 들어 올리려는 순간 무릎이 꺾이면서 주저앉았다. 허리띠를 묶고 다시 한번 힘을 주었다. 그런데 지팡이는 좀 전과 다름없이 전혀 움직이지 않았다. 자신만만한 무사는 자신이 가진 모든 힘을 끌어 모았다. 지팡이를 들어 올리려는 순간 목이 꺾이면서 땅으로 고꾸라졌다. 무사는 자신에게 죽음이 다가왔음을 직감하고 유언을 남겼다.

“내 머리는 사방이 낭떠러지이지만 정상은 평평한 산의 탁상지가 되게 해 주세요! 등은 산맥이 되고 팔다리는 산줄기가 되게 해 주세요!”

자신의 천하무적 힘을 지나치게 뽐내던 노부부의 아들은 그렇게 죽었고 죽은 뒤 탁상지, 산맥, 산줄기로 변했다.

난쟁이 무사

매우 힘이 센 무사 열 명이 있었다. 모두 100푸트 정도는 거뜬히 들어 올렸다. 어느 날 식사를 하는데 앳되어 보이고 야리야리한 청년이 찾아왔다.

"안녕하세요!"

"그래, 안녕!"

무사들은 청년에게 앉으라는 말도 하지 않고 그릇도 주지 않은 채 각자 자신이 먹던 고기를 조금씩 잘라 청년의 손에 던져 주었다. 청년이 한참 고기를 먹고 있는데 무사들은 청년에게 혹시 아는 무사가 있냐고 물었다. 자신들은 100푸트 이상을 들어 올릴 정도로 힘이 센 무사인데 다른 무사들과 겨뤄 보고 싶다고 했다. 청년은 모른다고 했다. 잠시 후 식사를 마치자 한 무사가 쉬고 싶다며 지하실로 내려갔다. 식사를 마친 청년은 무사들에게 누가 제일 연장자이며 우두머리인지 물어보았다. 음식을 대접한 데 대해 감사의 표시를 하고 싶다고 했다. 무사들은 힘없이 대답했다.

"우리 모두가 우두머리야. 우리 모두에게 감사를 표하면 돼!"

"그렇게 말하시면 누구에게 감사의 표시를 해야 하는지

알 수가 없잖아요?"

청년의 목소리가 얼마나 우렁우렁하고 컸던지 식사를 하던 아홉 명의 무사 모두 너무 놀라 그 자리에서 죽고 말았다. 살아남은 사람은 지하실에 있던 무사뿐이었다. 지하실에서 뛰어나온 무사는 죽을 만큼 놀랐다. 청년이 물었다.

"나의 동료가 되겠소?"

어쩌겠는가! 공포로 몸을 부들부들 떨면서 대답했다.

"그러겠소."

"좋소, 나와 같이 갑시다."

이 말이 끝나기 무섭게 청년은 유르타에서 나왔고 무사는 청년의 뒤를 따라 나왔다. 청년은 무사를 어딘가에 앉힌 뒤 천으로 눈을 가리고 알 수 없는 곳으로 데리고 갔다. 그들이 얼마나 멀리 갔는지 가늠할 수는 없지만 드디어 멈추어 섰다. 무사는 눈가리개를 벗고 사방을 둘러보았다. 앞에는 아주 멋진 집이 서 있었다. 청년은 문의 휘장을 열고 안으로 들어갔다. 무사도 그곳으로 들어가고 싶었지만 아무리 힘을 써도 도저히 휘장을 열 수가 없었다. 무사가 있는 힘을 다 모아도 끝자락조차 들어 올리지 못할 만큼 휘장은 무거웠다. 한참의 시간이 지난 뒤 청년이 같이 온 무사를 기억하고는 아이들에게 말했다.

"저기 문 뒤에 가면 삐쩍 마른 남자가 서 있을 것이다. 내가 데리고 왔다. 쓸데없이 휘장을 열려고 안간힘을 쓰고 있구나. 부질없는 짓인데. 아무튼 휘장을 열어 주어라!"

아이들이 휘장을 열어 주어 남자는 집 안으로 들어갈 수 있었다. 이곳에서 남자는 자신을 데리고 온 청년이 난쟁이들의 아버지란 사실을 알게 되었다. 난쟁이들은 그보다 훨씬 더 힘이 셌다. 난쟁이들은 땅에 닿을 정도로 정말 작았는데 얼마나 작은지 보일락 말락 했다. 이들은 남자에게 분에 넘칠 정도로 융성하게 대접을 했다. 듣도 보도 못한 각양각색의 산해진미가 차려졌다. 대엿새가량 지난 어느 날 아침, 난쟁이 무사가 물었다.

"내 동료가 되어 주겠소?"

"좋소."

남자는 감히 거부할 엄두도 못 냈다. 어떻게 거부할 수 있겠는가!

"좋소, 그러면 같이 갑시다."

집 밖으로 나갔더니 거대한 말이 서 있었다. 난쟁이 무사는 이번에도 남자의 눈을 천으로 가린 뒤 어딘가로 데리고 갔다. 얼마나 갔을까? 아주 멋진 집 앞에 이르자 난쟁이 무사가 말했다.

"이곳이 나의 집이오. 나는 무사들과 겨룰 때는 이곳에서 지낸다오. 이곳에서 멀지 않은 곳에 세 명의 무사가 살고 있소. 나는 그들과 싸워야 하오."

집 안으로 들어갔다. 먹을 것이 넘쳐 났으며 무엇 하나 부족한 것이 없었다. 실컷 먹은 뒤 잠이 들었다. 아침에 일어나니 난쟁이 무사가 말했다.

"오늘 싸우러 갈 것이오."

남자도 난쟁이 무사의 뒤를 따라 밖으로 나갔다. 그런데 숲보다 큰 거인이 자신을 향해 다가오는 것이 아닌가! 남자는 너무 놀라 넋이 빠졌다. 엉겁결에 처음 보는 낯선 사람에게 땅에 박힐 정도로 고개 숙여 인사를 했다. 그러자 거인이 말했다.

"왜 그리 인사를 하오? 친구도 못 알아본단 말이오? 내게는 마시면 이렇게 커지는 물이 있소. 이에 대해 누구한테도 말하면 안 되오. 자, 나는 이제 싸우러 가겠소. 당신은 여기에서 기다리시오. 지진이 나는 것 같은 큰 소리나 우레 소리가 들리더라도 절대 놀라지 마시오. 행여 도망가려고 말에게 채찍질 따위는 하지 마시오. 나를 죽이면 그들이 알아서 이곳을 떠날 것이오. 그러면 당신은 목숨을 구하게 될 것이오. 오늘 나는 큰형과 싸우러 갑니다."

이 말을 끝으로 거인은 떠났다. 몇 시간 뒤 집에 남아 있던 남자는 땅이 무너지는 듯한 무시무시한 굉음, 우레 소리, 무기 부딪히는 소리를 들었다. 남자는 말 위에 앉아 있었는데 너무 공포스러워 눈앞이 깜깜해졌다. 도망가려고 있는 힘을 다해 말에게 채찍을 휘둘렀지만 말은 미동도 하지 않았다. 이때 난쟁이 무사가 피범벅이 된 채 아주 지친 몸을 이끌고 돌아왔다.

"휴, 세상에! 이제 겨우 한 사람 처치했네. 이제는 잘 수 있겠어. 이상한 소리가 나면 나를 깨워 주오. 일어나지 않으면 망치로 내 이마를 때리시오."

이렇게 말한 뒤 난쟁이 무사는 집 안으로 들어가 잠이 들었다. 피로에 지친 난쟁이 무사는 3일 밤낮을 쉬지 않고 잤다. 나흘째 되는 날 이상한 소리를 들은 남자는 난쟁이 무사를 깨우러 달려갔다. 소리를 꽥꽥 지르고, 때리고, 흔들어도 여전히 잠에서 깨어나지 못했다. 순간 남자는 망치 생각이 나서 망치를 들고 있는 힘을 다해 난쟁이 무사의 머리를 세 번 내리쳤다. 그제야 난쟁이 무사는 잠에서 깨어나 무슨 일인지 머릿속에 그려 보았다. 그러고 나서 옷매무새를 고치고 철저하게 음식을 먹은 뒤 남자에게 말했다.

"나는 오늘 둘째 형하고 싸우러 갑니다. 이곳에 남아서 기다리시오. 내가 살아 있는 한 집에서 도망갈 수 없으니 괜히 말을 채찍으로 때리지 마시오! 말이 불쌍하오!"

곧이어 집에 있는 남자에게 땅이 무너지는 소리, 우레 소리, 무기 부딪히는 소리가 들려왔다. 남자는 하늘이 깜깜해지는 것 같았다. 잔뜩 겁을 집어 먹은 남자는 난쟁이 무사의 경고를 잊고 이 이상한 곳에서 탈출하기 위해 말에 올라타서 말을 채찍으로 때렸다. 그러나 말은 지난번처럼 발이 땅에 박힌 듯 꼼짝도 하지 않았다. 몇 시간 뒤 난쟁이 무사는 상처투성이에다 피범벅이 되어 돌아왔다. 지난번보다 그 정도가 훨씬 심했다.

"자, 신이 도왔소! 드디어 둘째 형도 처치했소! 둘째 형은 큰형보다 훨씬 힘이 세다오. 이제 가장 힘이 세고 무시무시한 막내 형만 남아 있소. 너무 피곤하오. 정말 지쳤소. 이제 잠을 자야겠소."

난쟁이 무사는 서둘러 집으로 들어가 몸을 쭉 뻗고 누운 뒤 닷새 뒤에 깨워 달라고 했다. 정확하게 닷새 동안 난쟁이 무사는 한 번도 일어나지 않았고 죽은 듯이 잠만 잤다. 엿새째 되는 날 남자는 지난번과 똑같은 방법으로 무사를 깨웠다. 당연히 단단하게 챙겨 먹은 난쟁이 무사는 다시 싸움터로 갔다. 몇 시간 뒤 지난번과 같은 이상한 소리와 우레 소리가 들렸다. 불쌍한 남자! 하늘이 하얘졌다 빨개졌다 까매졌다 난리도 아니었다. 아! 이렇게 불쌍하고 애처로울 수가! 공포가 머리끝에서부터 발끝까지 파도치듯 쉴 새 없이 넘실거렸다. 몇 시간 뒤 집으로 돌아온 난쟁이 무사는 지난번보다 훨씬 지쳐 있는 데다 상처도 심했다. 잠깐 동안 숨을 몰아

쉬면서 말했다.

"세상에! 운 좋게도 막내 형을 죽였소. 그가 이 땅에 남아 있던 마지막 무사였소. 이제 이런 일은 다시는 없을 거요."

몇 시간 뒤 난쟁이 무사는 갑자기 생각이 났다는 듯 중얼거렸다.

"에이, 안타깝군. 막내 형이 약지에 끼고 있던 황금 반지를 빼 온다는 걸 잊었군. 가지고 와야 하는데. 일단 잠부터 자야겠어. 지금부터 일주일 동안 잠을 잘 것이오. 나를 위협하는 사람은 이제 더 이상 없을 것이오."

난쟁이 무사는 잠자리에 들었다. 오랫동안 집 안에 앉아 있던 남자는 죽은 무사들이 불쌍해졌다. 난쟁이 무사는 여전히 잠에 빠져 있었다. 남자는 죽은 사람들을 보고 싶었지만 그럴 엄두는 내지 못했다. 난쟁이 무사가 잠자리에 들기 전에 경고를 했기 때문이다.

"이봐, 싸움터에는 가 볼 생각도 하지 마시오. 마지막에 죽은 무사가 아주 이상하게 누워 있단 말이오."

남자는 더 이상 앉아 있을 수가 없었다. 직접 가서 죽은 사람들을 보고 싶은 호기심이 공포를 이겼다. 마침내 남자는 말을 타고 그곳으로 떠났다. 얼마 가지 않아 곧 남자는 걸어가야만 했다. 말이 갈 수 없는 빽빽한 숲이 나타났기 때문이다. 숲을 빠져나온 남자는 서로 멀지 않은 곳에 누워 있는 세 명의 무사를 발견했다. 그들은 거짓말이 아니라 정말로 산만큼 거대했다. 마지막으로 죽음을 맞이한 무사는 어째서인지 오른손을 왼쪽 어깨에 올려놓고 오른쪽 옆구리를 대고 누운 채 몸을 축 늘어뜨리고 있었다. 아닌 게 아니라 마지막 죽은 무사의 약지에서는 무척 아름다운 황금 반지가 빛나고 있었다.

"세상에, 이렇게 아름다운 반지가 있다니! 저걸 빼야겠다!"

남자는 이렇게 생각하면서 죽은 무사의 손을 잡았다. 그런데 남자가 손가락을 건드리는 순간 어깨에 올려놓았던 오른손이 굴러 떨어지면서 남자를 심하게 눌렀다. 남자는 눌려 죽을 것만 같았다. 아무리 애를 써도 도저히 빠져나올 수가 없었다. 오랫동안 그렇게 그 자리에 누워 있었다. 죽은 무사들이 부패하기 시작하면서 썩는 냄새가 요란했다. 그런데도 남자는 누워 있어야 했다. 살아 있긴 했지만 배고픔과 갈증으로 죽기 직전이었다. 드디어 일주일 뒤, 잠이 들었던 난쟁이 무사가 깨어나서 남자가 없어진 걸 알고 속으로 투덜거렸다.

"이 바보가 분명 싸움터로 갔을 거야."

난쟁이 무사는 그곳으로 가서 겨우 목숨을 부지하고 있는 남자를 꺼내 주었다. 그리고 죽은 사람에게서 황금 반지를 빼 남자의 몸에 테처럼 끼우면서 말했다.

"마음에 들면 가지시오!"

잠시 뒤 둘은 집으로 돌아왔다. 집에 도착한 난쟁이 무사는 잠시 숲에 들어갔다가 집으로 돌아왔는데 예전처럼 난쟁이가 되어 있었다. 자신의 일을 모두 끝마친 난쟁이는 남자와 함께 가족들이 살고 있는 집으로 갔다. 집에 돌아온 그들이 그곳에서 얼마나 살았는지는 알 수 없다. 다만 어느 날 난쟁이 무사가 남자에게 이런 말을 한 것만 전해지고 있다.

"몇 푸트 정도 들 수 있소?"

"100푸트 정도."

"그렇군, 나는 1000푸트를 들 수 있소. 하긴 무슨 상관이오. 오늘 물건을 사러 마을로 갑시다."

"좋소, 갑시다."

마을에 가서 상점을 돌아다녔다. 난쟁이가 앞장을 서고 남자가 뒤에 서서 걸어갔다. 모두 쳐다보면서 놀라워했다. 한 상점에서 이야기를 나누던 두 늙은 상인이 그곳에 들어온 사람 더 정확하게 말한다면 난쟁이의 동료에게 관심을 보였다. 여기에서 난쟁이가 남자에게 세 형제에 대해 발설하면 안 된다고 미리 경고했다는 사실을 지적할 필요가 있다. 한 상인이 난쟁이와 남자에게 물었다.

"이곳에서 멀지 않은 곳에 세 명의 무사가 살고 있어. 매년 그들이 우리 마을로 편지를 보냈지. 올해는 웬일인지 편지가 오지 않았어. 무슨 일이 생긴 게 아닐까? 그들에 대해 뭐 들은 얘기 없어?"

남자가 말을 하려고 무심코 입을 여는 순간 난쟁이가 입 다물라는 의미로 살짝 남자를 쳤다. 난쟁이는 살짝 건드렸을 뿐인데 충격이 너무 심해서 남자의 다리가 부러졌다. 남자는 신음 소리를 내면서 바닥에 쓰러졌다. 그 순간 난쟁이가 홀연히 사라졌다. 마치 물속으로 사라진 것 같았다. 홀로 남겨진 남자는 보고 들은 모든 것들을 사람들에게 들려주었다.

캅탄디르

예벤키 부부에게 두 아이가 있었다. 사내아이의 이름은 캅탄디르이며 다섯 살이었고 계집아이의 이름은 가르팔리크였는데 네 살이었다. 당시 예벤키 사람들은 순록도 기르지 않았고 사냥도 하지 않았으며 오로지 나무 열매로만 연명했다. 마침 열매도 적어서 그들은 굶어 죽기 직전이었다. 부모들은 어떻게 해야 할지 의논을 했다. 어떻게 아이들이 굶어 죽는 모습을 눈으로 볼 수 있겠는가! 하는 수 없이 아이들을 남겨 두고 집을 떠나기로 결심했다. 지하에 굴을 판 뒤 아이들을 데려다 놓았다. 모을 수 있는 만큼 열매를 최대한 모아서 굴에 넣어 두고 자신들은 눈길 닿는 곳으로 떠났다.

열매가 떨어지자 아이들은 너무나 배가 고팠다. 아이들은 신에게 먹을 것을 달라고 빌어 보기로 했다. 정말 간절히 빌었다. 하늘도 아이들의 기도에 감복한 것일까! 갑자기 빵 한 덩어리가 하늘에서 뚝 떨어졌다! 아이들은 이번에는 고기를 달라고 빌었는데 닭인지 새인지는 모르겠지만 여하튼 고기가 하늘에서 뚝 떨어졌다. 아이들은 12년을 그곳에서 살다가 어른이 된 후 비로소 밖으로 나왔다. 여동생은 부모님을 찾으러 갔고 오빠 캅탄디르는 무사가 되어 좋은 사냥

터를 찾으러 떠났다. 길에서 오빠는 어머니의 고향 사람을 만나 어디에 가면 사냥감이 많은지 물었다.

"모르겠네. 똑바로 가 보게. 다른 사람을 만나면 다시 물어보게."

오빠 캅탄디르는 그렇게 이 사람 저 사람에게 물어 가면서 좋은 사냥터를 찾아 3년을 돌아다녔다. 그러던 중 캅탄디르는 무척 고적하고 평화로운 마을에 가게 되었다. 캅탄디르는 그 마을이 너무 마음에 들어 그냥 그곳에 터를 잡았다. 결혼도 하고 싶었다. 어딘가 물이 없는 바다 건너편에 매우 고결하고 아름다운 태양의 딸이 살고 있다는 소문을 들었다. 일단 물이 없는 바다부터 찾아야 했다. 오랫동안 이곳저곳 돌아다녔다. 드디어 바다를 찾았다! 물은 없었지만 바다는 매우 깊어 보였고 바닥에는 큰 지하 동굴이 있었다. 캅탄디르는 바다를 건너기 위해 아주 오랫동안 걸어가다 매우 부유해 보이는 마을에 가게 되었다. 마을 중앙에는 무척 아름다운 아가씨가 앉아 있었는데 첫눈에도 태양의 딸임을 알 수 있었다. 캅탄디르가 다가가서 인사를 한 뒤 청혼을 하자 태양의 딸은 매우 안타깝다는 듯이 처연한 눈빛으로 바라보았다.

"저는 당신과 결혼할 수 없어요. 머리 여덟 개 달린 뱀이 저를 감시하고 있거든요. 곧 여기로 올 거예요. 당신에게도 좋지 않을 겁니다. 당신 친구들이 아무리 많이 온다 해도 다 죽게 될 거예요."

"내가 그자를 죽이면 나와 결혼해 주겠소?"

"그야 물론이죠."

갑자기 땅이 갈라지는 것 같은 굉음이 들렸다. 태양의 딸이 말했다.

"아아! 뱀이 날아오고 있어요."

캅탄디르는 멀리서 아주 빠른 속도로 달려오는 불을 보았다. 조금 지나 그 모습이 드러났는데 뱀이었다. 그는 태양의 딸에게 와서 멈추었다. 캅탄디르는 엄청나게 거대한 활을 들고 뱀에게 다가가서 머리를 찌르기 시작했다. 피비린내 나는 싸움이 시작되었다. 싸움은 반년 동안 계속되었다. 그동안 캅탄디르는 뱀 머리 일곱 개를 잘라 버렸다. 이제 하나만 자르면 된다! 캅탄디르는 마지막 머리를 베어 버린 뒤 뱀의 몸통을 여러 조각으로 잘랐다. 피가 강물처럼 흘러내리면서 바다를 가득 채웠다. 얼마 뒤 피가 물로 변했다.

캅탄디르는 태양의 딸과 결혼을 해서 왔던 길로 되돌아갔다. 가는 도중 많은 무사들, 황제들과 싸웠지만 모두 캅탄디르의 적수가 되지 못했다. 그 이후 캅탄디르는 황제와 같은 너무나 멋진 삶을 살기 시작했다.

여동생 가르팔리크는 오랫동안 부모님을 찾아 다녔다.

마침내 부모님을 만났지만 부모님의 차림새는 매우 남루했으며 지적 수준은 어린아이여서 아무것도 이해하지 못했다. 마음이 아프다 못해 아려 왔다! 어쩌겠는가! 가르팔리크는 부모님을 남겨 둔 채 혼자 눈길 닿는 곳으로 걸어갔다. 오랜 시간이 지난 뒤 가르팔리크는 결혼을 하게 되었으며 그제야 유복한 삶을 살기 시작했다.

만기 됴롬고

아주 오래전에 사람이 세상에 출현하기 전에 이 땅에는 사람들과 비슷하게 생긴 거인들이 살았다. 강가에서 사냥을 하고 물고기를 잡으며 살았다. 당시 거인들의 하루는 우리의 100년이나 그 이상에 해당했다. 그 정도로 거인들은 우리와는 비교가 안 될 정도로 거대했다.

그들은 사냥의 한계를 몰랐다. 큰 강, 작은 여울, 늪, 호수를 가볍게 뛰어 건넜다. 그런데 거인들은 지적 능력이 떨어졌으며 가족과 따로 떨어져 살았고 서로를 적대시했으며 마치 사냥감을 죽이듯 싸움에서 패한 자를 죽였다. 옛날 어느 강기슭에 거인이 아내와 딸과 함께 살고 있었다. 많이 늙었지만 거인은 여전히 아들이 태어나기만을 손꼽아 기다렸다. 드디어 노령에 아들이 태어났다.

아들은 평범하지가 않았다. 키가 컸고 머리가 거대했으며 이마에 눈이 세 개나 있었다. 태어나자마자 걷기 시작했으며 아버지 흉내를 내어 날짐승과 들짐승 사냥을 했다. 매번 사냥감을 잔뜩 짊어지고 왔는데 고기가 싱싱했다. 이는 그가 짐승을 완전히 죽이지 않고 반쯤 살아 있는 상태에서 가지고 왔기 때문이다. 누나는 동생이 부러웠다. 한번은 동생에게 사냥하는 것을 보게 해 달라고 졸랐다. 누나와 함께 사냥을 간 동생은 자신의 치밀한 사냥 방법을 이해하지 못하는 누나가 답답하고 화가 났다. 그래서 직접 가르쳐 주기로 마음먹었다. 누나의 머리를 비틀어서 반쯤 죽인 다음 다른 사냥감들과 함께 유르타 입구에 던져 놓았다.

사냥감을 고르던 어머니는 사냥감 사이에 딸이 있는 것을 발견하고는 아버지를 불렀다.

"이게 무슨 짐승이에요? 우리 딸을 닮았어요!"

아버지는 딸을 알아보았다. 반죽음이 된 딸을 발견한 아버지는 어머니에게 딸을 삶아서 저녁에 먹자고 했다. 그리고 아들을 아주 혹독하게 나무랐다. 엄마는 심하게 반대하면서 딸의 목을 똑바로 펴 주었다. 딸은 다시 살아났고 아들은 벌을 받는 것이 두려워 집에서 달아났다.

가족을 떠나온 만기 됴롬고는 하늘에 있다고 알려진 수정궁에 가기로 결심했다. 수정궁은 투명한 수정 덮개로 둘러싸여 있으며 값비싼 큰 짐승이 넘쳐 난다고 들었다. 그러나 하늘의 수정궁으로 올라가려면 신 옥소리, 악마 하르기와 도깁키만 알고 있는 하늘 문인 한가르를 찾아야 한다. 아주 드문 일이지만 땅의 무사도 한가르를 찾을 수 있다. 만기 됴롬고는 평범한 사람이 아니었기 때문에 하늘 문을 찾을 수 있었다. 만기 도롬고는 하늘 문을 지나 스키를 타고 수정궁으로 쏜살같이 달려갔다.

가는 도중 사냥꾼을 두 명 만났다. 토로플리부이와 흐바스툰이었다. 만기 됴롬고는 그들에게 무엇을 사냥하느냐고 물었다. 그들은 큰사슴을 쫓고 있는데 아직 잡지 못했다고 했다. 토로플리부이가 친구인 흐바스툰에게 아침이 되어 큰사슴이 모습을 감추기 전에 빨리 쫓아가자고 재촉하는 중이라고 했다. 등에 솥을 짊어지고 있는 흐바스툰은 자신이 일착으로 큰사슴을 쫓아가서 큰사슴 고기를 먹을 것이라고 선언했다고 한다. 만기 됴롬고는 자신도 끼워 달라고 부탁했다. 이제 셋이서 큰사슴 사냥을 나섰다. 곧 두 친구는 만기 됴롬고의 뒤로 처지게 되었다.

만기 됴롬고는 스키를 타고 큰사슴을 찾아 바람처럼 질주했다. 한밤중이 되기 전에 왼편에서 큰사슴을 발견했다. 몸을 돌려 촉이 두 개인 활을 큰사슴의 견갑골에 쏘아 죽였다. 새끼 사슴은 놀라 다른 쪽으로 달아나다 한가르에 떨어져서 땅으로 가게 되었다. 지금 땅에 큰사슴들이 살게 된 것은 바로 이 녀석 덕분이다. 참으로 기특한 녀석이 아닌가! 동이 트려는데 두 친구가 큰사슴에게 왔다. 지금 우리는 맑은 날 밤이면 하늘에서 만기 됴롬고가 사냥하는 모습을 발견할 수 있다. 하늘에 구불구불한 하얀 선 같은 스키 자국, 큰사슴과 새끼 사슴, 사냥꾼 토로플리부이와 솥을 짊어지고 있는 호바스튠, 하늘 궁전의 오른쪽에 있는 만기 됴롬고, 화살이 쭉 늘어선 모습을 볼 수 있다.

사냥꾼들을 남겨 둔 채 만기 됴롬고는 하늘 궁전을 찾아 이리저리 뛰어다녔다. 하늘의 중앙에 이른 만기 됴롬고는 황금 궁전을 발견했는데 수정궁 같지 않고 꼭 공중에 떠 있는 것 같았다. 만기 됴롬고는 어렵사리 궁전 안으로 들어가 땅과 땅 위의 모든 생명체를 다스리는 여신과 여신의 아름다운 딸을 만나게 되었다. 여신과 딸은 만기 됴롬고를 친절히 맞아 주었다. 그들은 만기 됴롬고에게 새 옷과 모피 신발을 주었고 맛있고 푸짐한 하늘 음식을 대접했다. 만기 됴롬고는 하늘에서의 생활이 너무 맘에 들었다. 만기 됴롬고는 여신의 아름다운 딸을 사랑하게 되었고 그녀와 결혼을 한 뒤 하늘나라 주민이 되어 사냥에 전념했다. 하늘에 사는 동안 그는 땅의 세계에 대해서 완전히 잊었다. 때가 되면 희귀한 짐승을 땅의 사람들에게 보내기 위해 하늘 문인 한가르까지 쫓아내고는 했다.

어느덧 몇 년의 시간이 흘러갔다. 만기는 하늘에서 살면서 가정의 안락한 생활을 즐겼다. 그는 시간이 흐를수록 땅에 대한 그리움, 부모님에 대한 걱정이 커져 갔다. 하지만 그는 자신이 떠나면 아내와 장모가 슬퍼할 것이란 사실이 두려웠다.

땅의 생활을 그리워하던 어느 날 만기 됴롬고는 하늘 끝자락에 가서 한참을 울었다. 마음이 다소 가벼워지자 그제야 아내에게 돌아왔는데 그의 눈은 울어서 퉁퉁 붓고 빨개져 있었다. 장모가 이런 모습을 놓칠 리가 없었다. 며칠 뒤 장모가 만기 됴롬고에게 며칠 전 사냥 갔다 돌아올 때 눈이 충혈되었던 이유를 물었다. 만기 됴롬고는 땅 근처에서 사냥을 하던 중 땅 숲 꼭대기의 나뭇가지가 눈을 찔러서 그런 것이라고 했다.

장모는 땅의 숲에게 벌을 주기 시작했다. 나무들은 땅을 다스리는 여신이 사위의 거짓말만 믿고 자신들에게 벌을 주는 것은 이치에 맞지 않는다고 불평했다. 그의 눈이 충혈된 것은 나뭇가지 때문이 아니라 땅의 생활을 그리워하면서 이곳에 와서 오랫동안 울었기 때문이라고 일러 주었다. 진실을 알게 된 여신은 사위에게 아무 말도 하지 않았고 그냥 모른 척했다. 어느 날 사냥을 나갔던 만기 됴롬고가 또 눈이 충혈되어 돌아왔다. 장모는 만기 됴롬고에게 거짓으로 꾸며대지 말고 진실을 고백하라고 말했다. 장모는 고향이 그립다면 그곳에 가서 살아도 된다고 했다. 하지만 그동안 아내와는 떨어져 있어야 한다고 덧붙였다. 만기 됴롬고는 잠깐만이라도 땅에 다녀오고 싶다고 했다.

장모는 그에게 다리가 여덟 개이고 창 모양의 발굽이 달린 말을 주었고 만기 됴롬고는 설레는 가슴을 달래며 말을 타고 예전에 부모님이 살았던 곳으로 쏜살같이 달려갔다. 예전에 자신이 살던 유르타는 거의 폐허가 되어 땅에 주저앉기 직전이었고 옆에는 아주 늙고 거대한 나무들이 자라고 있었다.

말을 묶어 두고 조용히 유르타 옆에 가서 안에서 들려오는 소리에 귀 기울였다. 문틈으로 사람의 턱뼈를 위로 던지면서 '쿠바르크카'라는 주문을 외우고 점을 치고 있는 여자 거인을 발견했다. 턱뼈가 바닥에 떨어질 때 이빨이 위를 향하면 눈을 희번덕거리면서 기뻐했고 그 반대의 상황이 벌어지면 욕을 하면서 심하게 화를 냈다. 됴롬고의 누나였는데 식인으로 변해 있었다. 누나는 부모를 잡아먹은 뒤 그 턱뼈로 점을 치고 있었다. 만기 됴롬고가 돌아오면 사냥 때 자신에게 한 짓을 앙갚음할 생각이었다. 만기 됴롬고가 유르타 안으로 들어가자 누나는 단번에 동생을 알아보면서 꽤 반가운 척했다. 점칠 때 사용하는 턱뼈를 몰래 치운 뒤 동생을 위해 전을 부치고 생선과 고기를 삶았다.

밤이 깊어지자 집 한쪽에 동생이 잘 이부자리를 깐 뒤 출구와 가까운 쪽에는 자신의 이부자리를 깔고 그 밑에 도끼를 숨겨 두었다. 누나는 동생이 긴 여행 끝이라 고단해서 깊은 잠에 빠지면 죽여야겠다고 생각했다. 동생은 이를 이미 눈치채고 경계를 늦추지 않은 채 누나의 행동을 면밀하게 살폈다. 만기 됴롬고의 두 눈은 잠이 들었지만 세 번째 눈은 자지 않고 누나를 살폈다. 누나는 밤새 만기 됴롬고를 죽일 기회를 찾다 아침 녘에야 잠이 들었다. 만기 됴롬고는 자작나무 껍질로 만든 통에서 물고기 가죽으로 만든 풀을 찾아 내어 누나의 눈을 붙여 버렸다. 그러고 유르타 밖으로 나가 말을 타고 아주 맹렬한 기세로 달려갔다.

누나는 말발굽 소리를 듣고 잠에서 깨어났지만 아무 애를 써도 눈을 뜰 수가 없었다. 결국 손톱으로 눈꺼풀을 잡아 뜯어서 눈을 뜬 뒤 동생을 쫓아갔다. 만기 됴롬고를 태운 다리 여덟 개의 말은 있는 힘을 다해 질주했고 걸음을 뗄 때마다 창 모양의 발굽은 거의 무릎까지 구부러졌다. 하늘 문 옆에 갔을 때 만기 됴롬고와 누나의 거리는 점점 좁혀지면서 이제는 손을 뻗으면 당장이라도 닿을 것 같았다. 말은 마지막 남은 힘을 다해 하늘로 뛰어 들어갔다.

하늘 궁전 입구에 간 만기 됴롬고는 말에서 내려 장모에게 그가 얼마나 위험천만의 상황에 처했는지 들려주었다. 장모는 만기 됴롬고가 안정을 찾도록 도와준 뒤 쇠로 만든 큰 솥, 연, 주석, 철, 구리, 은, 금을 준비하라고 했다. 솥을 길 한가운데 놓아두고 장모는 사위의 누나를 맞이하러 나갔다. 누나는 말의 발자국을 따라 동생이 있는 곳으로 달려오다 생각지도 않게 동생의 장모를 만나 싸우게 되었다. 3일 동안 쉬지 않고 싸웠다. 나흘째 되는 날 장모는 누나를 물리칠 지혜를 생각해 냈다. 장모는 누나의 발뒤꿈치를 쳐서 솥에 거꾸로 처박은 뒤 미리 준비해 둔 것들을 차례대로 집어넣었다.

온갖 금속에 짓눌린 누나는 고통으로 심하게 비명을 지르면서 장모의 손아귀에서 빠져나가려고 허둥댔다. 그 순간 장모가 누나를 풀어 주자 정신이 반쯤 빠진 상태에서 서둘러 땅으로 내려오다 숲에 떨어져서 크게 다쳤다. 그때 금, 은, 보석 들이 누나와 함께 땅 위로 쏟아져 내렸다.

식인 이야기

유라키 사람들

어느 날 유라키 가문의 한 남자가 사라졌다. 사냥을 나갔다가 길을 잃었는지, 어디에서 죽음을 당한 것인지 도무지 알 수가 없었다. 그를 찾기 시작한 유라키 사람들은 눈 위에서 그의 발자국을 발견했다. 봄이었다. 유라키 사람들은 발자국을 따라갔다. 그들이 얼마나 멀리까지 걸어갔는지는 알 수 없다. 하지만 확실한 것은 계속 이어지던 발자국이 어느 곳에서 끊어졌다는 사실이다. 마치 어딘가로 꺼져 버린 것 같았다. 유라키 사람들이 이리저리 살펴보았지만 발자국은 어디에서도 찾을 수가 없었다. 이때 한 명이 우연찮게 위를 보다가 나뭇가지에 사람의 내장이 매달려 있는 것을 발견했다. 유라키 사람들은 이외 다른 것은 아무것도 찾지 못한 채 집으로 돌아왔다. 유라키 사람 가운데 현자가 있었는데 사람들은 어렵고 힘든 일이 생기면 그를 찾아가 조언을 구했다. 이번에도 현자를 찾아가 조언을 구했다. 현자가 말을 했다.

"사람을 100명 모아 내장이 걸려 있는 곳으로 가시오. 거기에다 높게 유르타를 설치하고 굴뚝도 높게 만드시오. 하지만 창문도 문도 만들지 마시오. 그곳에서 멀리 떨어진 곳에 유르타로 들어가는 지하 통로를 만드시오. 그렇게 하면 누가 와도 우리를 찾지 못할 거요."

유라키 사람들은 현자가 시키는 대로 했다. 100명의 사람을 모아 현자와 함께 길을 떠났다. 일전에 내장을 발견했던 사람들이 가리키는 곳에 도착한 유라키 사람들은 나뭇가지에 내장이 매달려 있는 광경을 두 눈으로 직접 확인하게 되었다. 그 순간 공포의 전율이 머리끝에서 발끝으로 번져갔다. 사람들은 현자가 시키는 대로 유르타를 높게 짓고 굴뚝도 높게 만들었으며 문도 창문도 만들지 않았고 지하 통로를 뚫어 놓았다. 모든 일이 끝나자 현자가 말했다.

"이제부터 말린 힘줄을 가지고 와서 줄을 만들되 모두 힘을 합쳐도 절대 끊을 수 없을 만큼 튼튼하게 만드시오."

유라키 사람들은 줄을 만들었다. 현자가 시키는 대로 했다. 이 줄로 올가미를 만들어 유르타의 굴뚝 안에 놓고 올가미의 끝은 사람들이 잡아당길 수 있게 유르타 안에 놓았다. 밖에서는 이 모든 것이 전혀 보이지 않았다. 현자가 말했다.

"그자가 우리 사람을 죽인 뒤 잡아먹었을 것이오. 어쨌든 그자는 이곳에 다시 와서 유르타 안으로 들어오려고 할 겁니다. 그에게는 굴뚝 이외에는 다른 길이 없소. 그 자를 지켜봅시다."

이곳에 온 유라키 사람들은 지하 통로를 통해 유르타 안으로 들어가서 자신들 앞에 펼쳐질 일을 초조하게 기다리기 시작했다. 한참을 기다렸다. 그렇게 기다리던 어느 날, 굴뚝 근처에서 바스락 소리가 들렸다. 유라키 사람들은 조용히 숨죽이고 들었다. 바스락 소리가 점점 커지더니 어느 순간부터는 굴뚝 바로 옆에서 들려오기 시작했다. 누군가 굴뚝을 통해 집 안으로 들어오려는 소리였다. 그런데 느닷없이 위쪽에서 무언가 갈라지면서 아래쪽으로 떨어지는 소리가 났다. 사람의 손이었는데 보통 사람의 손보다 훨씬 컸다. 밖으로 나간 사람들은 유르타 근처에서 두 사람의 발자국을 발견했다. 발자국을 따라 유르타 위로 올라갔다. 유라키 사람들은 사건의 정황을 그려 보았다. 유라키 사람들이 아래쪽에서 끈을 잡아당길 때 침입자 중 한 사람이 친구가 위험에 처한 걸 알고 밖으로 끌어당기는 바람에 손이 잘린 것이었다.

나무 근처에 있는 발자국을 자세히 보았더니 보통 사람의 발자국보다 훨씬 컸다. 유라키 사람들은 이 발자국을 따라가는 것이 두려웠다. 그냥 집으로 돌아가고 싶었다. 하지만 현자는 반대의 입장이었다. 무슨 일이 있어도 이 발자국을 따라가서 대책을 마련해야 한다고 했다. 유라키 사람들은 현자의 말을 따르기로 했고 두려운 마음을 잠깐 접어 둔 채 발자국을 따라갔다. 그들은 걷고 또 걸었다. 한참을 걸어

숲도 지나갔다. 드디어 아름드리나무들이 있는 곳에 이르렀다.

현자가 말했다.

"멈추시오! 올가미를 나무 위에 던지시오! 모두 힘을 합쳐 나무를 쓰러뜨립시다."

유라키 사람들은 나무 꼭대기에 올가미를 던진 뒤 있는 힘을 다해 모두 혼연일체가 되어 나무를 끌어당겼다. 나무가 휘어지더니 꽝 하고 쓰러졌다. 쾅 소리가 얼마나 컸던지 산이 흔들렸다. 연거푸 다른 나무, 또 다른 나무, 또 다른 나무를 쓰러뜨렸다. 오랫동안 많은 나무를 쓰러뜨렸다.

"이제부터 낙엽송을 베어 우리의 숫자대로 활을 만들고 활에 맞는 화살을 만든 뒤 쓰러진 나무 사이에 쏩시다."

유라키 사람들은 그렇게 했다. 낙엽송 두 그루를 베어 편평하게 깎은 뒤 한 그루로는 활을 만들고 다른 한 그루로는 화살을 만든 뒤 화살을 남김없이 나무 주위에 쏘았다. 현자가 말했다.

"자, 이제 집으로 가십시오. 나 혼자 여기에 남아 있겠소."

유라키 사람들은 집으로 돌아갔다. 현자는 그곳에서 조금 떨어진, 사람의 말소리를 똑똑히 들을 수 있는 장소로 자리를 옮겼다. 현자는 숨죽이고 앉아서 무슨 일이 일어나는

지 기다렸다. 잠시 뒤 쓰러진 나무 근처로 100명 가량의 사람들이 와서 멈추어 섰다. 그들 가운데도 현자가 있는 듯했다. 사람들이 현자에게 물었다.

"이게 무슨 일이죠?"

"아마 아이들이 놀다 간 것 같은데…."

"세상에! 그렇다면 이번에는 우리가 놀아 봅시다!"

사람들은 쓰러진 나무를 쌓아 올리려고 했다. 그런데 그들이 아무리 힘이 세고 덩치가 크다고 해도 나무는 혼자 들어 올리기에는 지나치게 무거웠다. 그들은 단 한 그루의 나무도 들지 못했다.

"그래 좋아! 아이들이 이걸 가지고 놀았다는 거잖아! 우리는 한 그루도 들지 못하는데 말이야! 그 사람들의 뒤를 쫓아가면 어떻게 될까? 그들이 어린아이처럼 우리를 죽이겠지?"

현자가 말했다.

"이보게들, 집으로 돌아갑시다. 그들은 우리 사람 한 명을 죽였고 우리도 그들의 사람 한 명을 죽였어. 말하자면 한 사람씩 죽였으니 그들과 우리는 계산을 마친 거지! 그러니 우리가 그들을 찾을 이유는 전혀 없다고 생각하네."

그들은 집으로 돌아갔다. 그 뒤 그들은 유라키 사람들 근처에는 얼씬도 하지 않았다. 그들이 떠나자 유라키 현자는 자리에서 일어나 집으로 돌아가서 자신이 본 광경을 모두 들려주었다.

식인 출루그디

예벤키 남자가 사냥을 하러 갔다. 아내와 아들은 집에 남아 있었다. 그런데 바스락 소리가 들리더니 식인 출루그디가 안으로 불쑥 들어왔다. 안에 들어온 출루그디는 그 자리에서 아내를 잡아먹었는데 아들은 살려 두었다.

그 뒤 출루그디는 태연자약하게 예벤키 남자의 유르타에 그냥 머물렀다. 저녁에 집에 온 예벤키 남자가 유르타 안으로 들어왔다. 아내는 출루그디에게 이미 잡아먹힌 뒤였지만 아들은 아직 살아 있었다. 예벤키 남자는 황망 중에 차분히 생각했다.

'나도 곧 잡아먹히겠군.'

출루그디는 남자를 잡아먹는 대신 그의 아내가 되었다. 밤이 되자 출루그디가 예벤키 남자의 옆에 누웠다. 아침 일찍 일어난 예벤키 남자가 순록을 끌고 와서 아내가 된 출루그디에게 말했다.

"순록을 끌고 내 뒤를 따라오시오."

남자는 스키를 타고 먼저 형에게 가서 어제 자신의 집에서 일어난 일을 낱낱이 들려주었다.

"출루그디가 와서 아내를 잡아먹었어요."

형은 너무 놀랐다.

"아우야, 모닥불을 피워라! 출루그디를 모닥불에 처넣자!"

즉시 모닥불을 피웠다. 출루그디가 아들을 순록에 앉힌 뒤 길을 떠날 채비를 하면서 아들을 순록에 앉혔는데 중심을 잡지 못한 채 땅에 떨어졌다. 출루그디는 아들을 다시 순록에 앉히면서 투덜거렸다.

"또 떨어지면 잡아먹을 거야. 네 엄마는 너를 어떻게 앉혔니?"

"얼굴이 순록의 뿔을 향하게 앉혀 주었어요."

출루그디는 그렇게 아이를 앉힌 뒤 남자의 뒤를 쫓아갔다. 드디어 남자가 머무는 곳에 이르자 남자의 여동생들이 마중을 나왔다.

"언니가 왔다! 짐 내리는 걸 도와주자!"

모닥불 옆에 앉아 있던 예벤키 남자들이 웃으면서 말했다.

"솥을 걸어 두는 갈고리가 땅에 떨어졌네. 누가 주워 올까?"

예벤키 남자가 말했다.

"제 아내가 줍게 두세요."

예벤키 남자가 아내인 출루그디에게 말했다.

"여보, 어서 주워 오세요."

출루그디가 꺼내려고 달려가자 다들 힘을 합쳐 출루그디를 모닥불 안으로 밀어 넣었다. 출루그디가 불에 타면서 눈이 터져 버렸다. 사람들은 이렇게 말한다.

"출루그디의 눈이 불에 타서 터지지 않았다면 출루그디는 절대 죽지 않았을 것이다. 출루그디의 몸은 철인데 눈만 사람의 눈이다."

난드리와 털보

예벤키 남자가 자작나무를 베고 있는 털보 남자를 만났다. 털보 남자는 자신은 지하세계에 살고 있다면서 예벤키 남자에게 물었다.

"어느 종족 출신이오?"

"예벤키 사람이오."

"당신은 어디서 왔소?"

"지하세계에서 왔소."

"왜 왔소?"

"별 생각 없이 저기 호수를 따라오다 보니 이곳까지 오게 되었소."

"거짓말하지 마시오."

"그러지 말고 서로를 만난 징표로 칼이나 교환합시다."

칼을 교환한 뒤 털보가 말했다.

"호숫가로 가서 직접 보여 주면 지하세계에서 왔다는 내 말을 믿겠소?"

호숫가로 갔다. 털보가 물속으로 들어가자 남자는 그제야 털보의 말을 믿으면서 집으로 돌아왔다. 집에 와서 물속에 사는 털보 남자를 만나 칼을 교환한 이야기를 다른 사람들에게 들려주었다. 그리고 털보가 사는 곳에는 자작나무도, 나뭇잎도 없기 때문에 이곳에 와야만 구할 수 있다 털보의 말을 덧붙였다.

마을에 난드리라는 남자가 있었다. 난드리는 이 말을 믿지 않았다. 털보를 찾으러 호숫가로 가서 직접 털보를 만났다. 털보는 자신이 사는 지하세계로 난드리를 데리고 갔다. 난드리가 흔적도 없이 사라졌다. 모두 목이 빠지게 기다렸지만 난드리는 끝내 돌아오지 않았다. 난드리가 사라진 곳에 가서 아무리 살펴봐도 어디로 갔는지 도무지 짐작조차 안 되었다.

겨울이 찾아왔고 다시 눈이 녹으면서 여름이 되었다. 여름이 되자 사람들이 여기저기 돌아다니기 시작했다. 털보들이 예벤키 사람들에게 왔다. 두 사람이었는데 한 사람은 여자였다.

털보 여자는 난드리 이야기를 하면서 눈물을 훔쳤다.

"난드리는 제 남편이에요. 난드리는 집을 무척 그리워해요. 하지만 저는 난드리와 헤어지고 싶지 않아요."

난드리의 동생은 털보 여자의 말을 믿을 수가 없었다. 털보들이 난드리 동생에게 말했다.

"난드리가 계속 우리와 같이 살게 도와주십시오. 제발! 난드리의 마음을 돌려주세요!"

그들은 난드리의 동생을 지하세계로 데려가기로 했다. 한참을 가서 마침내 지하세계에 도착한 동생은 난드리를 만났다. 형은 반갑게 동생을 맞이했다.

"네가 왔구나!"

난드리는 그곳에서 결혼을 했지만 원래 살던 곳으로 가고 싶었다. 형을 보러 간 동생도 그곳에서 머무르고 싶은 생각이 추호도 없었다. 형제가 고향을 너무 애타게 그리워하자 털보들이 결국 형제를 고향으로 데려다주었다. 집에 돌아온 형 난드리가 말했다.

"그곳 지하세계에도 여기처럼 소나무도 있고, 버드나무도 있고 숲도 있어요."

그로부터 얼마 뒤 두 예벤키 여인이 호숫가를 걷고 있을 때 털보들이 나타났다. 털보들이 두 여인의 뒤를 쫓아오자 여인들은 있는 힘을 다해 도망을 치면서 소리쳤다.

"저리 가! 저리 가라고! 따라오지 마!"

털보들은 한 여인을 집중적으로 쫓아와서 붙잡은 뒤 다리를 잘라 피를 마시기 시작했다. 다른 여인이 비명을 질렀다.

"피를 먹고 있어! 피가 흐른다!"

살아남은 예벤키 여인이 집에 와서 이 사실을 이야기했다.

"이렇게 저렇게 생긴 사람들이 나타나서 우리 가족을 죽였어요."

여인이 이야기를 마치자 사람들은 여인에게 호숫가로 가서 살인자들이 누군지 확인시켜 달라고 했다. 여인은 자신의 말을 믿게 하려고 남자들을 호숫가로 데리고 갔다. 여인이 말한 곳으로 가니 털보들은 도망가고 없었지만 살인의 흔적은 확인할 수 있었다. 호숫가를 조금 더 걸었더니 여인의 몸통이 있었다. 사람들은 여인의 말을 믿게 되었다. 다리만 없어진 것이다.

호숫가를 거닐던 러시아 남자들이 이 광경을 보게 되었다.

"털보들이 엄청난 짓을 했군!"

러시아 남자들은 오랫동안 호수 주위를 걸었지만 예벤키 사람들은 겁에 질려 모두 도망갔다. 아이들이 물속에서 땅으로 걸어 나오는 것이 보였다. 모두 다섯 명이었다. 아이들은 호숫가를 뛰어다니면서 아주 오랫동안 놀다가 다시 물속으로 들어갔다. 러시아 남자들이 말했다.

"오늘은 이쯤에서 끝내고 내일 아침에 다시 와서 아이들을 잡자."

다음 날 다시 호숫가로 간 러시아 남자들은 보트를 물풀 속에 숨겨 놓았다. 한 사람은 보트를 지키고 다른 사람은 가까이 가서 보기로 했다.

한낮이 되자 어제의 그 아이들이 다시 호숫가로 나와서 놀기 시작했다. 러시아 남자들은 이 아이들이 털보의 아이들이라는 사실을 알아차렸다. 러시아 남자가 몰래 다가가서 어린 털보 아이의 다리를 붙잡았다.

다른 아이들은 쏜살같이 물속으로 들어갔다. 그 아이는 오랫동안 러시아 남자에게 붙잡혀 있었다.

밤이 지나고 아침이 찾아왔다. 밤에는 그곳에서 잤다. 털보 부모들이 아이와 바꾸자며 돈을 자루에 짊어지고 찾아왔다. 러시아 남자들은 모자를 벗어 내밀면서 돈을 담으라고 했다. 털보들은 모자에 한가득 돈을 넣었는데 돈이 얼마나 많았는지 흘러넘쳤다. 러시아 남자들은 그제야 털보들에게 아이를 돌려주었다.

이쵸그디로

이쵸그디로라는 소년이 밖에 나갔다가 곰 발자국만 한 크기의 남자 발자국을 만나 따라가다 곧 머리가 두 개인 식인 남자와 마주쳤다. 이쵸그디로가 말했다.

"할아버지, 칼 좀 주세요. 어떻게 생겼는지 보고 싶어요."

식인 남자가 칼을 주자 이쵸그디로가 말했다.

"할아버지, 저기 보세요! 아이들이 가고 있어요! 보이시죠?"

식인 남자가 주위를 둘러보는 사이 이쵸그디로가 식인 남자의 목을 잘랐다. 머리 두 개가 동시에 땅에 떨어지자 식인 남자가 말했다.

"다시 한번 더 베어 봐!"

"아니에요, 한 번으로 충분해요!"

이쵸그디로가 낙엽송 두 그루를 가지고 와 짓누르자 식인 남자는 억 소리 한번 못 내고 그 자리에서 죽고 말았다.

다시 앞쪽으로 걸어가다 아까와 똑같은 크기의 발자국을 발견했다. 이번에 만난 식인 남자는 머리가 세 개였다. 작은 새가 식인 남자에게 일러바쳤다.

"어제 이쵸그디로가 네 아들을 죽였어."

이쵸그디로가 식인 남자에게 말했다.

"할아버지, 잘 생각해 보세요, 제가 어떻게 그런 짓을 할 수 있겠어요? 제가 그럴 만한 능력이 있는 사람처럼 보이세요? 제 몸집을 보세요. 할아버지, 도끼 좀 보여 주세요."

식인 남자가 도끼를 주자 이쵸그디로가 이리저리 살펴보는 척하면서 말했다.

"할아버지, 저기 보세요. 아이들이 달려가고 있어요. 보이죠? 잘 보세요. 아이들이 뭐 하는지 자세히 보셔야 해요."

식인 남자가 그곳을 보는 사이 이쵸그디로가 도끼로 그의 머리를 잘랐다. 식인 남자가 말했다.

"이쵸그디로, 그러지 말고 한 번 더 잘라 봐."

"한 번으로 충분해요."

이쵸그디로는 낙엽송 세 그루를 가지고 와서 그를 눌러 죽였다. 다시 앞쪽으로 걸어갔다. 이번에는 머리 넷인 식인 남자를 만났는데 식인 남자가 말했다.

"이쵸그디로, 너 도끼 가지고 있지!"

작은 새가 어제 이쵸그디로가 그의 아들과 손자를 죽였다고 이미 일러 준 상태였다. 식인 남자가 도끼를 갈기 시작하자 이쵸그디로가 말했다.

"할아버지, 도끼 좀 보여 주세요."

식인 남자가 도끼를 건네주자 이쵸그디로는 도끼를 유심

히 살펴보는 척하면서 말했다.

"저기 보세요?"

식인 남자가 무슨 일인지 보려고 고개를 돌리자 이쵸그디로가 식인 남자의 머리를 전부 잘라 버렸다. 식인 남자가 말했다.

"더 베어 봐."

"아니에요, 이걸로 충분해요. 우리 예벤키인은 그런 짓은 안 해요."

이쵸그디로는 낙엽송 네 그루를 끌고 와서 그를 눌러 죽였다.

다시 길을 떠났는데 또 곰 발자국만 한 발자국을 발견했고 곧 머리가 다섯인 식인 남자와 마주쳤다. 식인 남자가 물었다.

"넌 누구니?"

작은 새가 먼저 말했다.

"이쵸그디로인데 네 아이들을 모두 죽였어! 아주 나쁜 애야! 가만두면 안 돼!"

"할아버지, 저 좀 보세요, 저처럼 조그만 사람이 어떻게 누구를 죽일 수 있겠어요."

마침 식인 남자는 칼을 갈고 있었다.

"칼을 주세요. 제가 갈아 드릴게요."

"그래 어디 네 칼 가는 솜씨 좀 보자!"

식인 남자가 칼을 주자 이쵸그디로가 말했다.

"저기 보세요. 아이들이 돌아다니고 있네요! 할아버지의 아이들 아니에요? 안 보이세요? 그럼 조금 더 가까이 가서 보세요."

식인 남자가 아이들을 보려고 우왕좌왕하는 사이 이쵸그디로는 식인 남자의 목 다섯 개를 모두 잘라 버렸다. 식인 남자가 말했다.

"다시 한번 더 잘라 봐."

"아니에요. 그럴 필요 없어요. 이걸로 충분해요."

이쵸그디로는 낙엽송 다섯 그루를 끌고 와서 그를 눌러 죽였다.

다시 길을 떠났는데 또 곰 발자국만 한 발자국을 발견했고 곧 머리가 여섯인 식인 남자와 마주치게 되어 머리를 자른 뒤 죽였다. 머리가 일곱 개, 머리가 여덟 개, 머리가 아홉 개, 머리가 열 개인 식인 남자를 만나 모두 죽였다. 그리고 집으로 돌아왔다.

식인 청년과 결혼한 아가씨

예벤키 사람들이 유목을 하다 낯선 사람들을 만나게 되어 우연히 그들의 마을까지 가게 되었다. 마을에는 유르타가 상당히 많았다. 이들은 다름 아니라 식인이었다. 다음 날 아침 식인들은 예벤키 남자의 여동생을 식인 청년과 결혼시키자고 했다. 예벤키 사람들은 그렇게 했다. 식인들은 남자의 여동생을 데려가는 대신 남자에게는 자신들의 여동생을 주었다. 예벤키 남자는 유목지를 옮겨 갔고 식인들도 유목지를 옮겨 떠났다. 식인 노인이 여동생을 썰매에 앉힌 뒤 끌고 가자 여동생이 노인에게 물었다.

"왜 굳이 저를 썰매에 태우는 거예요?"

"아가씨가 걸어가면 힘들까 봐 그래요."

노인은 예벤키 아가씨를 위해 살진 순록을 잡았고 유르타도 따로 지어 주었다.

식인들이 샤먼 의식을 거행하는 시간이 다가왔다. 저녁에 아가씨가 혼자 유르타에 있을 때 두 소녀가 아가씨를 찾아와 이야기를 주고받으며 놀았다.

"새색시다! 당신의 손가락으로 장난감 나비를 만들어서 가지고 놀 거야."

"나도 장난감 나비를 만들어서 가지고 놀아야겠는걸!"

그 말을 들은 아가씨가 말했다.

"얘들아! 내 손가락으로 장난감 나비를 만들면 나는 어떻게 되겠니?"

"아버지가 당신을 제물로 바칠 거예요."

아가씨는 너무 놀라 뒤로 넘어갈 뻔했다. 잠시 뒤 어스름이 내리자 샤먼이 두 남자와 함께 칼을 들고 유르타 출입구에 와서 말했다.

"아가씨를 데리고 나오너라!"

아가씨는 일어나 잠시 서성거렸다. 두려움이 걷잡을 수 없이 밀려왔다.

"제가 알아서 나가겠습니다. 제 발로 나가게 해 주세요!"

"나오다가 무슨 일이 생기지 않게 안에 있는 두 소녀는 아가씨를 잘 감시해라!"

소녀들은 아가씨의 뒤를 졸졸 따라다녔다. 아가씨가 소녀들에게 말했다.

"불을 좀 갖다주렴!"

소녀들이 옆에 오자 아가씨는 자신의 윗도리에 달아 두었던 장식을 떼어 주었다. 소녀들은 무척 기뻐하며 자신들의 유르타로 폴짝폴짝 뛰어갔다. 아가씨는 재빨리 유르타 기둥에 윗도리를 걸어 두고 신속하게 스키를 타고 도망치기 시작했다. 가다 보니 길에서 조금 떨어진 곳에 키가 큰 나무가 있었다. 눈 밑에 스키를 숨겨 두고 나무 꼭대기로 기어 올라갔다. 그곳에 자리를 잡고 앉아 샤먼이 하는 말에 귀를 기울였다.

"자, 아가씨를 끌어내게! 그런데 어째 느낌이 이상한데!"

남자들이 들어갔더니 윗도리만 걸려 있었다. 횃불을 들고 찾기 시작했다.

아가씨는 나무 꼭대기에서 지나가는 사람들을 지켜보았다. 그들이 완전히 사라지자 나무에서 내려와 눈 밑으로 기어갔다. 결국 식인들은 여인을 찾지 못한 채 집으로 돌아와서 샤먼에게 말했다.

"못 찾았습니다."

"이제는 어떻게 하면 좋단 말인가? 피를 바치지 않으면 재앙이 닥칠 텐데."

아가씨 대신 다른 소녀를 유르타의 기둥에 묶은 뒤 샤먼 의식을 거행했다.

눈 밑에 숨어 있던 아가씨는 서둘러 눈에서 빠져나와 스키를 타고 오빠를 찾아 떠났다. 얼마나 오랫동안 달려갔을까? 마침내 오빠가 있는 곳에 당도하여 울면서 말했다.

"왜 그런 사람들에게 나를 시집보냈어? 나를 죽이려고 하는 순간 겨우 도망쳐 나왔어."

화가 머리끝까지 난 오빠는 그 자리에서 자신의 아내를 죽인 뒤 여동생의 옷을 입혀 두고 못 알아볼 정도로 얼굴에 상처를 냈다. 그러고 나서 길 한가운데 있는 나무에 여인을 매달아 두었다. 오빠가 여동생에게 말했다.

"우리 집이 있는 곳까지 유목을 하면서 가거라."

여동생이 유목을 하러 떠날 때 오빠가 말했다.

"나는 여기서 쫓아오는 식인들을 감시하고 있겠다. 내가 오지 않으면 사람들에게 죽었다고 전해라."

오빠는 망을 보기 시작했다. 한낮이 되자 식인들이 들이닥쳤다. 그들은 죽은 사람을 이리저리 자세히 살펴본 뒤 한 치의 의심도 없이 먹기로 합의했다. 죽은 사람을 자른 뒤 모닥불을 피워서 굽기 시작했다. 아버지는 딸의 심장을 먹다가 갑자기 이상한 느낌이 들었다.

"어째서인지 심장이 떨리고 있어. 꼭 우리 애를 먹는 것 같아…. 혹시 우리 애가 아닐까?"

"쓸데없는 얘기는 그만하시죠."

"그나저나 계속 뒤쫓아 갈까?"

"이 정도면 충분해."

"그렇게 이상한 남자의 뒤를 왜 쫓아가? 그냥 제 갈 길로 가게 내버려 둬!"

식인들은 집으로 돌아왔다. 오빠는 여동생을 찾아 떠났

고 밤새도록 걸어서 마침내 여동생을 만났다.

샤먼, 들꿩 그리고 식인

한 샤먼이 사냥을 하고 있었다. 들꿩을 발견한 샤먼이 몰래 다가가 활을 쏘아 잡았다. 불을 피운 뒤 구우려고 털을 뽑는데 들꿩이 말했다.

"뭐 하세요? 내 털을 뽑으려는 거예요?"

"그럼 먹으려면 당연히 네 털을 뽑아야지."

"제 말 좀 들어 보세요. 털을 뽑으면 제가 너무 춥잖아요."

샤먼이 들꿩을 불 위에 얹자 들꿩이 말했다.

"뭐 하시는 거예요? 저를 구우려는 거예요?"

"그럼 먹으려면 당연히 구워야지."

샤먼이 들꿩을 꼬치에 끼워 돌리면서 불 옆에 앉자 들꿩이 물었다.

"뭐 하시는 거예요? 정말로 저를 구울 거예요?"

"그럼 정말로 구워야지."

"제 말 좀 들어 보세요. 제 살가죽이 이상하게 쪼글쪼글해지고 있어요."

들꿩이 다 구워져 샤먼이 먹으려고 했다.

"도대체 뭐 하시는 거예요? 정말로 저를 먹으려고요?"

"아암, 먹어야지."

"이상하게 제 몸이 꿈틀거려요."

약이 오른 샤먼은 들꿩 먹기를 포기하고 밖으로 나갔는데 이번에는 그의 똥이 시비를 걸었다.

"샤먼은 나를 죽이지 못해!"

샤먼이 몹시 화를 내면서 똥에게 화살을 쏘았지만 죽이지 못했다. 다리로 걷어찼더니 다리에 착 달라붙었다. 손으로 때렸더니 손에 달라붙었다. 떼어 낼 수가 없었다. 똥을 뒤집어 쓴 샤먼은 그 자리에서 얼어 버렸다.

그런데 아뿔싸! 그 순간 식인 니몬니야가 나타났다. 얼어붙어 꼼짝달싹 못하는 샤먼을 발견한 니몬니야는 샤먼을 들것에 묶어 집으로 가지고 갔다. 샤먼을 끌고 간 니몬니야가 아내에게 말했다.

"기둥에 묶어 놔. 짐승을 잡아 왔어."

아내는 뛸 듯이 좋아하며 밖으로 뛰쳐나오다가 무심결에 들것에 달려 있던 고리를 삼켰다. 잠시 후 나몬니야는 들것을 들여다보았는데 아무것도 없었다. 샤먼이 그사이에 어디론가 도망을 간 것이었다. 그런데 아내가 샤먼을 먹어 치웠다고 생각한 니몬니야가 말했다.

"그사이를 못 참고 네가 먹어 치웠구나!"

니몬니야가 아내에게 불같이 화를 내면서 아내를 내동댕

이치자 배가 터지면서 고리가 튀어나왔다. 아내의 결백을 확인한 니몬니야는 아내의 배를 다시 붙여 주었다.

니몬니야는 자신의 발자국을 따라 왔던 길을 되돌아갔다. 잠시 후 샤먼을 발견한 니몬니야는 다시 집으로 끌고 왔다. 얼었던 샤먼의 몸이 녹으면서 샤먼이 똥을 쌌다. 니몬니야는 그릇에다 똥을 담은 뒤 모래에 섞어 먹으려고 강으로 나갔다.

그사이 샤먼이 일어나서 니몬니야의 아들을 죽인 뒤 삶았다. 머리는 이불 밑에 넣어 두고 자신은 아래쪽에 누워 있었다. 나몬니야가 와서 둘러보다 아들이 곤히 자는 모습에 흡족해하면서 말했다.

"우리 아들이 이제야 배불리 실컷 먹었나 보군."

식인 부부는 남아 있는 고기를 먹기 시작했다. 그때 아내가 말했다.

"여보, 이상하게 우리 아들인 것 같아요."

"아들 고기는 절대 아니지! 절대 그럴 리가 없소."

아들을 다 먹고 배가 엄청 불러 오자 자려고 누웠다. 그 순간 샤먼이 밑에서 송곳으로 찔렀다. 니몬니야가 말했다.

"뭐가 자꾸 다리를 찌르네. 혹시 우리가 먹은 게 정말로 아들이 아닐까? 아들을 먹어서 벌을 받아 아픈 게 아닐까?"

심하게 흥분한 니몬니야는 일어나서 막대기를 찾아 자신

의 다리를 마구 두들겨 팼다. 니몬니야의 두 손과 다리가 부러졌다. 샤먼은 그길로 자신의 집으로 떠났다.

구리불과 식인 형제

어떤 유목민이 높은 산에 올라가 유목을 하고 있을 때 막내 딸이 장난감 나비를 가지고 놀다가 잃어버렸다. 소녀가 언니에게 물었다.

"나비가 어디에 있는지 알아?"

"일이나 해! 내가 어떻게 알아!"

남동생에게 물었다.

"나비가 어디에 있는지 아니?"

"일이나 해! 그런데 오스탸크 남자는 나비가 어디에 있는지 알지 않을까?"

오스탸크 남자에게 물었다.

"나비가 어디에 있는지 아세요?"

"뒤쪽으로 날아가던데."

소녀는 근처에 있던 순록과 개를 잡아타고 왔던 길로 되돌아갔다. 나비를 찾으러 강을 건너갔다. 나비가 있는 곳에 간 소녀는 곰과 마주쳤다. 곰이 나비들을 가슴에 얹어 놓고 굴리면서 놀고 있었다. 이를 본 소녀는 화들짝 놀랐다. 곰이 말했다.

"아가씨, 순록 이름이 뭐죠?"

"코피트니예요."

"아하! 하하하! 코피트니가 아직 살아 있었구나. 그럼 개 이름은 뭔가요?"

"말렌키 팔레치예요."

"아하! 하하하! 말렌키 팔레치가 아직 살아 있었구나."

곰은 소녀, 순록, 개를 나무에 묶고 그 옆에서 순록의 가죽을 벗길 때 쓸 바닥 깔개를 만들기 시작했다. 소녀가 말했다.

"제 엄마 아빠는 이미 돌아가셨어요. 하지만 사람인 제 엄마 아빠도 순록의 가죽을 벗길 때 쓸 바닥 깔개를 똥과 오줌 근처에서 만들지는 않았어요."

이 말을 들은 곰은 저만치 떨어진 곳에 가서 바닥 깔개를 만들기 시작했다. 멀리서 도끼질하는 소리가 들려왔다. 소녀가 다시 말했다.

"제 엄마 아빠는 이미 돌아가셨어요. 하지만 사람인 제 엄마 아빠도 순록의 가죽을 벗길 때 쓸 바닥 깔개를 똥과 오줌 근처에서 만들지는 않았어요."

이 말을 들은 곰은 바닥 깔개를 만들기 위해 더 멀리로 갔다. 다시 그곳에서 도끼질 소리가 들려왔다. 소녀가 말했다.

"이미 돌아가셨지만 사람인 제 엄마 아빠도 순록의 가죽을 벗길 때 쓸 바닥 깔개를 똥과 오줌 근처에서 만들지는 않았어요."

곰이 한참 더 먼 곳으로 가자 더 이상 아무 소리도 들리지 않았다.

잣새가 날아오자 소녀가 말했다.

"잣새야, 나를 좀 풀어 주렴. 풀어 주면 순록의 피를 줄게."

잣새는 소녀를 풀어 주려고 이리저리 애썼지만 결국 풀지 못한 채 부리만 휘어지고 말았다. 잣새의 부리가 휘어진 건 그때부터다.

다음엔 여우가 나타났다.

"여우야, 나를 좀 풀어 주렴. 풀어 주면 네 꼬리에 물을 들여 줄게."

여우가 소녀를 풀어 주자 소녀는 여우의 꼬리에 하얗게 물을 들여 준 뒤 순록을 타고 부리나케 도망갔다. 여우는 곰을 기다렸다. 드디어 곰이 왔다. 모든 사실을 알게 된 곰은 여우에게 욕을 퍼붓다가 너무 분하고 억울하여 울음을 터뜨렸다.

"여우야, 왜 그들을 풀어 주었니? 가죽을 벗기려던 참이었는데."

"할아버지, 대신 저를 잡아드세요! 할아버지 다리 위에 저를 올려놓고 도끼로 내리치세요."

곰은 자신의 다리 위에 여우를 앉혀 놓고 도끼를 내리쳤다. 여우가 몸을 비키면서 도끼가 곰의 다리에 내리 꽂혔다. 곰은 울면서 자신의 잘린 다리를 먹기 시작했다. 새들이 비웃자 곰은 분을 못 이겨 새들에게 욕을 쏟아부었다.

"에이, 못된 새들 같으니라고. 내 다리를 먹기만 해 봐라!"

여우는 잽싸게 숨어 버렸다. 여우 꼬리의 끝이 하얗게 되고 곰의 골수가 없어진 것은 이때부터다.

곰은 소녀의 뒤를 쫓아갔다. 소녀가 가다 보니 가족들이 유목지를 옮기기 위해 강을 건너고 있었다. 소녀가 소리를 쳤다.

"아빠, 저도 강을 건너게 해 주세요!"

"막내야, 어쩌다 그렇게 울보가 되었니? 네가 알아서 건너오너라!"

"엄마, 저도 강을 건너게 해 주세요!"

"막내야, 어쩌다 그렇게 울보가 되었니? 네가 알아서 건너오너라!"

"삼촌, 저도 데려가세요!"

"막내야, 어쩌다 그렇게 울보가 되었니? 네가 알아서 건너오너라!"

"이모, 저도 데려가세요!"

"막내야, 어쩌다 그렇게 울보가 되었니? 네가 알아서 건너오너라!"

소녀가 노래를 부르기 시작했다.

"산아, 산아, 이리 와라, 이리 와라, 아빠, 엄마, 삼촌, 이모를 눌러 죽여라!"

그곳에 살고 있던 오스탸크 남자가 말했다.

"산아, 산아, 잠깐만 기다려라."

오스탸크 남자는 조그만 배를 만들 나무를 베었다. 그 뒤 산이 기어가서 소녀의 부모, 삼촌, 이모를 눌러 죽였다. 오스탸크 남자가 조그만 배에 소녀를 태워 강을 건너자 어떤 곰이 다가와서 물었다.

"얘야, 어디에서 오는 길이니?"

"저기 아래쪽에서 왔어요. 아니 저기 위쪽에서 왔어요. 아니 저기 아래쪽에서 왔어요. 아니 저기 위쪽에서 왔어요."

곰이 다시 물었다.

"얘야, 어디에서 오는 길이니?"

"저기 아래쪽에서 왔어요. 아니 저기 위쪽에서 왔어요. 아니 저기 아래쪽에서 왔어요. 아니 저기 위쪽에서 왔어요."

곰은 소녀의 말을 이해할 수가 없었다. 소녀의 말에 정신이 빠진 곰은 발뒤꿈치로, 복숭아뼈로, 종아리로, 무릎으로, 넓적다리로, 골반으로, 엉덩이로, 배로, 겨드랑이로, 어깨로, 목으로, 턱으로, 입으로, 코로, 눈으로, 이마로, 정수리로 허둥거리면서 걷다가 결국 죽고 말았다. 곰이 말했다.

"발뒤꿈치와 종아리는 숫돌이 되고, 등은 가죽을 무두질하는 기구가 되고, 두개골은 염료를 물들이는 돌이 되고, 피는 붉은 염료가 되고, 똥은 검은 염료가 되어 다오."

그때부터 산에는 붉은 염료와 검은 염료가 생겼고 숫돌과 염료를 물들이는 돌이 생겼다.

소녀는 오스탸크 남자와 함께 살았다. 오스탸크 남자는 소녀에게 쉴 새 없이 물을 길어 오라고 했다. 오스탸크 남자는 소녀가 물을 길어 오면 거짓말로 둘러대면서 그 자리에서 버렸다. 겨울에도 여전히 소녀는 물을 길으러 다녔고 오스탸크 남자는 변함없이 물을 버렸다. 봄이 왔다.

학이 날아오자 소녀가 애원했다.

"학아, 학아, 나를 데려가 줘, 오스탸크 남자가 나를 너무 괴롭혀. 도저히 살 수가 없어!"

"너를 태운 상태로는 못 날 거야. 백조에게 부탁해."

백조가 날아왔다.

"백조야, 백조야, 나를 데려가 줘, 오스탸크 남자가 나를 너무 괴롭혀."

"너를 태우면 나는 날 수가 없을 거야. 분명해. 거위에게 부탁해 봐."

거위가 날아왔다.

"거위야, 거위야, 나를 데려가 줘, 오스탸크 남자가 나를 너무 괴롭혀."

"너를 태우고는 날 수가 없을 거야. 가샤[30]에게 부탁해 봐."

소녀의 애원을 들은 가샤는 날개의 중간에 있는 깃털을 뽑아 소녀에게 주었고 소녀는 가샤의 깃털을 타고 멀리 날아갔다. 소녀가 날아가는 모습을 본 오스탸크 남자가 소녀를 꼬드겼다.

"소녀야, 소녀야, 땅으로 내려오렴. 예쁜 모자를 만들어 줄게."

"안 내려갈 거예요. 내려가면 또 물을 길으러 가야 되고 당신은 또 버릴 거잖아요. 양귀비 씨가 박힌 예쁜 모자도 제게는 필요가 없어요."

"소녀야, 소녀야, 땅으로 내려오렴. 각반을 만들어 줄게."

"안 내려갈 거예요. 내려가면 또 물을 길으러 가야 되고 당신은 또 버릴 거잖아요. 제게 각반이 무슨 필요가 있겠어요."

"소녀야, 소녀야, 땅으로 내려오렴. 에이프런을 만들어

---

30) 예벤키인의 신화에 등장하는 새로 학의 일종이다.

줄게."

"안 내려갈 거예요. 내려가면 또 물을 길으러 가야 되고 당신은 또 버릴 거잖아요. 제게 에이프런이 무슨 필요가 있겠어요."

"소녀야, 소녀야, 땅으로 내려오렴. 뒷머리에 꽂는 장식품을 만들어 줄게."

"안 내려갈 거예요. 내려가면 또 물을 길으러 가야 되고 당신은 또 버릴 거잖아요. 제게 머리 장식품이 무슨 필요가 있겠어요."

"소녀야, 소녀야, 땅으로 내려오렴. 족제비 털로 만든 수술 장식을 만들어 줄게."

"안 내려갈 거예요. 내려가면 또 물을 길으러 가야 되고 당신은 또 버릴 거잖아요. 제게 허리에 다는 수술 장식이 무슨 필요가 있겠어요."

소녀는 더 멀리 날아간 뒤 땅 위로 내려왔는데 어떤 할머니의 집 옆이었다. 할머니가 물었다.

"소녀야, 어떻게 왔니? 내 아들들이 너를 잡아먹을 텐데…."

"저를 숨겨 주세요."

"도대체 숨겨 줄 곳이 없구나! 족제비 털로 만든 수술 장식 안에 숨겠니?"

"냄새가 지독해서 싫어요! 족제비 털은 정말 냄새가 지독해요! 싫어요!"

"그럼 족제비 털로 만든 허리띠에 숨을래?"

"냄새가 지독해서 싫어요! 정말 싫어요!"

"그럼 족제비털 안에 숨을래?"

"냄새가 지독해서 싫어요! 정말 싫어요!"

"그럼 바늘꽂이 안에 숨을래?"

"예, 바늘꽂이 안에 숨겠어요."

저녁에 아들들이 돌아와서 냄새를 맡기 시작했다.

"엄마, 이게 무슨 냄새죠?

"글쎄, 내 허리띠에서 나는 냄새인가? 와서 냄새를 맡아 보렴."

"아니에요, 됐어요. 족제비 털 냄새인 거 다 알아요."

"그래도 이리 와서 냄새를 맡아 보렴."

"아니에요, 됐어요. 족제비 털 냄새인 거 다 알아요. 킁! 킁! 킁! 그런데 이상하게 냄새가 지독해요."

"사실 어린 고아 소녀가 왔다."

"왜 숨겨 주신 거죠? 먹게 이리 주세요."

"아들들아! 해가 뜨면 주마."

아들들은 둘러앉아 의논을 했다.

"그렇다면 엄마 말대로 해가 뜨면 먹자."

모두 그렇게 하기로 결정했다.

"해가 뜨면 먹겠어요."

그리고 잠이 들었다. 아침에 일어나서 다시 엄마에게 먹게 해 달라고 졸랐다. 엄마가 말했다.

"얘들아, 노을이 질 때 먹도록 해라."

다시 의논했다.

"노을이 질 때 먹어야 하나?"

"그래, 노을이 질 때 먹자."

그렇게 약속하고 아들들은 사냥을 나갔다. 소녀가 바늘꽂이에서 나왔다.

"할머니, 저를 풀어 주세요. 언젠가 다시 오겠어요."

할머니는 소녀를 풀어 주었고 소녀는 식인 형제를 피해 하늘로 올라갔다. 식인 형제는 순록 사냥 중이었다. 소녀가 구슬프게 노래를 불렀다.

"이보시오! 이보시오! 식인 형제가 해가 뜰 때, 노을이 질 때 나를 잡아먹을 거라고 하네요."

소녀의 노랫소리를 들은 식인 형이 말했다.

"저기에 무슨 일이 있나 봐?"

"내가 순록 갈비뼈를 부러뜨리는 소리야."

"아니야, 위에서 소리가 들렸어."

위쪽을 쳐다보다가 날아가는 물체를 발견했다.

"어? 사람이잖아? 돌아가서 잡아먹으려고 했는데…. 못된 엄마가 놓아줬어."

식인 형제가 소녀에게 화살을 쏘는 바람에 날갯죽지에 상처가 생겼다. 아픈 날개를 움켜쥐고 힘들게 날아가던 소녀는 저 멀리에서 구리불[31]을 발견했다. 구리불이 소녀에게 내려오라고 재촉했다.

"얘야! 이리 내려와. 내려오면 기둥이 두 개인 집을 만들어 줄게."

"내려가지 않을 거야. 식인 형제가 해가 뜰 때, 노을이 질 때 나를 잡아먹을 거래요. 나는 날개를 다쳤어요. 기둥이 두 개인 집을 만들어 줘도 식인 형제 때문에 그곳에 머무르지 못할 거예요."

"얘야! 이리 내려와. 기둥이 세 개인 집을 만들어 줄게."

"내려가지 않을 거야. 식인 형제가 해가 뜰 때, 노을이 질 때 나를 잡아먹을 거래요. 나는 날개를 다쳤어요. 기둥이 세 개인 집을 만들어 줘도 식인형제 때문에 그곳에 머무르지 못할 거예요."

"얘야! 이리 내려와. 기둥이 네 개인 천막을 만들어 줄

31) 예벤키어로 '구르', '후르'는 '숲, 타이가'라는 의미에서 파생된 이름이다.

게."

"내려가지 않을 거야. 식인 형제가 해가 뜰 때, 노을이 질 때 나를 잡아먹을 거래요. 나는 날개를 다쳤어요. 기둥이 네 개인 집을 만들어 줘도 식인 형제 때문에 그곳에 머무르지 못할 거예요."

구리불은 오랫동안 소녀를 유혹했지만 소녀는 내려오지 않았다.

"얘야! 이리 내려와. 기둥이 열 개인 천막을 만들어 줄게."

그제야 소녀는 내려와 구리불과 결혼을 했다. 그렇게 3년을 살면서 아들을 낳았다. 구리불이 먹을 것을 찾으러 나간 사이 식인 형제가 쳐들어왔다. 구리불의 아내가 말린 고기를 뿌리자 식인 형제는 허겁지겁 주워 먹었다. 그사이 구리불의 아내는 아들의 두 귀를 세게 잡아당기면서 서둘러 집 안으로 들어갔다. 아들이 요란하게 앙앙거리며 울어 댔다.

"아들아, 왜 우니? 삼촌들이 왔어. 그런데 어째서 우니?"

그 소리를 들은 식인 형제가 달려와서 이빨로 유르타의 기둥을 긁어 댔다. 구리불의 아내가 남편을 부르면서 애원했다.

"구리불, 구리불! 어째서 못 듣는 겁니까? 아들이 울고 있잖아요? 식인 형제가 큰길을 몇 개나 지나서 벌써 이곳에 왔어요."

이 말이 끝나니 기둥 하나가 무너졌다. 식인 형제가 기둥 세 개를 부순 후에야 구리불이 달려와 식인 형제에게 화살을 쏘았다. 식인 형제 한 명은 그 자리에서 죽고 한 명은 무사히 살아남아 몸을 피했지만 너무 급히 피하느라 엉겁결에 이빨을 떨어뜨렸다. 그곳에 도착한 구리불은 식인의 이빨을 주워 쇠귀나물 속에 넣어 뒤를 쫓아갔다. 한참을 가다 유르타가 보여 그 안으로 들어가니 모닥불 주위에 사람들이 모여 있었다. 구리불은 일부러 모닥불 위로 지나갔다. 웃옷의 가장자리에 불이 붙자 사람들이 웃기 시작했다. 구리불은 주위를 둘러보았다. 식인은 없었다. 모두 이빨이 있었다. 구리불은 그곳을 떠나 다른 유르타로 들어갔다. 이번에도 모닥불을 뛰어 건넜는데 다시 웃옷의 가장자리에 불이 붙자 사람들이 웃어 댔다. 주위를 둘러보았는데 이빨이 없는 사람은 없었다. 식인은 그곳에도 없었다. 구리불은 그곳을 떠나 세 번째 유르타에 들어가 모닥불을 뛰어 건넜다. 다시 웃옷의 가장자리에 불이 붙자 사람들이 또 크게 웃었다. 주위를 둘러보니 이빨이 없는 사람이 있는 것이 아닌가! 그에게 가서 말했다.

"이보게, 내가 이빨을 잃어버렸는데 좀 찾아 주게!"

쇠귀나물에서 이빨을 찾은 식인이 말했다.

"이보시오, 여기 있소. 이빨로 뭘 하시려 그러시오?"

"먹을 것이오."

구리불은 식인에게서 이빨을 건네받아 식인의 뒤통수를 찌르면서 다른 사람들에게 말했다.

"이 사람이 잠이 들었소. 베개를 주시오."

사람들이 베개를 가져다주자 구리불은 베개에 식인 형제의 머리를 얹어 놓고 집으로 떠났다.

네멜론

엄마가 장대에 순록 가죽을 팽팽하게 끼우라며 딸에게 작은 칼을 주었다. 딸이 밖에 나가 장대를 다듬다가 손을 다쳐 피가 흘러내렸다. 피를 본 소녀는 울기 시작했다. 작은 새가 날아왔다.

"짹 짹 짹! 짹 짹 짹! 왜 울어? 짹 짹 짹! 짹 짹 짹! 피를 핥아 봐!"

피를 핥으면서 말했다.

"엄마가 나보다 여동생들을 더 예뻐하는 게 분명해."

소녀는 집에 가서 엄마를 죽이고 여동생들도 다 죽인 뒤 먹어 치웠다. 먹을거리를 구하러 나갔던 오빠가 돌아오는 소리를 들은 소녀가 말했다.

"어떻게 하지? 아직 피 냄새가 남아 있는데! 오늘이 오빠가 돌아오는 날이었던가?"

그 말을 들은 오빠는 순록 네멜론[32]을 찾으러 나갔다. 가까스로 네멜론을 찾은 오빠는 네멜론을 타고 여동생에게 갔다.

---

32) 다리가 열 개인 순록.

"이봐! 동생! 이봐!"

오빠가 부르는 소리를 들은 여동생은 잠시 숨어 있다가 냄비와 도끼를 가지고 밖으로 달려갔다. 오빠는 여동생이 나오는 소리를 듣고 뒤도 돌아보지 않고 네멜론을 타고 달아났다. 어두워지기 시작하자 뒤쪽에서 여동생이 쫓아오는 소리가 가까워졌다. 그렇게 석양이 질 때까지 쫓고 쫓기면서 쉬지 않고 달렸다. 여동생이 도끼를 앞으로 던지면서 말했다.

"네멜론의 다리를 잘라 버려라."

도끼가 네멜론의 다리 하나를 잘랐지만 네멜론은 멈추지 않고 계속 달렸다. 어둠이 내리깔리자 여동생은 네멜론의 다리를 먹어 치운 뒤 잠이 들었다. 동이 트자 여동생은 다시 네멜론의 뒤를 쫓아갔다. 저녁 무렵 네멜론과의 거리가 아주 좁혀졌다. 여동생이 달려오는 소리가 들렸다. 다시 태양이 내려앉자 여동생이 도끼를 앞쪽으로 던지면서 말했다.

"네멜론의 다리를 잘라 버려라!"

네멜론의 다리가 또 잘려 나갔다. 그렇게 여동생은 네멜론의 다리 아홉 개를 잘랐다. 또 여동생이 달려오는 소리가 났고 금세 거리가 좁혀졌다. 네멜론을 따라잡은 여동생이 도끼를 던지면서 말했다.

"네멜론의 열 번째 다리를 잘라 버려라."

네멜론의 마지막 다리가 잘려 나가면서 네멜론은 그 자리에 주저앉았고 여동생은 네멜론을 남김없이 먹어 치웠다.

오빠는 이제부터는 걸어서 가야 했다. 어디론가 달리고 또 달렸다. 뒤에서 여동생이 달려오는 소리가 점점 가까워졌다. 여동생은 저녁 무렵에는 오빠를 잡기를 원했다. 오빠가 주문을 외웠다.

"태양이시여! 엄마 태양이시여! 큰사슴으로 저를 변신시켜 주세요! 데보르디브긴! 데보르디브긴!"

오빠는 큰사슴으로 변신했다. 큰사슴이 되어 어디론가 달리고 또 달려갔다. 저녁이 되자 너무 피곤해서 잠시라도 쉬고 싶었지만 뒤에서 여동생이 쫓아오는 소리가 들렸다. 쉴 수가 없었다. 오빠는 주문을 외웠다.

"태양이시여! 엄마 태양이시여! 제발 저를 곰으로 변신시켜 주세요! 데보르디브긴! 데보르디브긴!"

곰이 되어 달리고 또 달렸다. 무척 오랫동안 쉬지 않고 달렸다. 저녁 무렵 너무 지쳐 쓰러질 지경이었지만 바로 뒤에서 여동생이 쫓아오는 소리가 들렸다. 오빠는 이번에도 주문을 외웠다.

"태양이시여! 엄마 태양이시여! 저를 늑대로 변신시켜 주세요! 제발 부탁이에요! 데보르디브긴! 데보르디브긴!"

오빠는 늑대처럼 힘차게 달렸다. 저녁이 되자 무척 지쳤지만 여동생이 쫓아오는 소리가 들리자 다시 주문을 외웠다.

"태양이시여! 엄마 태양이시여! 저를 살쾡이로 변신시켜 주세요! 제발 저를 도와주세요! 데보르디브긴! 데보르디브긴!"

살쾡이가 되어 달리기 시작했다. 저녁이 되자 무척 지쳤지만 여동생이 쫓아오는 소리가 들리자 다시 주문을 외웠다.

"태양이시여! 엄마 태양이시여! 저를 여우로 변신시켜 주세요! 제발 저를 도와주세요! 데보르디브긴! 데보르디브긴!"

여우가 되어 달리다 저녁 무렵이 되니 무척 지쳤다. 하지만 여동생이 쫓아오는 소리가 들리자 다시 주문을 외웠다.

"태양이시여! 엄마 태양이시여! 저를 흑담비로 변신시켜 주세요! 제발 저를 도와주세요! 데보르디브긴! 데보르디브긴!"

흑담비가 되어 달리다 저녁 무렵이 되니 무척 지쳤다. 하지만 여동생이 쫓아오는 소리를 듣고 주문을 외웠다.

"태양이시여! 엄마 태양이시여! 저를 족제비로 변신시켜 주세요! 제발 저를 도와주세요! 데보르디브긴! 데보르디브긴!"

족제비가 되어 달리다 저녁 무렵이 되니 무척 지쳤다. 하지만 여동생이 쫓아오는 소리를 듣고 주문을 외웠다.

"태양이시여! 엄마 태양이시여! 저를 담비로 변신시켜 주세요! 제발 저를 도와주세요! 데보르디브긴! 데보르디브긴!"

담비가 되어 달리다 저녁 무렵이 되니 무척 지쳤다. 하지만 여동생이 쫓아오는 소리를 듣고 주문을 외웠다.

"태양이시여! 엄마 태양이시여! 저를 들쥐로 변신시켜 주세요! 제발 저를 도와주세요! 데보르디브긴! 데보르디브긴!"

들쥐가 되어 말했다.

"계곡 옆으로 달아나자."

계곡부터는 발자국이 감쪽같이 사라졌다. 여동생은 더 이상 오빠를 찾을 수가 없었다. 분을 못 이겨 아무 곳이나 마구 도끼로 내리치는 바람에 도끼가 부러지고 말았다. 여동생이 말했다.

"오빠, 철침과 망치를 가져올 테니 잠깐만 기다려! 어차피 오빠는 죽은 목숨이야!"

집에 돌아가서 철침과 망치를 가지고 왔다. 그마저 아무데나 휘두르는 바람에 철침과 망치가 모두 망가지면서 부러졌다. 모든 것을 잃어버린 소녀는 그 자리에서 최후를 맞이했다.

해 설

예벤키인은 퉁구스라는 명칭으로 더 많이 알려져 있다. 퉁구스는 예벤키인, 예벤인, 네기달치인을 모두 포함하며 러시아뿐만 아니라 중국, 몽고에도 거주하고 있다. 예벤키인은 인종학상으로는 몽골 인종으로, 언어학상으로는 알타이어계 만주퉁구스어파 퉁구스 북부 그룹으로 분류된다. 예벤키인은 서쪽의 예니세이 강 우안에서부터 동쪽으로는 오호츠크 해 연안까지, 상당히 넓은 지역에 걸쳐 거주한다. 행정구역상 러시아에서는 이르쿠츠크 주, 아무르 주, 사할린 주, 야쿠트 공화국, 부랴트 공화국, 크라스노야르스크 주, 바이칼 주, 하바롭스크 주에 주로 거주한다. 중국에서는 네이멍구 자치구 어룬춘 자치 지역, 헤이룽장 성 쉰커 현, 후마 현, 타허 현 등에 주로 거주한다.

이처럼 예벤키인은 상당히 넓은 지역에 소수 씨족 단위로 흩어져 생활한다. 따라서 거주 지역이나 씨족에 따라 외형, 언어, 생활양식, 종교관 등에서 일정 정도 차이가 나지만 한 민족의 범주로 묶을 수 있을 만큼 공통의 문화 요소도 간직하고 있다.

순록 사육과 사냥이 주업인 예벤키인은 순록의 먹이인 이끼와 사냥감을 찾아 광활하고 거친 시베리아의 타이가와 툰드라를 끊임없이 이동한다. 예벤키인이 특정 공간에 머무르는 시간은 그리 길지 않다. 이러한 삶의 특성상, 또 광폭한 시베리아의 기후에서 살아남기 위해 예벤키인은 씨족이나 소규모 가족 단위로 생활할 수밖에 없었다. 따라서 예벤키인의 기원을 밝힐 수 있는 유적이나 유물은 거의 남아 있지 않다.

예벤키인에게 가장 중요한 경제 활동은 사냥이다. 따라서 예벤키인은 지형과 지질학 분야의 지식이 전문가 못지않게 굉장히 해박하여 특정 지역에 대한 지도를 언제라도 땅이나 나뭇잎 위에 그려 낼 수 있다. 사냥을 다녀온 지역은 자신만의 독창적인 방법으로 머릿속 지도에 그려 둔다. 예벤키인은 강을 중심으로 머릿속 지도를 그리는데 강과 강 사이의 거리는 보폭을 이용해 측정한다. 동시베리아의 강이나 계곡의 이름 중 상당수가 예벤키어의 광물이나 암석 이름에서 유래할 만큼 이들은 지질학에 관해 풍부한 지식을 가지고 있다.

예벤키인의 의복은 시베리아 다른 민족과 비교할 때 개방적인데 이는 사냥이나 이동생활의 편리함을 위해서다. 예벤키인의 의복은 상의 위에 걸치는 에이프런을 제외하면 남녀 구별이 없다. 예벤키인이 에이프런을 입는 이유는 개방적인 상의의 단점을 보완하여 추위를 막기 위해서다.

예벤키인은 혹독한 기후에서 일상생활을 영위하고 노동을 하기 때문에 육체적, 정신적으로 엄청난 에너지가 소모된다. 따라서 예벤키인의 음식은 영양이 풍부하고 열량이 높다. 육류로는 순록 고기, 멧닭, 들꿩, 자고새 고기, 어류 등을 주로 먹는다. 이들의 전통 육류 요리 중 물에 삶은 버드나무 가지에 순록 고기를 꿰어서 불에 익히는 요리는 한국의 꼬치 요리와 비슷하다. 식물성으로는 야생 양파, 딸기나무, 타이가에서 자라는 각종 열매, 도토리 등을 이용한 음식을 즐겨 먹는다. 그리고 비타민과 무기질을 보충하기 위해 월귤나무 잎, 야생 구스베리 잎, 들장미 열매와 자작나무에서 자라는 차가버섯 등을 가공하여 차를 만들어 마신다.

예벤키인은 유목 이동 생활에 적합한 '춤'이라는 원추형 천막집에 거주하는데 오래전의 형태가 거의 변하지 않고 현대까지 이어지고 있다. 지역에 따라 다소 차이는 있지만 그 외형이나 내부는 각각 고유한 기능을 담당한다. 계절에 따라 춤을 덮는 재질이 달라지는데 여름에는 자작나무 껍질로 덮고 겨울에는 순록 가죽으로 덮는다.

예벤키족은 세계가 천상세계, 중간세계, 지하세계로 나

누어져 있다고 생각한다. '우구 부가' 혹은 '우구 둔네'라고 불리는 천상세계는 해가 뜨는 곳에 위치해 있다. 천상세계는 북극성을 통해서만 들어갈 수 있는데 삶의 환경이 지상보다 훨씬 더 훌륭하고 쾌적하다. 천상세계는 샤먼들의 영혼이 거주하는 '샤먼의 강, 태양, 달, 별이 있는 첫 번째 층, 죽은 인간의 영혼이 사는 두 번째 층, 타이가 · 동물 · 사람의 주인인 부가 신이 살고 있는 세 번째 층으로 나누어진다.

'헤르구 부가' 혹은 '헤르구 둔네'라고 불리는 지하세계는 해가 지는 곳에 위치해 있으며 땅의 갈라진 틈, 폭포, 깊은 연못, 계곡을 통해서 들어갈 수 있다. 지하세계의 첫 번째 층은 죽은 예벤키족 조상의 영혼이 사는 '부니'라는 곳인데 그곳의 생활은 지상에서의 생활과 동일하다. 죽은 조상들은 지상에서와 마찬가지로 씨족 단위로 모여서 생활한다. 두 번째 층에는 샤먼만이 지나갈 수 있고 흙더미, 연못, 여울로 이루어진 '투네토'라는 강이 있다. 지하세계의 첫 번째 층인 부니와 세 번째 층에 사는 사람들은 투네토 강을 지날 수 없다. 지하세계의 세 번째 층은 가장 악한 영혼인 하르기가 지배한다. 하르기는 사람들에게 슬픔과 고통을 안겨 준다.

'둘린 부가'라고 불리는 중간세계는 신화 속 상상의 세계가 아니라 인간이 동식물 및 주변 자연환경과 상호작용을 하면서 실제로 생활하는 공간이다. 중간세계는 천상세계,

지하세계와 무척 멀리 떨어져 있으며 중간세계에서 천상세계와 지하세계로 가는 길은 아주 험난하다. 인간은 천상세계와 지하세계의 사람을 볼 수 없으며 인간이 이 세계의 사람들과 접촉하면 병에 걸릴 수 있기 때문에 이들과의 접촉을 피해야 한다.

예벤키인의 종교는 정령 숭배에 바탕을 둔 샤머니즘으로 예벤키인에게 샤먼의 역할은 지대하다. 샤먼은 조상신에 의해 선택되든가 산이나 개천, 바위, 나무 등을 지배하는 지역의 주신에 의해 정해진다.

샤먼의 신은 주로 동물의 정령이며 샤먼은 할아버지로부터 손자로 이어지는 경우가 많다. 샤먼의 신에 의해 선택된 샤먼은 여러 가지 병을 앓게 되는데 결국 샤먼은 이를 극복하고 자신을 신들리게 했던 신들의 주인이 되어 그들을 주관하게 된다. 누구나 이런 과정을 통해 샤먼이 될 수 있지만 사회적으로 인정되지 않은 사람은 샤먼의 신에 의해 선택되더라도 샤먼의 중요한 사회적 역할인 굿을 할 수 없다. 한 씨족 내에 샤먼이 여러 명 있을 수 있지만 씨족을 대표하는 샤먼은 한 명이며 남자여야만 한다. 예벤키 사회에서 샤먼은 전시에는 군 지휘관, 사냥터에서는 사냥꾼의 인도자, 의사, 예술이나 문화생활 조직자의 역할을 수행한다.

17세기 초 이후 러시아인의 영향으로 많은 에벤키인이 러시아정교를 믿기는 하지만 전통적으로 내려오는 샤머니즘을 비롯하여 애니미즘이나 토테미즘의 신앙관을 변함없이 유지하고 있다.

옮긴이에 대해

엄순천은 러시아어학 박사다. 호남대, 동국대에서 연구교수를 역임했다. 시베리아 소수민족 언어 및 문화에 관심을 가지고 연구 중이다. 저서로 ≪잊혀져가는 흔적을 찾아서: 퉁구스족(예벤키족) 씨족명 및 문화 연구≫, 역서로 ≪러시아문서 번역집 7≫, ≪러시아문서 번역집 10≫, ≪러시아문서 번역집 15≫, ≪러시아문서 번역집 20≫, ≪북아시아 설화집 3: 나가이바크족, 바시키르족, 쇼르족, 코미족, 텔레우트족≫ 등이 있다. 현재 성공회대 외래교수다.

시베리아 설화집 전체 작품 목록

한국에 처음 소개되는 시베리아 설화다. 시베리아와 극동 제 민족의 설화를 연구하는 연구자들뿐만 아니라 평소에 시베리아의 신화, 전설, 민담에 관심을 가진 독자들에게 유용할 것이다. 총 43개 부족의 1017편 이야기다.

야쿠트인 이야기

곰과 여우
오리와 검독수리
누가 일출을 처음으로 보는가
수말과 황소
차아차하안 차아차하안
타알 타알 노파
리이바라
니이이 니이이 할멈
촙쵸요쿄욘 촙쵸요쿄욘
다섯 마리 암소를 가진 베이베리케옌 할멈
슬라브니 유데유이옌
자야치 흐보스트
테옐레이 할멈
늑대와 노인
영리한 개
오노고스토온 추오카안과 올로온 돌로온
가난한 농부
암소 세 마리와 아내 셋을 가진 노인 테예프 테예프
영리한 처녀
투툼 튜요케이
고대 용사와 전투에 대한 이야기

예벤키인 이야기

빼꾸기
백조와 까마귀
멧닭과 백조
곰과 붕어
여우와 모캐
여우 훌랸
은혜 갚은 곰
토끼 자매
식테흐 신겔튼
개가 털옷을 입게 된 사연
자작나무에서 태어난 소녀
지하세계에 간 남자 1
지하세계에 간 남자 2
차르치칸
천상세계에 갔다 온 남자
토끼를 속인 할아버지
소년과 까마귀
백조에게 아들을 빼앗긴 아버지
똥에 빠져 죽은 할아버지 할머니
예벤키 남자와 뱀
치나나이
아카라모와 이불 형제
슬기로운 청년
두 형제
모험을 찾아 떠난 청년
비켈리디운
료하
움나
우차나이
헤누키찬
불화의 언덕
예벤키 사람들이 순록을 키우게 된 이유
세 형제 무사
어린 무사
우냔니와 코렌도
옙카찬
무춘노이와 뵤르콜튼 형제
식토불
나라불
누르고불
누르가울
초로
소두 소르돈초 솔다니
킬리디나칸
중간세계의 우무스닌댠
차갈라이 차쿨라이
무사 볼론투르
하니 후분과 호호르 보그도
온기닐
우리얀과 몰리나
오란
디긴
어느 노부부의 오만방자한 아들
난쟁이 무사
캅탄디르
만기 됴롬고
유라키 사람들
식인 출루그디
난드리와 털보

유카기르인 이야기

돌간인 이야기

셀쿠프인 이야기

시베리아 타타르인 이야기

여우와 늑대
탄 바티르

토팔라르인 이야기

달에 얽힌 이야기
일곱 처녀
세 마리 사슴
달사람
세 명의 용사
월식이 일어나는 이유
인간이 만들어진 유래
곰의 콩팥이 여러 짐승에게서 온 이유
사슴과 사향고양이
곰과 다람쥐
곰이 벌을 받게 된 이유
귀신의 관목 숲
세 형제
물의 주인
부모 없는 청년과 귀신들
콘조크 가문이 나타나게 된 이야기
용감한 사냥꾼과 독수리
여우 바위
타이멘 강에 얽힌 전설
곰의 호수
닭과 꿩
땅벌이 벙어리가 된 이야기
주걱뼈
회색 뼈
두 형제
날개 달린 소년
황금 가슴을 지닌 아기들
영리한 처녀
사악한 마법사
젖소 코를 가진 청년
인간의 아들과 개구리 딸
불멸의 인간들
부르한에 관한 전설
돌 목걸이
테르 오키시(꽃의 골짜기)
사람과 뱀
메르겐과 두 마리 뱀
아이굴
낙타와 토끼
꿩과 모기와 사슴
닭과 들꿩의 눈이 빨간 이유
개미와 나리새
구원의 불
소년과 이무기
사냥꾼이 귀신을 벌준 이야기
돌이 된 샤먼

케트인 이야기

곰 이야기
예틀의 며느리
발나
실레케
여우
우세시
반그셀
올기트
알바와 호샤담
강 상류에서 온 카이구시
단두큰 이야기
타닌가
쿄글 할머니
울게트
뉴냡
샤신쿠시 이야기
이다트 노인의 딸
카시케트와 예로호트 할아버지 이야기
빌게트

예네츠인 이야기

세 샤먼
일곱 아가씨
타이멘
노인
노파의 아들
별의 신화
디아
바루치의 모험
시오시쿠
두 형제
솔데이 카하

느가나산인 이야기

천지창조 신화
아밤 느가나산인이 등장하게 된 이유
갈매기
느가나산인 '3사젠 손'과 그의 아들
곰과 노인
모레데와 머리 없는 사람들
죽음의 호수
곰의 아들
오옐로코와 세 명의 러시아 상인
오옐로코와 암늑대 샤먼
노고레사의 아들
두 명의 사냥꾼과 샤먼
라쿠나의 아들들
여자 식인괴물 시게 이야기
겁쟁이 순록
태양의 딸
왜 늑대들은 더 이상 허풍을 떨지 않을까
누구의 뿔이 더 클까

네네츠인 이야기

새 총각
왜 부엉이는 햇빛을 보지 못하는가?
여우, 새 그리고 까마귀
곰이 꼬리를 잃게 된 사연
하류치
아기 순록과 생쥐
세 아들

월귤나무 열매
모캐 남편과 부인 마리야 공주
러시아 노인의 세 아들
한 꼬마 이야기
힘센 독수리가 네네츠인들에게 해를 돌려준 이야기
야브 말의 모험
야브 말이 거인을 이긴 이야기

에스키모인 이야기

대구와 고래의 논쟁
명예를 갈망하는 까마귀
작은 주민들
까마귀와 늑대
멧새 세 마리
까마귀와 부엉이
까마귀와 청설모
까마귀와 갈매기
물고기, 여우, 까마귀
까마귀 코시클리
까마귀와 여우
새끼 황소와 새끼 여우
교활한 여우
거짓말쟁이 여우
새끼 황소와 늑대
가마우지
큰사슴 아카나
쥐
해를 얻다
작은 딱정벌레 나그네
까마귀와 처녀
사람, 게, 까마귀
두 형제와 까마귀
까마귀가 결혼한 이야기
에멤쿠트
꾀돌이 쿠킬린
사람과 독수리
사냥꾼과 독수리
독수리 집의 소년
사람들은 전에 어떻게 살았는가
카나크와 독수리들
사냥꾼과 백곰
사슴 사육자와 늑대 가족
새끼 늑대
늑대와 물새
노인과 야생 사슴
노파가 동물들을 속인 이야기
다섯 아들
암곰이 훔친 아이
현명한 사슴 두 마리
사슴으로 변한 여자
잔나비와 티나기르긴
키크미라시크
누나그미트의 고래
우카마난
신기한 소고
심술궂은 노인과 쥐
까마귀 은피나
물범 나라에 놀러 갔던 사람
오형제 중 막둥이
바다의 주인
아메크
아이마나나운
바다에서 길을 잃은 사람
날아다니는 샤먼들
막둥이
불의 주인과 소년
다섯 형제와 여자
카약식비크
버림받은 청년
이수클리크
아하하나브라크
고아
두 아내를 가진 사람
우키바크의 질투쟁이와 그 아내
두 번째 아내
사라진 형제들
투명 인간

아이누인 이야기

쥐
세 남자
가자미와 망둥이
눈 남자
치시포
처녀와 악마
산노이페 여자
세 자매
세 남자 1
두 남자
'예쁜 얼굴'이라는 이름의 처녀
곰 축제
다섯 명의 아이누인
부엉이의 결혼
바다사자
달 사람
젊은 까마귀
물범의 섬
흑담비 사냥에서
서로가 닮은 사람들
어느 마을에서
화가 나서 싸웠다
두 자루의 칼

닙흐인 이야기

돌집
은혜 갚은 호랑이
우뭄즈 닙흐
세 형제
식인에게 잡혀갔던 아가씨
저승에 갔다 온 남자
백조 소녀
바다신의 손녀와 결혼한 청년
일곱 자매
용감한 무사와 네 여인
대머리 소년
악마를 이긴 청년
남매
용감한 아즈문

축치인 이야기

코랴크인 이야기

케레크인 이야기

우데게이인 이야기

나나이인 이야기

예벤인 이야기

울치인 이야기

부랴트인 이야기

만시인 이야기

한티인 이야기

투바인 이야기

하카스인 이야기

뱁시인 이야기

칼미크인 이야기

알타이인 이야기

텔렌기트인 이야기

첼칸인 이야기

쿠만딘인 이야기

투발라르인 이야기

나가이바크인 이야기

바시키르인 이야기

쇼르인 이야기

코미인 이야기

텔레우트인 이야기

예벤키인 이야기

작자 미상
옮긴이 엄순천
펴낸이 박영률

초판 1쇄 펴낸날 2017년 2월 25일

지식을만드는지식
03991 서울시 마포구 월드컵북로 46 청원빌딩 3층
전화 (02) 7474 001, 팩스 (02) 736 5047
출판등록 2007년 8월 17일 제313-2007-000166호
전자우편 zmanz@eeel.net 홈페이지 www.zmanz.kr

ZMANZ
3F. Chungwon Bldg., 46, World Cup buk-ro,
Mapo-gu, Seoul 03991, Korea
phone 82 2 7474 001, fax 82 2 736 5047
e-mail zmanz@eeel.net homepage www.zmanz.kr

ISBN 979-11-304-7442-7
979-11-304-7443-4(큰글씨책)
979-11-304-7444-1(PDF전자책)
책값은 뒤표지에 있습니다.